Omri Boehm und Daniel Kehlmann

Der bestirnte Himmel über mir

Propyläen wurde 1919 durch die Verlegerfamilie Ullstein als Verlag für hochwertige Editionen gegründet. Der Verlagsname geht zurück auf den monumentalen Torbau zum heiligen Bezirk der Athener Akropolis aus dem 5. Jh. v. Chr. Heute steht der Propyläen Verlag für anspruchsvolle und fundierte Bücher aus Geschichte, Zeitgeschichte, Politik und Kultur.

Omri Boehm
Daniel Kehlmann

der bestirnte himmel über mir

Ein Gespräch über Kant

Übersetzungen aus dem Englischen von
Michael Adrian

PROPYLÄEN

Wir verpflichten uns zu Nachhaltigkeit
- Papiere aus nachhaltiger Waldwirtschaft und anderen kontrollierten Quellen
- Druckfarben auf pflanzlicher Basis
- ullstein.de/nachhaltigkeit

MIX
Papier
FSC FSC® C014496

Propyläen ist ein Verlag der Ullstein Buchverlage GmbH
www.propylaeen-verlag.de

ISBN 978-3-549-10068-4

Lektorat: Ulrich Wank
Gesetzt aus der Aldus nova Pro
Satz: LVD GmbH, Berlin
Druck und Bindearbeiten: GGP Media GmbH, Pößneck

»Ihr nennt uns Menschen? Wartet noch damit!«

JURA SOYFER

»Wo es keine Menschen gibt, versuche,
ein Mensch zu sein.«

PIRKEI AVOT, MISCHNA

Für Adam und für Etgar

Inhalt

Daniel Kehlmann: Vorwort

Hin und wieder gibt es Philosophen, die das Werk von Vorgängern zu neuem Leben erwecken. Als Alexandre Kojève in den Dreißigerjahren des 20. Jahrhunderts seine Vorlesungen über Hegel hielt, wurde dieser plötzlich für eine Generation französischer Studenten wegweisend – doch es war ein gefährlicher, ein beunruhigend existentialistischer Hegel, von dem sich Verbindungslinien zu Sartre und Camus und später zu Foucault, Bataille und Derrida ziehen lassen.

Omri Boehm hat sonst wenig mit dem Stalin-Verehrer Kojève gemeinsam, aber auch in seinem 2022 erschienenen Buch *Radikaler Universalismus* tritt uns ein unerwartet relevanter und zugleich radikaler Immanuel Kant entgegen – ein Kant, der sich als Waffe gegen Autoritäten anführen lässt und der den Geltungsanspruch staatlicher Gewalt kompromisslos relativiert; der uns daran erinnert, dass man nie einfach gehorchen und nie darauf verzichten darf, die Frage danach zu stellen, wie richtig zu handeln wäre – ein Immanuel Kant, dessen Universalismus weit über die Grenzen jener biologischen Spezies hinausreicht, die wir Menschheit nennen.

Mein Philosophiestudium an der Universität Wien hatte mich mit Anfang zwanzig mit Kant in Berührung gebracht, ich hatte seine Hauptwerke studiert und als überwältigendes Erlebnis der Klärung empfunden: So viele Fragen der zeitgenössischen Diskussion waren schon vor langer Zeit von diesem Denker beantwortet worden – konnte es wirklich sein (ich war jung und idealistisch), dass viele angesehene

Intellektuelle diesen Umstand einfach ignorierten? Kurz darauf begann ich eine Dissertation über Kants Ästhetik, genauer über seinen Begriff des Erhabenen, aber mein Leben nahm eine andere Wendung, mein erster Roman wurde veröffentlicht, ich begann an meinem zweiten zu arbeiten, die Dissertation blieb liegen und wurde nicht mehr aufgenommen.

Doch als ich *Radikaler Universalismus* las, fühlte ich mich mit alter Kraft an das erinnert, was mich einst an Kants Denken fasziniert hatte. Der Philosoph, dem ich durch Omri Boehms Vermittlung begegnete, war kein höflicher Wächter der Sittlichkeit, kein Produzent gewunden trockener Sätze, kein staatsfrommer Obrigkeitsanwalt, sondern ein Denker, vor dessen regelrecht anarchistischer Kompromisslosigkeit kein Stein auf dem anderen blieb. Er war, und das ist ein Wort, das man mit Immanuel Kant selten in Verbindung bringt, *aufregend*.

Wie also hätte ich die Möglichkeit ablehnen können, mit Omri Boehm auf Einladung und tätige Anregung von Kristin Rotter vom Propyläen Verlag ein Gespräch über Kant zu führen? Im normalen Leben hat man ja immer nur kurz Gelegenheit, sich mit Experten zu unterhalten, für ein Buch aber darf, ja muss man es zulassen, dass die Unterhaltung sich in immer größeren Kreisen ausweitet.

Wir verbrachten also den 30. und den 31. Mai 2023 im idyllisch ruhigen Gartenhaus des Ullstein Verlags in Berlin, in geduldiger Gesellschaft des Lektors Ulrich Wank und eines Tonaufnahmegerätes. Ich sprach deutsch, Omri sprach englisch, denn obwohl seine Beherrschung von Kants Sprache perfekt ist, drückt er sich bei philosophischen Gesprächen, um der Präzision willen, nicht gern selbst in ihr aus. Wir fingen bei Kants Lebensgeschichte an – oder eigentlich bei dem Mangel an einer gut erzählbaren konventionellen

Lebensgeschichte – und versuchten von da aus, das Feld kantischen Denkens zu durchwandern, nicht in systematischer Weise, sondern der Unterhaltung ihren organischen Lauf lassend: Erkenntnistheorie und Wissenschaft, die Philosophie der Kunst, die Politik, die Theorie der Gesellschaft, die Religion und natürlich die Ethik. Auch über Kants Person und Persönlichkeit sprachen wir; und das bestürzende Problem seines Rassismus, dem naturgemäß in den letzten Jahren mehr Aufmerksamkeit gewidmet wird als zuvor, wollten wir ebenfalls nicht vermeiden.

Das Transkript, von Ulrich Wank in lesbare Form gebracht, wurde von uns über die Sommermonate überarbeitet, danach wurden Omris Gesprächspassagen von Michael Adrian ins Deutsche übersetzt, sodann folgte eine weitere Phase der Überarbeitung.

Was immer das Resultat auch sein mag, es ist hoffentlich keine »Würdigung« in jenem fragwürdigen Sinn, den Jahrestage im Kulturleben nahelegen. Theodor W. Adornos Polemik gegen diese Gattung, vorgetragen anlässlich des 125. Todestages von Hegel, hat nichts an Schlagkraft eingebüßt: »[Die Würdigung] meldet den unverschämten Anspruch an, daß, wer das fragwürdige Glück besitzt, später zu leben, und wer berufsmäßig mit dem befaßt ist, über den er zu reden hat, darum auch souverän dem Toten seine Stelle zuweisen und damit gewissermaßen über ihn sich stellen dürfe. In den abscheulichen Fragen, was an Kant und nun auch an Hegel der Gegenwart etwas bedeute [...], klingt diese Anmaßung mit.«

Diese Anmaßung also wollten wir vermeiden – wir weisen Kant keine Stelle zu, wir würdigen ihn nicht, und wir sprechen auch nicht von »der Gegenwart«, sondern von uns. Wir versuchen, Kant aus seinen eigenen historischen Voraussetzungen zu verstehen und zugleich ein Bild davon zu gewinnen, wie er uns dabei helfen kann, weiterzukommen auf jenem langen Weg, an dessen Ende wir hoffen dürfen, das zu sein, für das wir uns in voreiligen Momenten jetzt schon halten: eine Gemeinschaft denkender und freier Menschen.

Der erste Teil

Kant, persönlich

DANIEL KEHLMANN Beginnen wir mit einer ganz unphilosophischen Frage: Warum ist es eigentlich so schwer, über Kant *als Person* zu sprechen? Über ihn *als Philosoph* zu sprechen, ist offensichtlich deswegen schwer, weil er ein schwieriger Philosoph ist. Aber warum ist es so schwer, über diesen genialen Menschen, der er ja zweifellos war – auch wenn er den Begriff Genie für Philosophen ablehnt –, so zu reden, dass er als Person interessant wird?

Es gibt zwei zentrale Beispiele in der deutschen Literatur, nämlich auf der einen Seite die folgenreiche Passage in Heinrich Heines *Zur Geschichte der Religion und Philosophie in Deutschland*. Im Philosophiestudium bekommt man ziemlich bald gesagt, sie sei ganz irrig und gehe völlig an Kant vorbei. Ich denke, das ist nicht so. Ich denke, Heine trifft vieles sehr richtig. Vor allem spricht er von der *Kritik der reinen Vernunft* als dem Buch, das den Deismus, also eigentlich eine bestimmte Vorstellung von Gott, hingerichtet hat. Und hier drückt er sich noch vorsichtig aus, weil er eigentlich ja meint, Kant habe Gott hingerichtet, und er nennt ihn einen viel fürchterlicheren Menschen als Robespierre. Und dieses Bild von Kant, die *Kritik der reinen Vernunft* als ein Buch, das die Nachtgeister erschreckt, wie Heine sagt, das fand ich immer belebend und, ja, aufregend! Ich habe es einst als Student eigentlich wegen dieser Passage Heinrich Heines geschafft, die *Kritik der reinen Vernunft* ganz zu lesen, ich habe mir immer wieder gesagt: Das ist ein Buch, das die Nachtgeister erschreckt. Dann kommt natürlich der zweite Teil von Heines Auseinandersetzung mit Kant: Dass Kant ein öder Spießer gewesen, immer zur gleichen Zeit spazieren gegangen sei, immer jeden Tag genau wie den Tag zuvor verbracht habe, immer gefolgt von seinem Diener, und um diesem Diener seinen Glauben zurückzugeben, habe er dann den Gott, den die theoretische Philosophie, also die *Kritik der reinen Vernunft* getötet habe, in der *Kritik der praktischen Vernunft* als kleinen Dienst an seinem armen Diener Lampe wiederbelebt.

Auf der anderen Seite gibt es eine Passage in Musils Roman *Die Verwirrungen des Zöglings Törleß*. Der Gymnasiast Törleß, die Hauptfigur, liest Kant, und es ist ganz fürchterlich, ein Exzess der Langeweile und Trockenheit. Zu allem Überfluss erscheint ihm danach noch Kant im Traum, als ein schreckliches Männchen, und wenn Törleß zu sich kommt, spürt er die ganze Wollust und Lebenskraft des Jugendlichen, in Opposition zu der unerträglichen Dürre und Ödnis der Erwachsenenwelt, für die hier Kant steht.[1]

Und dann wiederum, im Kontrast dazu: ein Bericht des einzigen bedeutenden deutschen Schriftstellers, der Kant persönlich kannte. Johann Gottfried Herder wollte später an Kant gar nichts Gutes mehr lassen, aber aus seiner Jugendzeit gibt es einen kurzen Text, der so anfängt: »Ich habe das Glück genossen, einen Philosophen zu kennen, der mein Lehrer war.« Herder schildert Kant als akademischen Lehrer, als einen wachen, heiteren, lustigen Menschen. »Seine offene, zum Denken gebaute Stirn war ein Sitz unzerstörbarer Heiterkeit und Freude.« Das ist, aus persönlichem Erleben heraus, genau die Gegenposition zu dem Schreckensbild, das später der junge Törleß am Phantombild Kants erlebt.

Also angesichts dieser Widersprüche fragt man sich ganz von selbst: Wie stellen wir ihn uns überhaupt vor? Wie stellst du dir Kant als Person vor?

OMRI BOEHM Über die Person Kant habe ich mir nur wenig Gedanken gemacht. Ich habe nie …
KEHLMANN Typisch für einen Philosophen!

Freudentränen eines Bürgers über die Revolution

BOEHM Vielleicht sollte es auch typisch für einen Philosophen sein … Womit ich nicht abstreiten möchte, dass eine bestimmte Art von Interesse an der Person eines Philosophen – die seine »Identität« sein kann, aber nicht muss – aus einer historischen, literarischen oder sogar philosophischen Perspektive fruchtbar sein mag. Fichte hat einmal gesagt: »Was für eine Philosophie man wähle, hängt […] davon ab, was man für ein Mensch ist: denn ein philosophisches System ist nicht ein toter Hausrat, den man ablegen oder annehmen könnte, wie es uns beliebte, sondern es ist beseelt durch die Seele des Menschen, der es hat.«[2] Ich wollte nur sagen, dass ich nicht zu jenen Philosophen gehöre, die nach Königsberg, dem heutigen Kaliningrad, fahren, um ein Selfie an Kants Grab zu machen … Auch bin ich nicht so sehr an der »Identität« eines Philosophen interessiert, die sich als das Gegenteil der interessanten Frage nach seinem Charakter oder seiner Persönlichkeit erweisen kann. Und hier ist es sehr bezeichnend, dass wir gleich mit der Widersprüchlichkeit von Kant konfrontiert sind: ein dröger und seelenloser konservativer deutscher Techniker auf der einen Seite, ein revolutionärer Terrorist auf der anderen. Und in der Mitte ist sozusagen die Position Herders, der einen plötzlich mit etwas ganz anderem überrascht – einem Bild Kants als einem freundlichen Lehrer, der sogar eine gewisse väterliche Wärme an den Tag legen konnte.

Wie gehen wir also mit dieser großen Widersprüchlichkeit um, von der du sprichst – vor allem vor dem Hintergrund von Fichtes Behauptung, dass ein Zusammenhang zwischen Person und Philosophie besteht? Jemand, der die Berechtigung dieser Frage erkannte, war Ernst Cassirer. Er sagte, dass man keine zwei Philosophen finden könne, die auf den ersten Blick unterschiedlicher im Charakter oder Stil seien als Kant und Jean-Jacques Rousseau. Und gerade deshalb sei es interessant festzustellen, wie nah sie sich eigentlich waren – tatsächlich war Rousseau der Philosoph, den Kant am meisten bewunderte. Du hast zu Recht gesagt, dass Philosophen für Kant keine Genies sein konnten, doch bekommt man den Eindruck, dass er Rousseau für ein Genie hielt – in dem Sinne vielleicht eher für einen Autor als für einen »Philosophen«. Und man rührt, glaube ich, an eine tiefe Schicht, wenn man eher die Kontinuität als den Gegensatz zwischen Kant und Rousseau sieht, die dem Gegensatz – und der Kontinuität – zwischen dem Bild des trockenen Kant in Musils *Törleß* und Heines Terrorist nicht unähnlich ist. In gewisser Weise hoffte Kant, dieselbe zentrale Einsicht, die Rousseau in seiner leidenschaftlichen Sprache formuliert hatte, systematisch zu verteidigen. Ich will damit sagen, dass wir die Widersprüchlichkeit von Kants Person als eine Antinomie verstehen können – das heißt, der Widerspruch in seinem Charakter ist nur ein scheinbarer. Und wie bei allen Antinomien verhilft es einem zu einer klaren Einsicht in die Wirklichkeit, wenn man sie auflöst, wenn man entdeckt, dass der Widerspruch nicht real ist; in diesem Fall zu einer tieferen Einsicht, wer Kant, *als Philosoph und als Person,* in Wirklichkeit war. Das innere Bekenntnis, das man auf diese Weise entdeckt, das vorrangige persönliche philosophische

Bekenntnis ist das zum *Humanismus*. Und zu der Überzeugung, dass der Humanismus durch die Freiheit zu verteidigen ist, nicht durch die Natur. Das war es, was Rousseau Kant beigebracht hat, würde ich sagen – über sich selbst und über die Philosophie. Doch kann dieser Humanismus, wenn er pervertiert wird, auch in Terrorismus abgleiten – jedenfalls ist das eine der Anschuldigungen, die immer wieder gegen Kant erhoben wird. Er versuchte, den Humanismus, die rousseausche Form von Humanismus mit seinen sehr technischen, rationalen Argumenten zu verteidigen, aber durch dieses System kann man den Kontakt mit dem Menschen verlieren und im Zuge dieses Versuchs in einen robespierreschen Terrorismus abgleiten.

KEHLMANN Vielleicht ist die Denkbewegung der Antinomien, die Kant ja in dieser Form erfunden hat, tatsächlich das Persönlichste an ihm. Widersprüche, die man scheinbar hilflos nebeneinander stehen lassen muss und die dann letztlich doch ein konsistentes Bild ergeben – aber nicht indem man sie auflöst, sondern indem man sich über ihre Unauflöslichkeit Rechenschaft ablegt.

BOEHM Was du hier das Persönlichste an Kant nennst, zeigt sich, sobald man es einmal bemerkt hat, wohin man auch schaut. Viele haben Kant beispielsweise als einen Philosophen in Erinnerung, der vom Begriff des Gesetzes fast schon besessen ist. Das hängt mit dem Bild des »staubtrockenen Ingenieurs« zusammen. Wenn man aber noch einmal auf Kant in dem Moment blickt, in dem er sich fragt, ob er ein »Vorzeichen« dafür erkennen kann, dass das »menschliche Geschlecht im beständigen Fortschreiten zum Besseren sei«, da nennt er die Französische Revolution auf dem Höhepunkt des Terrors als Zeichen dafür, dass das Menschengeschlecht sehr wohl fortschreitet …[3] Er lässt es sich sogar nicht nehmen, zu sagen: Ganz gleich, ob die Revolution Gewalt hervorbringt, ganz gleich, ob sie Erfolg haben oder scheitern wird, ist die Revolution ein Zeichen des Fortschritts. Und da muss man sich schon fragen: Warum sollte jener staubtrockene Ingenieur, der angeblich von den Begriffen des Rechts und des Gesetzes besessen ist, die Revolution, also gerade den Moment, in dem die Menschen das Recht in ihre eigenen Hände nehmen, für ein Zeichen des Fortschritts halten? Wenn man Kants Philosophie in sehr enger Weise fasst, muss man zu dem Schluss kommen, dass eine Revolution definitionsgemäß ungerecht ist – ein direkter Verstoß gegen die Gerechtigkeit. Warum sollte der angeblich konservative Kant dieses Ereignis in seinem gewaltsam ungerechtesten Moment als *das* Zeichen des Fortschritts und der Hoffnung betrachten? Ich bin mir sicher, dass wir noch zu einer technischen Antwort auf diese Frage kommen; für den Moment soll sie nur noch einmal zeigen, dass die Antinomie von Kants Charakter tief reicht.

KEHLMANN Ein Zeitgenosse hat berichtet, dass Kant, als er von der Erstürmung der Bastille erfuhr, beim Mittagessen mit Tränen in den Augen aufstand und die Bibel zitierte: »Nun lässt du, Herr, deinen Knecht, wie du gesagt hast, in Frieden scheiden. Denn meine Augen haben das Heil gesehen, das du vor allen Völkern bereitet hast.«

BOEHM Das wusste ich gar nicht, aber der Bezug auf die Bibel, die Größenordnung, die das Ereignis in seinen Augen hat, ergibt absolut Sinn. Als Kant die Frage aufwarf, ob es ein »Zeichen« dafür gebe, dass Fortschritt möglich sei, suchte er ausdrücklich nach einer »wahrsagenden Geschichtserzählung des Bevorstehenden«, also der Prophetie.[4] Ich bin immer davon ausgegangen, dass er diesen Begriff ziemlich wörtlich verstand. Wobei ... Heine hat recht: So begrüßenswert es ist, dass sich Kant derart für die Französische Revolution begeistert, so stimmt es doch auch, dass er selbst bereits mehr erreicht hatte als die Franzosen. So verstehe ich Heine, wenn er sagt: O ja, ihr Franzosen habt einen König getötet, wir Deutschen aber haben durch Kant Gott getötet. Euch ist es geglückt, die Autorität des Königs abzuschütteln, was wir abgeschüttelt haben … sagen wir es so: Wir haben nicht nur den Kopf irgendeines alten weißen Mannes abgeschlagen, wir haben eine ganze Denkweise umgestürzt. Und es ist eine interessante Frage, ob Kant so begeistert über die Revolution ist, weil er das auch weiß, weil er versteht, dass die Revolution in gewisser Weise ein Ausdruck seiner eigenen Philosophie ist. Auch hier haben wir also wieder diese Widersprüche.

Vielleicht besteht ein Weg, diesen Widerspruch aufzulösen, falls Auflösung in diesem Zusammenhang nicht viel zu kurz gegriffen ist, vielmehr über ihn nachzudenken, darin, dass wir uns jenes berühmte Bild in Erinnerung rufen, das auch Heine erwähnt: das Bild jenes Kant, der so langweilig ist, dass jeder in Königsberg seine Uhr nach seinem Spaziergang stellen konnte. Jeden Tag macht er um genau dieselbe Zeit einen Spaziergang, lässt ihn nie aus – oder fast nie, und am interessantesten sind natürlich die Momente, wenn er doch einmal auf ihn verzichtet: als die Nachricht von der Französischen Revolution eintraf oder als, glaube ich, Rousseaus *Émile oder Über die Erziehung* erschien und er zu Hause blieb, um das Buch zu lesen, wenn diese Anekdote stimmt. In beiden Fällen ist der Grund im Wesentlichen der gleiche: Das ethische Ideal der Menschheit, das Kant aus dem *Émile* schöpfte, ist zutiefst mit der Revolution verbunden. Ich beginne meine Kant-Seminare oft damit, dass ich meine Studierenden frage, ob sie alle diese Anekdote kennen: Wie viele hier im Raum wissen, dass Kant so langweilig war, dass man die Uhr nach seinem Spaziergang stellen konnte? Alle Hände gehen hoch. Und dann frage ich: Und wie langweilig ist es, diese Anekdote immer wieder zu wiederholen? Wie kann man sich einen Reim auf diesen Revolutionär machen, der praktisch jeden Tag mit religiösem Eifer denselben Spaziergang machen musste? In meiner Vorstellung unternahm Kant diese Spaziergänge nicht, weil er so ein staubtrockener Charakter war, sondern weil er sich mit einem Ereignis von der Größenordnung der Französischen Revolution herumschlug, und das wusste er und musste sich in der Gewalt haben und funktionieren. Er wusste genau, was er tat – dass es ein naheliegender Grund war, den Verstand zu verlieren, ihm aber auch seine Bedeutung klar war und er seine eigene Revolution niederschreiben musste. Kants Spaziergangsbesessenheit lässt sich als eine Praxis der Selbstbeherrschung verstehen – wie sie Philosophen übrigens nicht unvertraut ist. Wir kennen den Gegensatz zwischen dem Bild des sitzenden Philosophen, beispielsweise von Descartes, der am Feuer in seinem Zimmer meditiert, und, wieder einmal, Rousseau mit seinen *Träumereien eines einsamen Spaziergängers*. Wir dürfen nicht vergessen, dass Kant mit seiner Revolution in gewisser Weise fast völlig allein war, in einer inneren Gedankenwelt, während die französischen Revolutionäre im Wesentlichen äußerlich gemeinsam handelten.

KEHLMANN Noch dazu in einem zwar für damalige Verhältnisse ziemlich liberalen Staat, aber immer noch einem, der strengste Zensurgesetze hatte. Das heißt, sobald Kant etwas Politisches sagt, muss er enorm aufpassen. Der preußische Staat war damals noch immer der, über den Lessing geschrieben hatte: »Sagen Sie mir von Ihrer berlinschen Freiheit zu denken und zu schreiben ja nichts. Sie reduziert sich einzig und allein auf die Freiheit, gegen die Religion so viele Sottisen zu Markte zu bringen, als man will.« Also – wenn es um Politik geht, kann Kant auch in Preußen nicht frei sprechen. Kant vollbringt ein gewaltiges Werk der geistigen Freiheit, aber er ist sehr allein, und er lebt nicht in einem freien Staat.

Und dazu kommt noch etwas, das mich immer sehr beeindruckt und auch gerührt hat. Stell dir einfach vor, du gerätst in eine Zeitmaschine und wirst ins späte achtzehnte Jahrhundert gebracht, und jetzt musst du dort überleben, und du hast sehr viel zu tun, hast ein gewaltiges, ein revolutionäres, ein weltumstürzendes Werk zu schaffen. Du bist aber schon fast fünfzig, was für damalige Verhältnisse ziemlich alt ist …

BOEHM Vielleicht habe ich da mit 44 noch eine Chance?

Die Aufgabe

KEHLMANN Ich würde dich noch nicht abschreiben, heute ist fünfzig kein Alter mehr – hoffe ich wenigstens, aus persönlichem Interesse –, und auch damals ist es noch nicht das Greisenalter, aber vergiss nicht, du bist im achtzehnten Jahrhundert, und wenn du krank wirst, können die Ärzte nichts ausrichten. Nichts! Du sitzt in dieser Zeit fest. Du ahnst, es wird einmal eine medizinische Wissenschaft geben, die einem helfen kann, wenn man fünfzig ist, auch achtzig zu werden, aber jetzt gibt es sie noch nicht. Das heißt, auch in der Hinsicht ist Kant vollkommen allein. Er hat dieses ungeheure Werk zu schaffen. Er weiß, er muss die *Kritik der reinen Vernunft*, die *Kritik der praktischen Vernunft* und dann wahrscheinlich noch die *Kritik der Urteilskraft* schreiben und einiges an Nebenwerken. Die einzige Möglichkeit, das Projekt durchzuziehen, ist, *extrem* pedantisch zu leben, damit du nie krank wirst. Kant war nicht so, als er jung war. Er hat sogar eine Zeit lang Geld als Profi-Billardspieler verdient. Das passt auch nicht gerade ins übliche Kant-Klischee. Wenn man seine vorkritischen Schriften liest, hört man einen ganz freien, heiteren, fließenden Ton, der in den späteren Werken nur noch selten durchschlägt.

Sein Pedantentum resultiert nicht nur aus seinem Charakter, sondern auch aus der Notwendigkeit, alt zu werden und zu arbeiten in einer Welt, in der die Medizin noch nicht helfen kann. In der, immer noch wie bei Molière, die Ärzte wirklich Idioten, Angeber und Quacksalber sind, in der Medizin noch eine okkulte Pseudowissenschaft ist und nichts anderes.

BOEHM Und in der er immer noch mit einem Bein in der Epoche vor der Aufklärung steht, und das ist wichtig, dass es noch keine Wissenschaft ist …

KEHLMANN Vielleicht sogar noch beide Beine. Man muss wirklich nur Molière lesen, um eine Vorstellung zu bekommen. Im späten 18. Jahrhundert macht die Medizin dann riesige Fortschritte, aber nicht schnell genug für Kant. Er muss also zu einer zwanghaften Witzfigur werden, um seine Arbeit machen zu können. Und das hat mich immer sehr gerührt. Er hatte sicher auch eine pedantische Veranlagung, aber hauptsächlich war es die Notwendigkeit eines Menschen, der relativ spät im Leben plötzlich vor einer ungeheuren Aufgabe stand.

BOEHM Du hast meines Erachtens recht, wenn du darauf insistierst, dass sein Pedantentum nicht nur der geistigen Gesundheit gilt, sondern auch der körperlichen. Kant schreibt übrigens in seiner Korrespondenz nicht wenig darüber. Immer wieder klagt er, dass er nicht genügend Zeit hat, um zu lesen, nicht genügend Zeit, um Briefe zu schreiben, nicht genügend Zeit für Verabredungen, weil er ein alter Mann ist, der ein paar Dinge zum Abschluss bringen muss ... Diese Angst liegt also offen zutage.

KEHLMANN Ja, wie Kafka mal zu Max Brod gesagt hat: »Ich bin allein, und die Aufgabe ist ungeheuer.« Das hätte Kant auch sagen können. Und er hat sie erfüllt! Wenn auch leider nicht ganz vollendet, traurigerweise wurde er im hohen Alter dement. Seine *Anthropologie*, darauf kommen wir sicher noch, ist ein Buch, das selbst die größten Verehrer vor Probleme stellt. Also man merkt dann, dass die Natur gewinnt gegen ... nun ja, gegen die Vernunft, will ich nicht sagen, aber gegen Kants Lebensplanung, die vor allem eine Arbeitsplanung ist. Aber die Natur gewinnt spät erst, also im Großen und Ganzen hat er das hinbekommen, was er wollte! Er hat die Aufgabe erfüllt, aber der Preis dafür war eben, dass die Leute die Uhr nach ihm stellen konnten und bis heute Witze darüber machen.

BOEHM Das ist zweifellos eine bessere Lesart des Spaziergangs ... Können wir auf die Frage des Widerspruchs in Kants Charakter zurückkommen? Warum noch mal ist es so schwer, über ihn zu schreiben, über ihn als Person? Warum ist er nicht jemand, den wir gut beschreiben können, etwa in seinem Innenleben?

KEHLMANN Darüber habe ich viel nachgedacht. Er tritt ja in meinem Roman *Die Vermessung der Welt* auf, aber schon im senilen Zustand. Ich glaube, die Schwierigkeit, ihn darzustellen, hängt damit zusammen, dass ein Großteil seiner Persönlichkeit, seines wachen Lebens, auch seiner Leidenschaft von theoretischem Denken in Beschlag genommen war. Das heißt, er hat absichtlich die Unordnung des menschlichen Lebens, über die man ja schreibt, wenn man literarische Figuren entwickelt, aus seinem Leben ausgeschlossen. Sein Leben ist von Komik ebenso frei wie von Tragik. Man könnte tatsächlich diesen Feldzug, seine große Aufgabe zu vollenden, auch beschreiben als einen Feldzug, alles in seiner Persönlichkeit loszuwerden, was ihn zu einer interessanten literarischen Figur hätte machen können. Als interessanten Menschen kann man ihn also dann darstellen, wenn man über den jungen Kant schreibt, den hochbegabten Studenten und jungen Professor. Oder eben dann, und das habe ich ja in meinem Roman versucht, über den senilen Kant, der am Ende dann doch der Natur unterliegen musste.

BOEHM Dass Kant seine Philosophie vollenden muss, bevor die Natur gegen ihn gewinnt, ist dramatisch, aber warum genau muss das in *Die Vermessung der Welt* durch seine beginnende Senilität thematisiert werden?

KEHLMANN Das hat mit dem Wesen der erzählenden Literatur zu tun, glaub ich. Letztlich handelt sie immer davon, wie unordentlich das menschliche Leben ist, wie wenig Kontrolle man darüber hat. Und wenn jemand wie Kant sich dann doch solch ein Ausmaß von Kontrolle erkämpft – dann bedeutet das, dass wenig Erzählerisches übrig bleibt. Aber in dem Augenblick, in dem ihn die Natur doch übermannt, in dem sein Geist ihm nicht mehr gehorcht ... Wenn man zum Beispiel im *Opus postumum* blättert und dort komplizierte Erwägungen philosophischer Art findet, die einfach in eine Einkaufsliste übergehen – *das* ist bewegend! Und daraus wurde bei mir eben diese Stelle, wo Gauß mit Kant eine Diskussion führen möchte und Kant antwortet: »Wurst und Sterne.« Das war mein Versuch, die Sache mit der Einkaufsliste im *Opus postumum* in einer einzigen Zeile zu kondensieren. Statt mit dem jungen Gauß über nichteuklidische Geometrie zu diskutieren, sagt Kant dann nur: »Der Lampe soll Wurst kaufen.« Das wurde wieder in vielen Rezensionen dann als Spott über Kant gelesen. Nichts könnte falscher sein! Carl Friedrich Gauß hat ja tatsächlich in der Mathematik die Grundlagen der nichteuklidischen Geometrie gelegt, letztlich also die mathematischen Werkzeuge der Relativitätstheorie. Und der historische Gauß – das ist nicht meine Erfindung! – hatte das Gefühl, dass Kants übergroßer Einfluss auch auf die Mathematik ein Problem geworden war. Und Gauß hat tatsächlich das, was er über nichteuklidische Geometrie gedacht hat, zu seinen Lebzeiten nicht publiziert, weil er keine Lust hatte, von den Kantianern, die damals die wichtigen Lehrstühle innehatten, angegriffen und verspottet zu werden.

BOEHM Wenn ich mich recht entsinne, glaubt Gauß in der *Vermessung der Welt*, dass Kant der Einzige wäre, der ihn verstehen könnte. Er ist mit *seiner* Revolution ebenfalls ziemlich allein auf der Welt, wenn man so will, und reist nach Königsberg, um die eine Person zu treffen, die ihn vielleicht verstehen kann. Für einen Kantianer wie mich (wenn es das trifft) jedoch ist diese Szene eine Form von großem und herzergreifendem Narzissmus, weil Gauß in Kant einen Verbündeten sucht, aber nicht für einen Moment auf den Gedanken kommt: ›Moment mal, wenn *ich* recht habe, dann ist Kants Philosophie *völlig falsch*‹ – das heißt, wenn die nichteuklidische Geometrie die Welt beschreiben kann, dann gibt es nach Kants Maßstäben keine synthetischen Urteile a priori, und die zentrale Frage der *Kritik der reinen Vernunft* stellt sich in Wirklichkeit gar nicht. Zwar haben spätere Denker versucht, das synthetische Apriori und die *Kritik* vor der nichteuklidischen Geometrie zu retten, und wir können uns fragen, mit welchem Erfolg, doch kommt Gauß zu Kant, um Verständnis zu finden, während er ihm im Grunde sagt … »Ihre *Kritik der reinen Vernunft* ist kein philosophisches Buch, sondern ein literarisches Werk. Ihre ganze Philosophie ist bestenfalls eine interessante Geschichtsschreibung oder schöne Fiktion, aber keine Philosophie mit Wahrheitsanspruch.« Und das Schöne an deinem

Gauß ist, dass es ihm entweder nicht klar ist, was das komische Element an der Szene herausbringt, oder, wenn es ihm klar ist, dass er glaubt, es sollte keine Rolle spielen. Weil ein Kant dazu fähig sein sollte, ihn zu verstehen und zu schätzen, was er zu hören bekommt, da es ihm doch um die Wahrheit geht, nicht um die Wahrheit der *Kritik der reinen Vernunft* – das ist einnehmend, weil Kant, trotz allem, was wir oben gesagt haben, ein Mensch war …

KEHLMANN Gauß denkt natürlich auch als Mathematiker. In seinem Feld zählen Meinungen gar nichts. Die Mathematik ist ja die einzige menschliche Disziplin, die ohne jeden Zweifel konstant Fortschritt macht, weil tatsächlich jeder Beweis für immer feststeht und jede Widerlegung für immer wirkt. Gauß denkt, er besucht Kant, und sie klären die Frage nach der nichteuklidischen Geometrie ein für alle Mal, aber dann spielt die Natur hinein, und es kommt anders.

BOEHM Kant wäre mit diesem Grundsatz absolut einverstanden gewesen: Wenn man etwas beweist, beweist man es ein für alle Mal, und das sollte genügen. Es steht aber noch eine andere Annahme im Hintergrund, und das ist der berühmt-berüchtigte Satz, den man Aristoteles zuschreibt: »*Amicus Plato, sed magis amica veritas.*« Isaac Newton hat ihn so gefasst: »Platon ist mein Freund und Aristoteles auch, meine liebste Freundin aber ist die Wahrheit.« Nur dass Kant ihn vermutlich nicht nur in Bezug auf jemand anderes Person und Philosophie akzeptiert hätte, sondern selbst in Bezug auf seine eigene Philosophie, die, mit Fichte gesagt, eine ganz persönliche Sache ist.

KEHLMANN In der Philosophie ist natürlich das Beweisen komplizierter, schwieriger, wackeliger und angreifbarer als in der Mathematik. Das ist ein altes Problem, das Spinoza durch Verwendung der mathematischen Methode in der Philosophie lösen wollte. Aber obwohl er die mathematische Methode ja vorbildlich verwendet hat in seiner *Ethik*, ist es doch so, dass wir nicht alle überzeugte Spinozisten sind. Das heißt, irgendwas hat hier beweistechnisch nicht funktioniert.

Als ich die Kant-Gauß-Szene schrieb, dachte ich, wenn das eine bestimmte Art von postmodernem philosophischem Thesenroman wäre, dann hätten die beiden eine sehr interessante Diskussion über nichteuklidische Geometrie und die *Kritik der reinen Vernunft*, die ich für sie erfinden würde, als eine Art Bauchredner aus der Zukunft. Und ich dachte, erstens ist so etwas literarisch sehr fragwürdig – und zweitens: Hätte Gauß diese Reise tatsächlich gemacht, hätte er Kant nicht mehr bei voller Geistesklarheit angetroffen. Und ist das nicht erzählerisch viel interessanter, diese verpasste Chance? Es war für die Zeitgenossen ja sehr ergreifend, Kants Verfall zu sehen, er war vielleicht das erste welthistorisch berühmte Demenzopfer. Demenz kam ja noch nicht so häufig vor, aus dem schlichten Grund, dass die Menschen nur selten sehr alt wurden.

Das Erhabene und der Sternenhimmel über uns

BOEHM Du hast mehrfach erwähnt, dass »die Natur am Ende gewonnen hat« oder dass Kant versucht hat, »gegen die Natur« zu kämpfen. Das ist eine interessante Feststellung und, glaube ich, die richtige Begrifflichkeit, weil es eine klare Auseinandersetzung zwischen Natur und Freiheit bei Kant gibt. Er wird oft dafür kritisiert, meines Erachtens zu Unrecht, denn er hat recht mit dem Gedanken, dass der Preis der Moderne darin besteht, diese Auseinandersetzung zu führen und zu verstehen und letztlich zu bewältigen. Genau aus diesem Grund finde ich deine Rede von einer Natur, die am Ende gegen Kant gewinnt, interessant: Kant führt in gewisser Weise einen Kampf gegen die Uhr und gegen die Natur …

KEHLMANN Kants Philosophie reflektiert diesen Kampf gegen die Natur immer wieder. Wenn er in der *Kritik der Urteilskraft* vom dynamisch Erhabenen spricht, bringt er das Beispiel eines Beobachters, der auf einer Klippe sitzt und auf einem stürmischen Meer ein Schiff sieht, das in Gefahr ist unterzugehen. Und das Meer ist tausendfach stärker und größer als das Schiff. Dabei empfindet dieser Zuschauer ein Gefühl der Erhabenheit. Kant sagt ausdrücklich – und das ist zum Beispiel der Unterschied zu Ernst Jünger –, dass man Zuschauer sein muss, um diese Erhabenheit zu empfinden. Wer auf dem Schiff ist, empfindet sie nicht. Ernst Jünger würde sagen, man muss auf dem Schiff sitzen und in Lebensgefahr sein, das ist die wahre Erhabenheit! Das würde Kant für neurotischen Blödsinn halten, meiner Meinung nach zu Recht. Worauf er abzielt, das ist der Umstand, dass das, was sich da vor unseren Augen abspielt, eben immer nur die halbe Wahrheit ist. Die Natur, in diesem Fall in Gestalt des stürmischen Meeres, kann den Menschen töten, aber andererseits ist diese gewaltige Natur etwas, das in dieser Form unser Erkenntnisapparat formend hervorbringt und das uns vor allem auch nur physisch, nicht moralisch anfassen kann. Wir sind der Natur unterworfen, und zugleich sind wir ihr unendlich überlegen. Das Meer kann uns physisch töten, aber moralisch kann es uns nichts anhaben. Und diesem Meer, so würde ich sagen, entspricht der alternde Körper. Wir sind alle auf so einem Boot, wir sind, wie es bei William Butler Yeats heißt, »*Fastened to a dying ani-*

mal«, wir sind an einen verfallenden Körper gebunden und verwenden ein alterndes Gehirn. Die Erhabenheit im Fall Kants liegt eben darin, dass er dennoch seine Arbeit machen konnte, dass wir alle, gebunden an ein sterbendes Tier, dennoch die sein können, die wir sind, und die Welt verstehen und die ethischen Pflichten erfüllen können, die wir erkennen. Aber trotzdem werden wir in diesem Meer ertrinken. Die Natur gewinnt in der physischen Welt. In der moralischen nicht.

BOEHM Um Yeats' Formulierung und deine berechtigte Kritik an Jüngers Erhabenem noch etwas weiter auszuspinnen: Du gehst zu Recht davon aus, dass wir uns selbst von außen sehen können. Dass wir jedenfalls nicht mit unserem Körper identisch sind. Damit ist ein starker Dualismus gesetzt, der auch ein bestimmtes Verhältnis zum Tod impliziert – ich kann angesichts des Todes nicht nur Furcht oder Angst empfinden (hier ist an Heidegger zu denken, der uns in die Ohren bläst), sondern auch das Erhabene, in Bezug auf unseren eigenen Tod. Denn ich bin mit jenem sterbenden Tier nicht identisch und betrachte meinen sterbenden Körper wie einen Schiffbruch mit Zuschauer. Der Unterschied ist, dass die Erfahrung des kantischen Erhabenen uns für die Unendlichkeit öffnet, während die heideggersche Angst unsere Endlichkeit offenbart. Diese unterschiedliche »Urerfahrung« verrät ein gegensätzliches Verständnis des Menschseins.

KEHLMANN Gibt es hier eine Verwandtschaft zwischen Kants Konzept des Erhabenen und Heideggers Begriff der Angst? Die Gegenpole scheinen sich zu berühren.

BOEHM Beide Begriffe sind tatsächlich gleich und gegensätzlich, denke ich. Eine Möglichkeit, sich das klarzumachen, ist, dass beide der Furcht gleichen, aber als Nicht-Furcht definiert werden. Denn die Furcht besteht vor einem mächtigen Objekt in der Welt, während sowohl das Erhabene als auch die Angst sich einstellen, wenn wir so überwältigt sind, dass wir ein Objekt gar nicht mehr völlig erfassen können. Heidegger würde sagen: »Die Angst offenbart das Nichts. Wir ›schweben‹ in Angst. Deutlicher: die Angst lässt uns schweben, weil sie das Seiende im Ganzen zum Entgleiten bringt.«[5] Das heißt ein Unvermögen, weltliche Objekte, die Welt als ein Objekt – und uns selbst als ein Objekt *in* der Welt – zu erfahren. Durch diese Angst erfahren wir Freiheit. Das Erhabene hat genau dieselbe Struktur: Überwältigt von äußeren Eindrücken auf den Geist, kolossalen Naturereignissen wie dem bestirnten Himmel oder einem Tsunami, gelingt es uns nicht, ein Ding bewusst zu erfassen. Für Kant aber können wir ein empirisches Bewusstsein unseres Daseins, das ein Bewusstsein unseres Fortbestehens in der Zeit erfordert, nur im Verhältnis zu einem äußeren, im Raum erfahrenen Ding entwickeln. Es gibt für ihn kein inneres Bewusstsein ohne ein äußeres, und das bedeutet, dass das Unvermögen, ein äußeres Ding im Raum zu fixieren, zugleich unsere Unfähigkeit einschließt, unser eigenes Dasein empirisch zu bestimmen: uns also das Seiende im Ganzen entgleitet, wenn man so will, und das ist zugleich eine Erfahrung der Freiheit. So weit die Ähnlichkeit.

Der Unterschied aber ist wesentlich: Für Kant offenbart dies unser Verhältnis zur Unendlichkeit, für Heidegger zur Endlichkeit. Der ganze Unterschied zwischen einem Kant und einem Heidegger, zwischen dem Humanismus des Ersteren und dem Antihumanismus des Letzteren, dreht sich wohl um diese Frage. Daher auch die berühmte Debatte zwischen dem Kantianer Cassirer und Heidegger in Davos, in der es zu einem großen Teil um das Verhältnis des Humanismus zur Unendlichkeit geht. Die klarste Beschreibung dieser Erfahrung bei Kant findet sich übrigens in dem berühmten Absatz zu Beginn des »Beschlusses« der *Kritik der praktischen Vernunft,* den wir für den Titel dieses Buches heranziehen und der nichts anderes ist als eine Beschreibung des Erhabenen. Mich überrascht immer, dass das nicht öfter bemerkt wird.

KEHLMANN Ja, die Stelle ist viel komplexer und ambivalenter, als man auf den ersten Blick erkennt.

BOEHM Es lohnt sich, wenn wir sie miteinander lesen: »Zwei Dinge erfüllen das Gemüt mit immer neuer und zunehmender Bewunderung und Ehrfurcht [...]: *der bestirnte Himmel über mir und das moralische Gesetz in mir.* [...] [I]ch sehe sie vor mir und verknüpfe sie unmittelbar mit dem Bewußtsein meiner Existenz.«[6] Das ist genau die Erfahrung, von der wir sprechen. Auf der einen Seite sind wir Teil des natürlichen Netzwerks und als solcher völlig überwältigt von der unendlichen Mächtigkeit des Universums. Nicht nur des Meeres, selbst das Meer ist winzig, nicht nur des »geschlossenen Kosmos«, wie manche ihn früher nannten und der immer noch fast gemütlich ist, sondern des offenen Universums. Im Verhältnis zu dieser Mächtigkeit sind wir völlig unbedeutend, im Verhältnis zu dieser Unendlichkeit sind wir tatsächlich unendlich klein. Und unendlich machtlos. Diesem Verhältnis zum unendlichen Himmel verdankt sich die Entdeckung des Nihilismus. Zwar war der Ausdruck noch nicht erfunden, doch wird die nihilistische Angst des Zeitalters von Pascal gut auf den Punkt gebracht, wenn er auf die Astronomie mit den Worten reagiert: »Das ewige Schweigen dieser unendlichen Räume macht mich schaudern.«[7] Und an anderer Stelle spricht er von dem »unendlichen Abgrund« im Menschen, den »nur ein Unendliches und Unwandelbares zu erfüllen vermag, das heißt nur Gott selbst«.[8] Kant gibt die Antwort auf diese nihilistische Angst mit dem Erhabenen: Gerade wenn man der eigenen Bedeutungslosigkeit und Einsamkeit in dem schweigenden unendlichen Universum innewird, entdeckt man auch ein Vermögen in sich, das tatsächlich größer ist als das Ganze der Natur – und das ist die Macht und die Bedeutung der Freiheit und der moralischen Integrität, die nicht »bloß« unendlich, sondern absolut ist. In der gewaltigen See können wir also ertrinken, der bestirnte Himmel konfrontiert uns mit unserer eigenen Heimatlosigkeit und Bedeutungslosigkeit, aber niemand zerstört uns unsere moralische Integrität, und der Punkt ist, dass es keine Macht gibt – wenn Kant recht hat –, die unsere moralische Integrität zerstören *könnte*.

KEHLMANN Der Sternenhimmel ist zugleich unvorstellbar groß – das wäre das, was Kant das mathematisch Erhabene nennt, aber er ist auch eine dynamische Größe, wie das Meer. Die Sterne wirbeln umher, sie brennen und glühen, sie verändern sich, Galaxien entstehen und vergehen, die Erde wird irgendwann in die Sonne stürzen oder von der Sonne vertilgt, und so weiter. Das mathematisch und dynamisch Erhabene fällt also zusammen, oder?

BOEHM Ich akzeptiere die scharfe Unterscheidung zwischen beidem nicht. Kant traf sie nur, um die Erfahrung zu erläutern, nicht um zu behaupten, dass es zwei verschiedene Erhabenheiten oder Erfahrungen gibt, und zwar aus dem Grund, den du gerade genannt hast: Das dynamische und das mathematische Erhabene hängen zusammen. Man kann sich das mithilfe von Descartes' Unterscheidung zwischen dem Indefiniten und dem Infiniten (Unendlichen) klarmachen. Das Indefinite ist nicht dasselbe wie das Infinite, weil man es durch eine Negation des Finiten gewinnen kann. Man gewinnt das Indefinite, indem man immer noch ein weiteres Element hinzuaddiert, wie in der Reihe der natürlichen Zahlen. Es gibt keine »größte Zahl«, und es wäre offensichtlich falsch, sich das Indefinite so zu denken, doch die Frage ist, ob man trotzdem ein Bewusstsein des Absoluten haben kann, als Totalität oder wahre Unendlichkeit verstanden statt als eine endlose Reihe. Kant glaubte, dass wir jene wahre Unendlichkeit denken können. Dann aber stellt sich die Frage: Woher beziehen wir diese Vorstellung? Woher beziehen wir die Vorstellung einer absoluten Unendlichkeit, wenn wir in der Natur, selbst im bestirnten Himmel, immer nur auf indefinite Reihen treffen, Negationen des Finiten? Kants Antwort lautet: Wir gewinnen diese Idee aus unserer Freiheit oder moralischen Integrität, der Erkenntnis, dass wir in uns ein Vermögen haben, welches größer ist als jede indefinite Menge oder jede gewaltige Macht der Natur. Im Verhältnis zu unserer Freiheit ist jede Menge oder Macht der Natur unendlich klein.

KEHLMANN Und wir *wissen* es, wenn wir den Sternenhimmel ansehen?

BOEHM »Wissen« ist ein schwieriger Begriff in diesem Zusammenhang. Philosophisch ist die Vorstellung, dass es sich hierbei um Wissen handelt …

KEHLMANN Gut, dann vielleicht besser: Wir *ahnen* es. Ist »ahnen« überhaupt ein Konzept, mit dem Kant etwas anfangen kann? Die dunkle Wahrnehmung – ein wunderbares Konzept, das Leibniz einführt, aber bei Kant gibt es das wohl nicht.

BOEHM Auf den ersten Blick hatte Kant nicht viel mit dunkler Wahrnehmung zu tun. Auf den zweiten Blick entfaltete er vielleicht etwas Ähnliches in seiner Ästhetik, unter die ja das Erhabene fällt. Wenn man eine solche Erfahrung macht, auch wenn sie nicht als Wissen im wissenschaftlichen Sinne gilt, dann ist dies lediglich ein Ausdruck der Tatsache, dass für Kant Wissenschaft überraschenderweise nicht die einzige und nicht die wichtigste Art von Erkenntnis ist, die wir akzeptieren sollten. Das ist nicht unbedeutend, wenn man an die Klischeevorstellungen vom Wissenschaftsglauben der Aufklärung denkt. Und mit dieser kognitiven Einstellung ist *ahnen* keine schlechte Weise, es zu formulieren, um die Idee des Absoluten und nicht nur des Indefiniten zu erfassen. Wir sollten uns jetzt den ganzen Absatz vor Augen führen:

> Zwei Dinge erfüllen das Gemüt mit immer neuer und zunehmender Bewunderung und Ehrfurcht, je öfter und anhaltender sich das Nachdenken damit beschäftigt: *der bestirnte Himmel über mir und das moralische Gesetz in mir*. Beide darf ich nicht als in Dunkelheiten verhüllt, oder im Überschwenglichen außer meinem Gesichtskreise suchen und bloß vermuten; ich sehe sie vor mir und verknüpfe sie unmittelbar mit dem Bewußtsein meiner Existenz. Das erste fängt von dem Platze an, den ich in der äußern Sinnenwelt einnehme, und erweitert die Verknüpfung, darin ich stehe, ins unabsehlich Große mit Welten über Welten und Systemen von Systemen, überdem noch in grenzenlose Zeiten ihrer periodischen Bewegung, deren Anfang und Fortdauer. Das zweite fängt von meinem unsichtbaren Selbst, meiner Persönlichkeit an und stellt mich in einer Welt dar, die wahre Unendlichkeit hat, aber nur dem Verstande spürbar ist, und mit welcher (dadurch aber auch zugleich mit allen jenen sichtbaren Welten) ich mich nicht wie dort in bloß zufälliger, sondern allgemeiner und notwendiger Verknüpfung erkenne. Der erstere Anblick einer zahllosen Weltenmenge vernichtet gleichsam meine Wichtigkeit, als eines *tierischen Geschöpfs*, das die Materie, daraus es ward, dem Planeten (einem bloßen Punkt im Weltall) wieder zurückgeben muß, nachdem es eine kurze Zeit (man weiß nicht wie) mit Lebenskraft versehen gewesen. Der zweite erhebt dagegen meinen Wert, als einer

> *Intelligenz*, unendlich durch meine Persönlichkeit, in welcher das moralische Gesetz mir ein von der Tierheit und selbst von der ganzen Sinnenwelt unabhängiges Leben offenbart, wenigstens so viel sich aus der zweckmäßigen Bestimmung meines Daseins durch dieses Gesetz, welche nicht auf Bedingungen und Grenzen dieses Lebens eingeschränkt ist, sondern ins Unendliche geht, abnehmen läßt. Allein Bewunderung und Achtung können zwar zur Nachforschung reizen, aber den Mangel derselben nicht ersetzen.[9]

KEHLMANN Wenn er über ein »von der Tierheit unabhängiges Leben« spricht, könnte man das auch wieder auf den Verfall des Körpers anwenden.

BOEHM Ja, der Körper und sogar der Tod sind wichtig in diesem Absatz. Schau nur, wie Kant erst das »unabsehlich Große mit Welten über Welten und Systemen von Systemen« anführt. Das ist das bloß Indefinite, das von der Erfahrung in Raum und Zeit ausgeht. Es wird nie vollständig sein, und aus dieser Erfahrung kann man den Begriff einer genuinen Unendlichkeit nicht ableiten. Man kann ihn jedoch aus der eigenen Persönlichkeit oder Handlungsfähigkeit gewinnen, der Freiheit, die man in sich hat und die die »wahre Unendlichkeit« in einem offenbart.

KEHLMANN Das heißt, im Grunde ist der Sternenhimmel genau deshalb so beeindruckend, weil er letztlich bedeutungslos ist für uns als moralische Wesen.

BOEHM Richtig, und hier liegt Kants Antwort auf Pascals Schaudern. Der bestirnte Himmel ist in der Tat schweigend – bedeutungslos – und mächtig, unbegrenzt mächtig, aber es ist nicht der bestirnte Himmel, der so beeindruckend ist – es sind nicht die Sterne, die erhaben sind …

KEHLMANN Im Gegenteil.

BOEHM Es ist unser eigenes Vermögen, das in diesem Moment so beeindruckend ist, der Grund, warum freie Lebewesen dazu fähig sind, das Erhabene zu erfahren und nicht nur Pascals Schaudern oder Heideggers Angst. Das ist die kantische Antwort auf die ganze nihilistische Tradition, die später von Nietzsche ausformuliert wird, ebenfalls mit Blick auf den Himmel:

»In irgend einem abgelegenen Winkel des in zahllosen Sonnensystemen flimmernd ausgegossenen Weltalls gab es einmal ein Gestirn, auf dem kluge Tiere das Erkennen erfanden. Es war die hochmütigste und verlogenste Minute der ›Weltgeschichte‹: aber doch nur eine Minute. Nach wenigen Atemzügen der Natur erstarrte das Gestirn, und die klugen Tiere mussten sterben. – So könnte Jemand eine Fabel erfinden und würde doch nicht genügend illustriert haben, wie kläglich, wie schattenhaft und flüchtig, wie zwecklos und beliebig sich der menschliche Intellekt innerhalb der Natur ausnimmt; es gab Ewigkeiten, in denen er nicht war; wenn es wieder mit ihm vorbei ist, wird sich nichts begeben haben. Denn es gibt für jenen Intellekt keine weitere Mission, die über das Menschenleben hinausführte.«[10]

Beachte, Daniel, dass auch Nietzsche in diesem Moment der Wahrheit den Begriff des Tieres benötigt, wir sind »kluge Tiere« und nicht Menschen im Verhältnis zum Weltall. Wenn wir den Menschen in Relation zum bestirnten Himmel so betrachten müssen, wenn wir in diesem Moment unfähig zum Staunen und zum Erlebnis des Erhabenen sind, dann gibt es tatsächlich keine Menschen – ein mehr oder weniger kluges Tier tut es dann auch. Bei der Konfrontation von Kants bestirntem Himmel auf der einen Seite mit Pascals und Nietzsches Himmel auf der anderen Seite wird die Frage aufgeworfen, ob die Moderne *als Moderne* eine Antwort auf das Unendliche zu geben vermag. Nietzsche reduziert uns im Hinblick auf das Weltall auf ziemlich lächerliche Tiere – zumindest bis zum Erscheinen des Übermenschen. Pascal flüchtet zurück zum Glauben und zu Gott: Der »unendliche Abgrund« kann allein von »Gott selbst« ausgefüllt werden. Kant fordert uns auf, die Antwort weder in einer Identifikation des Menschen mit dem Tier noch in der Rückkehr zu Gott oder gar in der Zuflucht zum Übermenschen zu finden, sondern in der Rückkehr zum Menschen. Darin besteht die Bedeutung der kopernikanischen Revolution.

Braucht Moral Gott?

KEHLMANN Hier sieht man dann doch, weshalb Heine hinsichtlich der Moralphilosophie Kants unrecht hat. Weil es natürlich nicht einfach nur eine fromme Rettung von Gott für den Diener Lampe – also für die einfachen frommen Seelen – ist. Die Moralphilosophie war immer schon in Kants Erkenntnistheorie vorgesehen. Es war eben nicht so, dass er die *Kritik der reinen Vernunft* schrieb und dann das Gefühl hatte, »oh, jetzt muss ich auch noch klären, wie das denn mit der Moral ist«. Nein, er wusste natürlich schon, als er die *Kritik der reinen Vernunft* schrieb, dass er die *Kritik der praktischen Vernunft* schreiben würde. Als Philosophiestudent hat mich natürlich die *Kritik der reinen Vernunft* viel mehr beeindruckt, denn als Student will man sich ja mit dem Schwersten abgeben, und als junger Mensch findet man Moral auch nicht das Allerwichtigste. Damals ging es mir wie Heine: Moralphilosophie, na ja, wenn es sein muss! Aber aus heutiger Sicht ist für mich die größte Leistung

Kants, die bleibende Leistung, einerseits seine Moralphilosophie und andererseits, und darauf kommen wir sicher noch, dass er meiner Meinung nach das Problem der Kunst gelöst hat.

BOEHM Ich würde dir gern zustimmen, dass das Bleibende an Kant seine Moralphilosophie ist. Wenngleich ich nicht weiß, ob Moralphilosophie das richtige …

KEHLMANN Ja, es müsste eigentlich ein besseres Wort geben. Moralphilosophie klingt leblos, museal und langweilig.

BOEHM Vielleicht ist das, was neben der akademischen Disziplin namens »Moralphilosophie« von bleibendem Wert ist, eine bestimmte Auffassung vom Menschen und der menschlichen Würde, die nicht in einer biologischen, sondern in einer moralischen Konzeption gründet – kein ermüdendes System, das einem sagt, was richtig und was falsch ist. Aber ich bin froh, dass du die Frage aufwirfst, welcher Teil des kantischen Denkens am bedeutendsten geblieben ist. Ich möchte jetzt nur sagen, dass sich die Antwort meines Erachtens nicht so sehr um die berühmte Frage »wie sind synthetische Urteile a priori möglich?« dreht. Viele, wenn nicht die meisten glauben das ja, und daran ist Kant selbst auch nicht ganz unschuldig. Das müssen wir noch behandeln.

Aber jetzt erst einmal zurück zu Heine. Weißt du, ich habe Heines Geschichte vom »alten Lampe« schon gehört, bevor ich Kant kannte oder las: Ich saß in Jerusalem mit meiner Großmutter und ihrem Bruder, der ein alter, wirklich überzeugter Kommunist war – ein wunderbarer Mann, der aus Deutschland nach Uruguay statt nach Palästina geflohen war und nur gelegentlich nach Israel kam, um seine Schwester zu besuchen. Ich erzählte ihm etwas über die Bindung (im deutschen Sprachraum: Opferung) Isaaks, über die ich damals bereits nachdachte, und er unterbrach mich und sagte: Wenn du über Gott nachdenkst, musst du wissen, dass Kant ihn getötet und dann neu erfunden hat, »weil der alte Lampe einen Gott haben musste«. Er versuchte, mir so zu vermitteln, dass es grundsätzlich Quatsch ist, sich Fragen über Gott zu stellen, heiße Luft über das Opium der Massen, die wie Lampe sind. Quatsch war natürlich nicht Kants Neuerfindung Gottes für Lampe, sondern die Behauptung, dass Kant Gott aus Gründen solcher Art neu erfunden hat. Der Lampe-Teil von Heines Geschichte ist amüsant, missversteht Kant aber völlig. Und ich glaube, er missversteht diesen Teil völlig, weil er den ersten Teil – die Tötung Gottes – in einer Weise begreift, die nur halb stimmt, aber aufregend klingt. Deshalb verrannte er sich. Kant hat Gott selbstverständlich nicht hingerichtet; er hat vielmehr die Beweise für die Existenz Gottes sowie die Autorität Gottes komplett widerlegt. Heine hat jedoch diesen grandiosen Satz über Kant formuliert, in dem er die *Kritik der reinen Vernunft* als das »Schwert« bezeichnet, »womit der Deismus hingerichtet worden in Deutschland«.[11] Ich glaube, dass Nietzsche seine Losung vom Tod Gottes aus Heines Ausführungen über Kant bezog.

KEHLMANN Du hast recht. Nietzsches erfolgreichster Werbeslogan, »Gott ist tot«, geht auf Heinrich Heine zurück.

BOEHM Das ist ziemlich deutlich in seiner Rede vom Tod Gottes. Kant aber dachte natürlich das Gegenteil: Er dachte, meiner Meinung nach zu Recht, dass der Versuch, die Existenz Gottes zu beweisen, die eigentliche Ermordung Gottes ist, denn er reduziert das Sein auf ein Ding, das nicht das Absolute ist; und er verstand auch, dass ein solcher Beweis die Freiheit auslöschen würde, die die Grundlage ist, um Gottes Existenz zu akzeptieren. Deshalb eröffnet er die *Kritik der reinen Vernunft* mit dem völlig ernst gemeinten Beharren: »Ich mußte also das *Wissen* aufheben« – das heißt, den ontologischen Beweis für die Existenz Gottes kritisieren –, »um zum *Glauben* Platz zu bekommen [...].«[12] Heine, der an dieser Stelle stecken bleibt, weil Kant nach der Widerlegung des ontologischen Gottesbeweises tatsächlich ein »moralisches Argument« für die Existenz Gottes einführt, musste irgendeine Geschichte ersinnen, warum es Kant nicht ganz ernst meinte. Und er kommt auf den reduktionistischen Grund, dass Kant ein Spießer ist, wie Robespierre – für Heine sind sie beide spießig –, der letztlich unter Beweis stellen musste, dass er in Wirklichkeit ein netter, höflicher Mensch war. Ich glaube, dass Heine, wenn er nur seine ursprüngliche Einsicht genauer formuliert hätte, den Kreis nicht hätte schließen und von Kants Neuerfindung für Lampe hätte sprechen müssen. Kant hat etwas Tieferes getan, als Gott zu töten: Er hat die Autorität Gottes getötet, und zwar restlos. Im Prinzip hätte Gott Autorität auch dann ausüben können, wenn er tot wäre – nach Kant aber verfügt nicht einmal ein lebendiger Gott noch über Autorität. Und aus diesem Grund führt die Wiedereinführung des moralischen Beweises nach der Zersetzung des theoretischen in Wirklichkeit die Autorität Gottes nicht wieder ein, versucht es nicht einmal. Und deshalb gibt es keine Zurücknahme in dem, was Kant tut. Wir glauben an Gott, weil wir in uns die absolute Forderung der Ethik vorfinden (genau wie beim Erhabenen). Wir glauben nicht, dass die Ethik uns absolut gebietet, weil Gott sie gebot. In dieser Umkehrung liegt das Faktum, dass Gott, ob tot oder lebendig, keine Autorität mehr haben kann. Wenn ich es mir recht überlege: Das kantische Manöver hat mehr Ähnlichkeit mit den Briten als mit den Franzosen. Gott kann bleiben, so wie der König bleiben kann, aber ohne ... nun, diese Revolution ist fast tiefgreifender, weil er nicht getötet werden musste, um seiner Souveränität beraubt zu werden.

KEHLMANN Gott würde dann wohl immer noch eine Rolle spielen bei der dritten und letzten von Kants zentralen Fragen: »Was darf ich hoffen?« Da ist Gott wohl schon noch relevant. Aber nicht relevant ist er für die Frage: »Was soll ich tun?«

BOEHM Stimmt, und auch nicht für die Frage: »Was kann ich wissen?« Ich kann nicht wissen, dass Gott existiert, und mein grundsätzliches Vermögen, zu wissen, Wissenschaft zu betreiben, ist unabhängig von einem Wissen um Gottes Existenz. Keine naheliegende Position, eine echte Revolution, wenn man bedenkt, dass für Descartes und sogar für Spinoza – angeblich ein radikal moderner Atheist, oder? – weder Ethik noch Wissen möglich waren, ohne dass man sich vorher der Existenz Gottes versichert hätte. Bei Descartes ist das am klarsten: Er beweist in seiner dritten Meditation die Existenz Gottes, um geltend zu machen, dass wir unserem Geist trauen können, *weil* Gott existiert und uns erschaffen hat. Deshalb können klare und deutliche Ideen als wahr erkannt werden. Und er bringt das interessante Bild eines »atheistischen« Geometers, der über vollkommene geometrische Beweise verfügen kann, jedoch wenn er den Beweis für die Existenz Gottes ablehnt, nicht als jemand bezeichnet werden kann, der die geometrische Wahrheit kennt. Der angeblich so radikal moderne Nietzsche geht von derselben theologischen Annahme aus: Er verkündet den Tod Gottes und leitet daraus das Zusammenschnurren von Wissen und Wahrheit auf ein »bewegliches Heer von Metaphern« ab.[13] Man erfasst Kants Aufgabe als radikal moderner Denker, wenn man sein Bemühen versteht, diese Annahme zurückzuweisen. Sein Bemühen, die Fragen »Was kann ich wissen?« und »Was soll ich tun?« von der Frage der Existenz Gottes zu trennen. Seine Aufgabe besteht darin, die theologische *Annahme* in Abrede zu stellen – und zu zeigen, dass weder Wissen noch Handeln von Gott abhängen.

KEHLMANN Aber da man eben für gutes Handeln auch nicht belohnt wird, ist der Lebenswandel irrelevant für die Frage nach der Hoffnung. Hoffen kann man nicht auf Belohnung, weil Gott ja kein Lehrer ist, der Zensuren vergibt. Hoffen kann man nur auf Gnade.

BOEHM Ja, Hoffnung erfordert Gott.

KEHLMANN Und deswegen hat Dostojewski völlig unrecht mit seinem bis heute gern zitierten, erzreaktionären Ausruf: »Wenn Gott nicht existiert, ist alles erlaubt!«

BOEHM Auf der ersten Ebene hast du recht, auf einer zweiten Ebene nicht ganz: Wir brauchen bei Kant den Moment der Transzendenz oder vielmehr diesen Moment, den er im Angesicht des bestirnten Himmels als »wahre Unendlichkeit« bezeichnet. Diese wahre Unendlichkeit wird durch die Freiheit erfahren, die wiederum die Grundlage unserer Verpflichtung auf den kategorischen Imperativ bildet – so weit der kantische Schachzug, der unabhängig von der Frage der Existenz Gottes ist. Aber hier ist der Haken in Bezug auf Dostojewskis Frage: Von dieser Vorstellung des Absoluten, die auch als innerliche zutiefst metaphysisch ist, leiten wir jene ethische Verpflichtung ab. Und von derselben innerlichen Idee des Absoluten, von derselben Verpflichtung, leiten wir die Existenz Gottes ab. Ohne jenen metaphysischen, jenen transzendenten Moment würde Kant tatsächlich nicht glauben, dass es Ethik gibt, dass es Moral gibt. Wir beginnen also zwar nicht mit der Autorität Gottes, wahr ist aber auch, und insoweit hat Dostojewski meiner Meinung nach recht: In Ermangelung jener Transzendenz, der Beziehung zum Absoluten, könnte einfach alles erlaubt sein …

KEHLMANN Aber dann müsste man dennoch Dostojewskis

Satz umdrehen und sagen: »Weil nicht alles erlaubt ist, gibt es Gott.«

BOEHM Ja, wenn er das Richtige treffen wollte ... Wenn ich es mir recht überlege, hat nicht Tolstoi mehr oder weniger das Richtige getroffen, in dieser Richtung? Ist damit der Unterschied zwischen einem Dostojewski und einem Tolstoi benannt ...?

KEHLMANN Tolstoi hielt sich ja selbst für sehr religiös, aber seine Religiosität ist eigentlich nahe bei Kant. Seine Ablehnung der orthodoxen Kirche war so stark, dass er exkommuniziert wurde, und sein Stück »Und das Licht leuchtet in der Finsternis«, in dem es unter anderem um Wehrdienstverweigerung geht, ist in seinen radikalen ethischen Fragestellungen eher kantianisch als christlich. Dostojewski wird ja gern als besonders »tief« bezeichnet, während er im Grunde hauptsächlich dramatisch ist, seine Überzeugungen waren erstaunlich simpel. Tolstoi war der profundere Denker. Also der Umstand, dass uns klar wird, dass es moralische Normen gibt, führt nicht nur Tolstoi, sondern auch Kant zu der Annahme, dass es metaphysisch wohl nicht unsinnig ist, Gottes Existenz für wahrscheinlich zu halten. Also so herum: *Weil* es ethische Wahrheiten gibt, können wir sagen, dass es ganz gut möglich ist, dass es Gott gibt. Aber nicht umgekehrt. Nicht: Gott garantiert moralische Normen.

BOEHM Kant würde selbst das Verhältnis zu Gott stärker sehen – nicht »es ist möglich«, dass Gott existiert, sondern »ich bin überzeugt«, dass Gott existiert. Das ist immer noch kein Wissen, weil man nicht sagen kann »es ist sicher«, sondern nur »ich bin mir sicher«, da diese Feststellung von den eigenen Verpflichtungen abgeleitet ist. Aber ja: Der wichtige Punkt ist, dass Gott keine Normen verbürgt und auch keine verbürgen *kann*. Hätte Gott sie verbürgt, dann gäbe es keine Ethik, in gewisser Weise wären sie dann keine Normen.

KEHLMANN Ja, genau. Dann wäre er ein Diktator, er wäre einfach der Boss, dessen Befehle wir befolgen müssen, weil er nun mal stärker ist als wir.

BOEHM Normen zu folgen wäre eine Form von Gehorsam, Unfreiheit, was unter anderem implizieren würde, dass es nicht man *selbst* ist, der aus eigener Verantwortung Normen befolgt. Das ist ein einfacher und in gewissem Maße vertrauter Punkt, aber es ist faszinierend, wie unmittelbar daraus folgt, dass man die Ethik nicht in Gott begründen kann, dass man das Gute nicht auf Gott beziehen kann.

Was ist eine Person?

KEHLMANN Hier muss ich dein Buch *Radikaler Universalismus* erwähnen. Vor der Lektüre hätte ich wohl einfach gesagt: Universalismus, das heißt, dass im Prinzip die gleichen Normen unter ähnlichen Umständen für alle Menschen gelten. Aber bei dir tritt ein viel brisanterer Aspekt in den Vordergrund. Universalismus bedeutet, dass Gott, wenn es ihn denn geben sollte, an ethische Normen gebunden ist. Es bedeutet aber auch – was vielleicht aus heutiger Sicht fast interessanter ist als die Frage nach Gott –, wenn wir mal intelligente außerirdische Lebensformen treffen, so sind auch diese an die gleichen moralischen Normen gebunden wie wir. Egal, wie sie aussehen, auch wenn es vierzig Meter hohe Kraken oder denkende Silikonwolken sind.

BOEHM Die Frage ist, ob sie Personen sind, ob sie frei sind. Der kategorische Imperativ ist ja kategorisch und verpflichtet ausnahmslos jedes freie Wesen, und Gott ist verpflichtet, weil wir ihn uns als frei vorstellen. Hier gibt es aber einen wichtigen Unterschied in Bezug auf die Außerirdischen: Es geht hier nicht um »Lebensformen«, weil es nicht um tierisches Leben geht. Das geht zurück auf die Unterscheidung, die wir vorhin getroffen haben. Tiere in dieser oder einer anderen Welt sind keine Personen, und deshalb sind sie nicht an den kategorischen Imperativ gebunden, sie haben sozusagen das Recht zu gehorchen, also …

KEHLMANN Zwischenfrage: Was definiert eigentlich eine Person? Gerade bei Affen, bei Tieren, sehen wir ja auch, dass Personalität ein Spektrum ist. Könnte man sagen, dass manche Tiere schon mehr oder weniger Personen sind?

BOEHM Nicht für Kant, denke ich, und das hat mit der anderen Sache zu tun, die ich sagen wollte – es geht hier nicht um eine »Lebensform«, aber auch nicht um das, was wir oft als Intelligenz bezeichnen, die Tiere aufweisen können. Das Thema ist nicht Leben oder Intelligenz, sondern Freiheit, die natürlich im Zusammenhang mit Leben und Intelligenz steht, aber von beidem zu unterscheiden ist. Der ganze Punkt ist für Kant, dass die Unterscheidung zwischen menschlichen Personen und Tieren nicht biologisch oder zoologisch ist, sie ist für Kant keine Tatsache über den Körper. Wir haben also kein Spektrum vor Augen, bei dem wir sagen, wenn du evolutionär bis auf jene Stufe kommst und dieses oder jenes biologische Vermögen hast, dann bist du halb-frei und mehr oder weniger eine Person. Das ist genau nicht die kantische Position. Und all das ist interessant, weil ich dem zustimme, worauf du hingewiesen hast – unsere Vorstellung von möglichen Begegnungen mit Außerirdischen befindet sich im Umbruch. Übrigens glaubte Kant selbst, dass es Leben auf anderen Planeten gibt.

KEHLMANN Ja, sagt er ausdrücklich.

BOEHM Und ich glaube, das sah er vermutlich richtig. Tatsächlich glaubte Kant das nicht nur, sondern es ist wahrscheinlich sein zentrales Beispiel dafür, eine Überzeugung zu haben, aber kein Wissen. An irgendeinem Punkt sagt er, wenn es eines gibt, von dem ich vollkommen überzeugt bin, obwohl ich nicht behaupten kann, es zu wissen, dann ist es, dass es Leben auf anderen Planeten gibt. Ich vermute, der Grund dafür war der indefinite bestirnte Himmel über ihm – die unermesslichen »Welten über Welten und Systemen von Systemen«. Doch wie würde er überhaupt entscheiden, ob dieses Leben von Tieren, seien sie intelligent oder nicht, oder von Personen geführt wird?
KEHLMANN Dieser Frage widmet übrigens der große Science-Fiction-Schriftsteller Stanislaw Lem sein Lebenswerk. In *Solaris* hat er diese Frage bis zur letzten Konsequenz durchgespielt: Wir treffen eine andere Entität im Kosmos und können einfach nicht klären, ob sie eine Person ist oder nicht, weil wir kein hinreichendes Kriterium dafür besitzen.
BOEHM Wenn es bis zu einem gewissen Grad schwierig ist, das hier auf der Erde zu entscheiden, in Bezug auf Tiere und sogar bei dem berüchtigten Problem der Existenz des Anderen, des Fremdpsychischen, dann ist die überirdische Frage keine ganz andere. Aber es könnte verschiedene Wege geben, um es zu versuchen. Sprache wäre ein effektives Kriterium, eine abstrakte Sprache natürlich. Nicht bloße Kommunikation, sondern Sprache … Es gibt die bekannten Probleme mit der Frage, ob wir tatsächlich *wissen*, dass wir Personen sind, dass wir frei sind, mit der Frage nach anderen und uns selbst, und vermutlich ist es auch nicht die richtige Frage.
KEHLMANN Also noch einmal: Was definiert eine Person nach Kant?

BOEHM Auf der ganz grundlegenden Ebene muss eine Person das Vermögen haben, bewusst, also sich ihrer selbst bewusst zu sein – ihre eigene Existenz im Zeitverlauf als mit sich selbst identisch bestimmen zu können. In diesem Sinne »ich« sagen zu können. Maßgeblicher an dieser Stelle ist, dass diese Ebene hier nicht ausreicht. Kant verlangt kein Minimum, sondern ein Maximum vom Begriff der Person, und das ist wichtig, weil es der Preis dafür ist, Personen absolute Würde zuzusprechen, statt den Begriff in seinem Wert herabzusetzen. Personen sind ja immer Zwecke an sich, nie nur bloße Mittel, weil sie frei sind, das heißt *Handelnde* in der Welt. Die Existenz einer Person setzt die Existenz einer freien Akteurin voraus. Nun könnte man sagen: Auch Tiere tun nichts anderes! Kant würde antworten: nicht wirklich. Sie reagieren kausal auf die Welt, reagieren auf ihre Umwelt – und sind in diesem Sinne von ihr bestimmt –, auch wenn sie es mit unterschiedlichen Graden von Intelligenz tun. Und das ist jetzt gerade der Punkt: Menschliche Personen, wenn es sie gibt, wenn es das ist, was wir sind, gebieten über die Fähigkeit, in einer Weise zu handeln, die über die Bestimmung durch ihre Umwelt hinausgeht. Wir reagieren ständig auf unsere Umwelt und handeln, mehr oder weniger intelligent, auf der Grundlage eines Bedürfnisses oder Wunsches. Das Moment der Freiheit oder Personalität kommt ins Spiel, wenn wir uns den *Zweck* unseres Handelns vorsetzen, das heißt, wenn wir einen Willen haben, statt nur einem Bedürfnis oder Wunsch nachzugeben, was darauf hinauslaufen würde, den Zweck aus der Natur zu beziehen.

KEHLMANN Ist eine Person dann eher eine moralische oder eher eine erkenntnistheoretische Entität? Oder streng kantianisch formuliert: Macht die … und jetzt kommt ein Begriff, der auf den ersten Blick ganz fürchterlich klingt, der aber für Kant ganz zentral ist … Also macht die ursprüngliche synthetische Einheit der Apperzeption das Wesen der Person aus?

BOEHM Es ist eine moralische Kategorie, denn sobald man sich als Akteur seinen Zweck vorsetzen kann, statt ihn aus der Natur zu beziehen, wird sofort die Frage der Pflicht, der Verantwortung zum zentralen Thema: was man tun sollte. Menschen, wenn sie Menschen und nicht nur intelligente Tiere sind, Homo sapiens sapiens, tragen Verantwortung, Tiere nicht, und das ist eine gute Weise, den Unterschied zu verstehen. Es ist eine interessante Frage, ob wissen zu können bereits ausreicht, um eine Person zu sein, wie es in einer kantischen Lehre wie der »synthetischen Einheit der Apperzeption« formuliert wird. Sagen wir so: Kant dachte gewiss, dass die Fähigkeit, zu wissen – in einem starken, wissenschaftlichen Sinne des Begriffs –, bereits die Fähigkeit impliziert, selbstbewusst zu sein, sich seiner eigenen Identität im Zeitablauf bewusst zu sein: »ich« zu sagen. Doch ist das Vermögen, dies zu tun, viel strenger gefasst als bloß die Fähigkeit, ein Ding zu bestimmen; es setzt die Fähigkeit voraus, Theorien zu entwickeln, Rechtfertigungen vorzubringen, zu kritisieren und zu fragen – es gibt kein Wissen, kein Bewusstsein, kein Ich-Sagen ohne die umfassendere Fähigkeit, *sein Wissen zu rechtfertigen*. Wenn du dein Wissen nicht rechtfertigen kannst, dann hast du keines. Wenn du auf der anderen Seite über die Fähigkeit verfügst, dich zu rechtfertigen, dann verfügst du auch bereits über die Freiheit, verantwortlich zu sein – nicht nur sozusagen epistemologisch, sondern auch moralisch. Um deine Frage also endlich zu beantworten: Die *Verantwortung*, nicht die Epistemologie bestimmt für Kant das Wesen der Person, obwohl dieses Vermögen womöglich durchaus aus der Fähigkeit, zu wissen, folgt.

Und da ich nicht glaube, dass letztlich die Fähigkeit, zu wissen oder Wissenschaft zu treiben, die menschliche Person definiert, sollten wir uns übrigens auch den Begriff der Aufklärung noch einmal anschauen …

Denkt bei euch selbst!

KEHLMANN Das heißt, im Grunde ist das Wichtigere nicht so sehr das *sapere aude,* sondern die drei Kriterien des aufgeklärten Menschen, die er in der *Kritik der Urteilskraft* vorbringt?

BOEHM *Sapere aude,* also habe den Mut zu wissen, ist eine vertrackte Formel. In gewissem Sinne ein freudscher Versprecher – und dann gleich einer der bedeutsamsten in der Geschichte der Philosophie. Der ganze Aufsatz »Was ist Aufklärung?« vermengt Denken und Wissen. Auf der einen Seite steht das Selbstdenken. Habe den Mut, für dich selbst zu denken. Auf der anderen: *sapere aude,* habe den Mut zu wissen. Aber natürlich sind Denken und Wissen nicht dasselbe. Sie schließen sich sogar zu einem gewissen Grad wechselseitig aus. Wir denken oft an Hannah Arendt, wenn wir die Unterscheidung zwischen Denken und Wissen erwähnen. Aber bereits Kant pflichtet dieser Unterscheidung bei. Etwas zu wissen heißt, einen Gegenstand anhand der Kategorien zu bestimmen, über die newtonsche Wissenschaft zu verfügen und so weiter. Zu *denken* ist etwas anderes und Umfassenderes. Die beste Möglichkeit, sich den Unterschied klarzumachen, ist vielleicht im Rückgriff auf Sokrates. Sokrates hat uns – oder seine jungen Schüler – gelehrt, für sich selbst zu denken – also mündig zu werden –, und zwar gerade dadurch, dass sie wissen, dass sie nicht *wissen*. Der Begriff ist also …

KEHLMANN Er hat nicht gesagt, »*Wisst* bei euch selber«, sondern »*Denkt* bei euch selber«.

BOEHM Genau, und es scheint, dass sich für Sokrates Wissen und Denken gegenseitig ausschließen: Denken ist der Prozess, der beginnt, wenn man erkennt, dass man nicht im Stande des Wissens ist. Den Mut braucht man, um zu denken, um zu erkennen, dass man nicht weiß. Und die Zuflucht zu einem Zustand des Wissens kann eine Möglichkeit sein, sich dieser gefährlichen Aufgabe des Denkens zu entziehen. Deshalb sprach ich von einem freudschen Versprecher. Man kann zwei verschiedene Auffassungen von Aufklärung haben. Die eine ist mit einer Fetischisierung des Wissens verbunden, die uns zu einer großartigen Wissenschaft verholfen hat, aber auch zu den reduktionistischen Folgen einer Wissenschaftsideologie, einer Form von Religion im Grunde, um sich der Verantwortung des Denkens zu entziehen. Die andere Auffassung ist jene, die Kant vertrat, indem er versuchte, diesen Fetisch zu korrigieren und die Aufklärung mit der Kritik statt mit der Wissenschaft zu verknüpfen – eine radikale Infragestellung des Wissens, die das Tor zum Denken öffnet. Und doch wird gerade in dem Aufsatz »Was ist Aufklärung?«, der sich ganz um die Kritik und das Denken dreht, auf dramatische Weise *sapere aude!* gefordert, und was man aus diesem Text erinnert, ist die Aufforderung, den Mut zu haben, zu *wissen*.

KEHLMANN Und Denken ist bei Kant ebenjenes Vermögen, das bei der Urteilskraft liegt, nicht wahr? Die *Kritik der Urteilskraft* enthält nämlich auch eine versteckte Theorie der Intelligenz. Kant sagt ausdrücklich, Urteilskraft kann man nicht lernen. Man trifft ja oft im Leben Menschen, die eigentlich hochgebildet sind, die aber trotzdem ständig die

falschen Schlüsse ziehen. Wenn ich das mitansehe, denke ich immer an Kant und daran, dass er ja sagt, man kann alles lernen, aber nicht Urteilskraft. Aber noch mal zurück zur Frage der Personalität. Wie vermeidest du hier den Zirkelschluss? Für mich klingt es ein bisschen, als ob du sagst, Personen sind Wesen, die moralisch handeln können, und moralisch handeln kann man, weil man eine Person ist.
BOEHM Es stimmt, dass meine Antwort die Form eines Zirkelschlusses hatte, aber ein Zirkelschluss ist deswegen noch kein Fehlschluss. Du hast mich gefragt, was für Kant eine Person ist, und ich habe mit einer Definition oder Beschreibung dessen geantwortet, was eine Person ist. Insoweit musste *jede* Antwort, die ich hätte geben *können*, eine zirkuläre Form haben: Menschliche Personen sind die Lebewesen, die x sind; ein Lebewesen, das x ist, ist eine menschliche Person. Alle begrifflichen Antworten sind in diesem Sinne zirkulär. Das zeigt uns etwas tatsächlich ziemlich Tiefgreifendes, nämlich dass wir immer, wenn wir eine solche Antwort geben, die Frage der *Existenz* von Personen außer Acht lassen. Ich habe gesagt, wie Kant Personen definiert; sie sind die Wesen, die moralisch handeln können. Aber gibt es überhaupt Menschen? Das ist jetzt eine ganz andere Frage. In meinen Ausführungen habe ich sorgfältig vermieden, das leichter Hand vorauszusetzen; nicht nur aus philosophischer Professorenpedanterie, sondern weil wir zugeben müssen, dass es, sobald wir Kants kompromisslose Definition zugrunde legen, nicht mehr offensichtlich ist, dass Personen wirklich existieren.
KEHLMANN Das widerspricht zunächst mal unserer Intuition, aber »Mensch« ist hier keine biologische Kategorie.
BOEHM Darauf zu beharren, dass die Antwort auf die Frage »was ist der Mensch?« nur eine moralische sein kann, keine naturwissenschaftliche (etwa eine biologische oder zoologi-

sche), ist vielleicht Kants größte Leistung. Und es ist immer noch, wie ich glaube, eine starke und plausible Position, die zu verteidigen sich lohnt – die aber unserer modernen Intuition so gar nicht einzuleuchten scheint …

KEHLMANN Er sagt ja auch, es kann sein, dass überhaupt noch nie jemand moralisch gehandelt hat.

BOEHM Genau, das ist wichtig, und mit der Frage, ob Personen existieren, ist die Frage verbunden, ob irgendjemand *fähig* ist, moralisch zu handeln. Wenn wir wüssten, dass Menschen überhaupt einmal moralisch gehandelt haben, wüssten wir auch, dass sie dazu fähig sind, was eine Weise wäre zu sagen, dass Personen existieren. Wenn du dir im Übrigen anschaust, wie wir heute über die Welt denken, wirst du feststellen, dass wir die kantische Idee der Menschheit als moralischen Begriff komplett aufgegeben haben. Wir haben sie zweifellos auf ein biologisches Konzept reduziert. Menschen sind nichts weiter als Homo sapiens, die Art Tier, über die ein Yuval Noah Harari Bestseller schreiben kann. In gewisser Weise sind wir zu der Überzeugung gelangt, dass menschliche Wesen *offensichtlich* existieren, weil wir den Begriff hinreichend stark verwässert haben, um nun davon ausgehen zu müssen, dass menschliche Wesen im starken kantischen Sinne es offensichtlich nicht tun.

KEHLMANN Eine politische Schrumpfform davon ist die radikale Identitätspolitik, nämlich dass man den konkreten Menschen immer nur als Teil einer Gruppe sieht.

BOEHM Das hängt damit zusammen, dass die Tendenz zur Identität, zumindest in ihren radikaleren Varianten, wenn sie erst einmal zu theoretisieren versuchen, den Universalismus abstreitet – und zwar genau dadurch, dass sie die moralische Idee der Menschheit bestreitet, die die Grundlage des, nun ja, radikalen Universalismus bildet. Deshalb wenden sich ihre Vertreterinnen und Vertreter auch so vehement gegen Kant. Wenn Menschlichkeit von Freiheit abhängt, hängt sie von jenem Moment der Transzendenz ab, davon, in der eigenen Erfahrung an die wahre Unendlichkeit in uns zu rühren, von der Kant sprach, als er unsere »Persönlichkeit« im Verhältnis zum bestirnten Himmel beschrieb. Wenn wir im Verhältnis zum bestirnten Himmel nicht mehr sind als Nietzsches »hochmütigste und verlogenste Minute der ›Weltgeschichte‹«, in der »kluge Tiere das Erkennen erfanden«, dann bleibt die kantische Definition menschlicher Personen eine leere Menge. Der Universalismus ist begraben, und was wir dann noch haben, sind kluge Tiere, die nicht frei sind und aus diesem Grund auf jeden Fall anhand ihrer *konkreten* Identitäten, Interessen, gesellschaftlichen Positionen definiert werden können – oder was auch immer.

KEHLMANN Nietzsches eigene Ideologie scheint übrigens in seiner Verwendung des Wortes »verlogen« durch. Mit allem anderen könnte ich einverstanden sein, aber das »verlogen« hier ist selbst eine etwas unehrliche und prätentiöse Unterstellung, ein leerer Enthüller-Gestus, wo es nichts zu enthüllen gibt. – Also ist »Humanität«, mit Kant gesprochen, eine regulative Idee? Ist »Humanität« ebenso wie »Gott« etwas, eine aufgrund unserer Vernunft notwendige

Annahme, von der wir aber nicht wissen können, ob ihr irgendwas in der Welt real entspricht?

BOEHM Das ist meines Erachtens eine schöne Weise, darüber zu sprechen: Selbst wenn die kantische *Idee* der Menschheit so herausfordernd geworden ist, selbst wenn Ideen im Allgemeinen, in dem starken – platonischen – Sinn des Wortes so schwer zu akzeptieren geworden sind, können wir immer noch so agieren, »als ob« sie wahr seien. Die maximalistische Idee der Menschheit, die Kant anbietet, ist eine solche platonische Idee, und sie ist bezeichnend für seinen durchgängigen Platonismus, wenn man so will. Dieser Platonismus lässt sich so verstehen, wie du es gerade vorgeschlagen hast: Die *Idee* des moralischen Handelns, die *Idee* der Menschheit, muss bewahrt werden, und zwar völlig unabhängig von der Existenz eines realen Beispiels moralischen Handelns oder eines Falls in der Welt, der der Definition des Menschen genügt. Das ist mehr oder weniger die Essenz Platons, oder? Die Idee verliert nicht an Realität, sie ist das Realste, das Wahrste, völlig unbeschadet der Tatsache, dass die Welt des »Werdenden« sie nie ganz zum Ausdruck bringt. Selbst wenn auf der Welt kein einziger Fall der Idee verkörpert ist, kann man die Idee immer noch zur Richtschnur seines Denkens und Handelns machen, »als ob« sie wahr sei. Nicht umsonst sprach Hans Vaihinger von Kants *Philosophie des Als-ob*. Wir müssen nicht nur voller Hoffnung handeln, »als ob« Gott existiert, sondern wir müssen handeln, »als ob« wir menschlich sind. Wir handeln *unter der Idee* der Menschheit, man kann sagen »als ob« wir menschlich seien, was Kant ein »regulatives Ideal« nennt – auch dies eine platonische Sprechweise. Aber anders als bei Platon gibt es bei Kant kein intuitives *Wissen* über das Reich der Ideen. Auf der anderen Seite wird dieses verloren gegebene Wissen nie von der Wissenschaft gewährleistet werden können, indem sie etwa bewiese, dass du *sehr wohl* ein menschliches Wesen in der materiellen Welt des Werdenden bist. Wenn die Wissenschaft, etwa die Biologie, dir hier irgendetwas sagen kann, dann nur, dass du *nicht* menschlich bist, denn sie wird dich auf ein Tier reduzieren. Eine von Kants zentralen Errungenschaften bestand natürlich in dem Nachweis, dass die Wissenschaft dazu nie in der Lage wäre. Unsere Offenheit für die Idee der Menschheit in einem platonischen Sinne bleibt also gewahrt.

KEHLMANN Aber es geht ja noch weiter. Nicht nur kann die Wissenschaft uns unsere Humanität nicht gewährleisten. Die Enthüllungspsychologie, um ein etwas altmodisches Wort zu verwenden, kann es doch auch nicht. Freud und seine Schüler haben uns ja beigebracht, dass wir unsere eigenen Motive nur bedingt verstehen. Dem würden wir ja nicht mehr widersprechen, denke ich. Das heißt, letztlich können wir nicht einmal selbst sicher sein, ob wir nur *konform* mit der Moralität oder *aus* Moralität handeln. Damit wäre Kant auch einverstanden. Aber das ändert nichts daran, sagt er, dass es *möglich* sein muss, aus Moralität zu handeln. Es muss möglich sein, ein Mensch zu sein, auch wenn es gar keine Menschen gibt.

BOEHM Bereits bei Kant könnten wir die tatsächlichen Gründe für unser Handeln niemals kennen, die »Tiefen des menschlichen Herzens sind unergründlich«, sagt er, und nachdem man Freud gelesen hat, begreift man, dass das Herz sogar noch unergründlicher ist, als man geglaubt hatte, sodass man seine Motive sogar noch weniger gut kennt.[14] Und die Schönheit dieser kantischen Position – die Freud nicht den geringsten Abbruch tut – ist die Erkenntnis, dass das einfach nicht die interessante philosophische Frage ist.

KEHLMANN Im »Lied des einfachen Menschen«, geschrieben von dem von den Nazis ermordeten österreichischen

Dichter Jura Soyfer, gibt es die schöne Zeile: »Ihr nennt uns Menschen, wartet noch damit.« Aber dennoch, sagt Kant, auch wenn wir noch gar keine Menschen sind, muss Moralität zumindest als Option existieren. Und er sagt: Dass diese moralische Dimension in der Welt ist, das merkt man allein schon daran, und vielleicht auch *nur* daran, dass wir manche Ereignisse sehen und sofort überzeugt sind, das ist falsch. Selbst wenn noch nie jemand aus Moralität gehandelt hat, sondern immer nur aus versteckten selbstsüchtigen Motiven, also aus Nietzsches Willen zur Macht – nichtsdestotrotz gilt: Wir sehen gewisse Dinge, und wir *wissen*, sie sind falsch! Nehmen wir ruhig die Konzentrationslager. Wir wissen, hier geschieht etwas, das nicht geschehen sollte! Wir wissen augenblicklich, dass man eine Welt vorziehen würde, in der das nicht geschehen wäre. Aber ohne Kants Universalismus könnte man sofort antworten: Aber wieso eigentlich nicht? Wo ist das Problem?

BOEHM Beachte auch hier wieder den Platonismus, Daniel, der uns so fremd geworden, der aber immer noch grundlegend für unser Denken ist. Wir blicken auf die Welt und sagen, sie hätte anders sein *sollen*. Aber woher weißt du das? Diese Überzeugung, wenn du sagst, dass wir »sehen«, was hätte anders sein sollen, kann sich beim besten Willen keiner Erfahrung in der Welt verdanken. Diese Tatsache ist nicht so offensichtlich, wie man meinen könnte, weil sie den vorherigen Zugang zu einer Vorstellung davon voraussetzt, wie sich die Dinge normativ verhalten sollten. Denke dir für einen Moment ein Dreieck: Um ein Dreieck zu sein, muss – »sollte« – ein Ding eine geschlossene Form mit drei Seiten sein. Eine solche Form hast du in Wirklichkeit nie gesehen. Ist es anstößig, das zu sagen? Ein wirkliches Dreieck hat es auf der Welt nie gegeben, aus dem einfachen Grund, dass die Welt weder eine vollkommen gerade Linie noch einen vollkommenen Winkel, noch eine absolut geschlossene Form aufweisen kann. Solche Linien und Formen in der Materie zu erschaffen, hängt von unendlichen Annäherungen ab, von denen sich bei näherer Betrachtung erweist, dass sie unendlich weit von exakt entfernt sind. Das ist die schockierende Entdeckung, die Platon zu Platon werden ließ: dass wir trotz der Tatsache, dass es in unserer Welt keine Dreiecke gibt, dennoch davon überzeugt sind, wahre Aussagen, sogar notwendig wahre Aussagen *über sie* und darüber, was *sie sein sollten*, zu treffen. Wie das? Platon postulierte das Reich der Ideen, die Philosophen *erkennen* können. Kant zu verstehen heißt, zu verstehen, dass er der zentralen platonischen Einsicht gerecht zu werden versucht, obwohl die Erkenntnis der Ideen kein akzeptabler Gedanke mehr ist. Weder hinsichtlich des theoretischen Nachdenkens über Dreiecke und die Physik noch hinsichtlich der Überzeugung, dass unsere Welt moralisch eine andere hätte gewesen sein sollen.

Es gibt ein schönes Zitat von Arthur Schopenhauer. Er sagt: »Wenn die Welt nicht etwas wäre, das, *praktisch* ausgedrückt, nicht sein sollte; so würde sie auch nicht *theoretisch* ein Problem sein [...].«[15] Er macht hier den Punkt, dass die berühmte Frage »Warum gibt es überhaupt etwas und nicht nichts?« eigentlich eine moralische Frage ist. Wir denken manchmal, jene Frage sei eine über Einfachheit: Wäre es nicht *einfacher*, wenn es die Welt nicht gäbe? Die Frage ist aber eine *moralische*: Wir »wissen« gleichsam, denkt Schopenhauer, dass die Existenz der Welt mit all ihren Übelständen falsch ist, dass die guten Seiten der Welt klarerweise das Böse nicht »rechtfertigen«; und wir leiten nichts davon aus der tatsächlichen Existenz der Welt ab und könnten es auch gar nicht.

Die Frage des Bösen

KEHLMANN Das ist einfach eine schwächere, aber dadurch auch überzeugendere, eine zurückhaltendere Fassung des kategorischen Imperativs. Dieses Gefühl des Beobachters, dass manche Dinge besser wären, wenn sie anders wären.

BOEHM Die zugrunde liegende Frage ist die nach der Theodizee und unserer Fähigkeit, diese Frage überhaupt zu stellen. Du hast gerade die Konzentrationslager erwähnt. Wir können an Auschwitz denken und uns fragen, wie Gott die Existenz der Welt mit einem solchen Ereignis zulassen konnte. Wir verspüren die Notwendigkeit, zu fragen, ob die Existenz insgesamt gerechtfertigt ist, wenn sie auch monströses Unrecht solcher Art einschließt. Die Rechtfertigung der Schöpfung selbst wird fraglich. Wir kennen diese Art Fragen von Leibniz mit seiner Vorstellung, Gott habe diese unsere Welt statt unendlich vieler möglicher anderer erschaffen, weil sie »die beste aller möglichen Welten« sei – er versteht das Böse als notwendig im Verhältnis zum Allgemeinwohl –, so wie wir wissen, dass Voltaire die leibnizsche Position im *Candide* verspottet hat. Auf die Idee, man müsse diese Welt mit all ihren Ungerechtigkeiten und Übeln rechtfertigen, hätte Platon nicht kommen können, weil er nicht Gottes Güte in ihrer Erschaffung rechtfertigen musste. Leibniz hätte auf Auschwitz, auf die Sklaverei, auf den Kolonialismus geschaut und gesagt: All dies scheint nur deshalb falsch, weil unsere Perspektive begrenzt ist. Wenn man das große Ganze betrachtet, weiß man, dass es Teil der bestmöglichen Welt ist. Kant ist aus vielen guten Gründen empört über diese Position, macht sie doch unter anderem Menschen zu Mitteln statt zu Zwecken – die Welt kann so gesehen nur deshalb so perfekt und harmonisch sein, *weil* sie diese dunklen Flecken hat, anders gesagt: Man muss diese Menschen nur hierher nach Auschwitz verfrachten, damit das Bild so perfekt ist, wie es ist. Die andere Möglichkeit, den Platonismus zu bestreiten, der in dem Beharren darauf steckt, dass die Welt nicht so ist, wie sie sein sollte, besteht übrigens darin, sich an Spinoza zu halten. Für Spinoza ist die Welt nicht so, wie sie sein sollte, doch ist es Unsinn, überhaupt zu glauben, dass die Welt auf eine bestimmte Weise sein sollte.

KEHLMANN Die moderne Schrumpfform des positivistischen Szientismus, all die zum Teil ja interessanten Bücher von Richard Dawkins zum Beispiel oder Daniel Dennett, ist im Grunde die Spinoza-Position, auch wenn ihre Vertreter das nicht sagen würden. Dawkins würde natürlich nicht sagen, Auschwitz existiert halt, weil die Welt ist, wie sie ist. Aber im Grunde kann man rein auf der Basis des dawkinsschen Szientismus nicht argumentieren, was eigentlich das Problem sein sollte.

BOEHM Ich bin froh, dass du das sagst, weil viele dir widersprechen würden, ich aber völlig deiner Meinung bin. Spinoza selbst ist ein wunderbarer Denker und verdient es nicht, vorschnell mit Dawkins und Dennett in einen Topf geworfen zu werden. Doch die Tendenz besteht, und die Rückkehr zu Spinoza hat alles mit dem, wie hast du das genannt, Szientismus zu tun, was meiner Meinung nach ein angemessener Ausdruck ist, weil es sich um eine Form von positivistischer naturalistischer Religion handelt. Gegen diese Religion zu argumentieren, war eines der Ziele von *Radikaler Universalismus*. Eines noch: Wir sollten es uns nicht zu leicht machen, indem wir uns auf einen Dawkins oder, wie heißt er gleich noch, Sam Harris einschießen. Sie sind ein leichtes Ziel. Doch vieles in unserem Denken ist von derselben Grundannahme beherrscht, auch bei viel besseren und tiefgründigeren Denkerinnen. Ich frage mich, ob nicht der ganze Entwicklungsverlauf des postmetaphysischen Denkens die Folge der Annahme ist, dass wir, wenn wir ehrlich sind, nicht anders können, als mit Spinoza zu denken, dass die Welt einfach *ist*. Das nietzscheanische Bild, dem zufolge wir bloß kluge Tiere in diesem Winkel des Universums sind, ist nach Darwin nur sehr schwer zu überwinden. Leibniz' Idee, dass diese »die beste aller möglichen Welten« sei, ist für uns nicht greifbar. Aber auch – und jetzt verknüpfen wir endlich alles miteinander – die platonische Fähigkeit, sich die Transzendenz zu eigen zu machen und die Perspektive zu eröffnen, dass die Welt wirklich nicht so ist, wie sie sein sollte, hat es heute schwer. Platon ernst zu nehmen, würde erfordern, dass wir das Reich der Ideen akzeptieren, das uns nicht offen steht, ganz sicher jedenfalls nicht dem postmetaphysischen Denken. Aber auch Kants Platonismus ernst zu nehmen, hängt von der Akzeptanz jenes Moments ab, in dem man sagt, ja, man blickt in den bestirnten Himmel und erfährt das Erhabene, die Freiheit und die Fähigkeit, jenen Begriff der Menschheit zu denken, der nicht an diese Welt gebunden ist – die Welt, die *ist*. Können wir diesen Moment nicht ernst nehmen, dann gibt es, glaube ich, keinen Kant. Und meiner Ansicht nach ist es eine sehr große Herausforderung, seine Behauptungen an dieser Stelle ernst zu nehmen. Es ist nicht selbstverständlich, dass wir das können – ich weiß nicht, ob du es tust, Daniel. Ich weiß, dass ich es will – aber es ist nicht leicht, denn es ist, wenn schon keine theologische Denkweise, so doch eine metaphysische.

Warum Kant keine Anthropologie hätte schreiben sollen

KEHLMANN Du hast mal zu mir gesagt, du fühlst dich persönlich beleidigt davon, dass Kant eine Anthropologie geschrieben hat. Das wäre genau der Punkt. Weil, die *Anthropologie* handelt dann im Grunde, wenn ich jetzt aufnehme, was du gesagt hast, vom Menschen als Tier, nicht wahr? Der Mensch in der *Anthropologie* ist ein Tier, und deswegen handelt es sich auch um ein problematisches Werk, weil es naturgemäß voller Halbwahrheiten und Vorurteile ist.

BOEHM Eine Anthropologie zu schreiben, ist für Kant … Wenn man Kants Position zum Menschen versteht, dann versteht man, warum keine Anthropologie geschrieben werden sollte – oder irgendjemand kann sie schreiben, aber definitiv nicht Kant! Sagen wir es etwas vorsichtiger: Sollen die Anthropologen eine Anthropologie schreiben, aber eine wissenschaftliche Anthropologie ist für Kant ein Widerspruch in sich, weil Menschen eine moralische Kategorie sind und keine innerweltlichen Gegenstände. Wenn man eine philosophische statt einer wissenschaftlichen Darstellung der Menschen wünscht, dann sollte man keine Anthropologie schreiben, sondern, nun ja, die *Kritik der reinen Vernunft*, die *Kritik der praktischen Vernunft* und die *Kritik der Urteilskraft*. Da hat man seine philosophische Untersuchung der Menschen. Kant spricht von den drei Fragen, die wir bereits erwähnt haben: Was kann ich wissen? Was soll ich tun? Was darf ich hoffen? Und dann ergänzt er sie um eine vierte. Ich habe vergessen, wo er das tut – vielleicht erinnerst du dich, waren es die Vorlesungen über Logik? –, aber die Frage ist –

KEHLMANN »Was ist der Mensch?«

BOEHM Das ist die vierte, aber was das Wichtige ist, er meint, dass das die Frage ist, die alle drei vorherigen beinhaltet. Wenn man das versteht, versteht man, dass die kantische Anthropologie in den drei *Kritiken* geboten wird, von denen jede einer der drei Fragen entspricht. Dann irgendwelche Beschreibungen der verschiedenen Rassen zu verfassen und … es ist absolut unwürdig – unwürdig nicht nur aufgrund der hässlichen rassistischen Stellen, die sich da finden, was natürlich an sich schon mehr als unglücklich ist, sondern weil das ein absolut unwürdiger Verrat an der Verteidigung der Idee der Menschheit als einer moralischen Kategorie und an dem »Platonismus« ist, über den wir gerade gesprochen haben. Der, nebenbei bemerkt, die Antworten auf einige der Rassismusvorwürfe gegen Kants Philosophie enthält.
KEHLMANN Ich würde die *Anthropologie* gar nicht zum philosophischen Werk zählen. Eigentlich wäre der korrekte Titel: »Verstreute Meinungen und Vorurteile des älteren Herrn Professor Kant«. Mit einigen interessanten Passagen durchaus!
BOEHM Tatsächlich ist es nicht ausgemacht … Es gibt große Diskussionen darüber, ob Kant überhaupt eine *Anthropologie* geschrieben hat oder ob dies nur seine Vorlesungsskripte waren, die später gesammelt wurden, und dass er im Grunde nur die Meinungen anderer vorgetragen hat. Was ihn im Übrigen in Bezug auf die rassistischen Aussagen nicht aus der Verantwortung nimmt. Mich persönlich interessiert diese Diskussion nicht so sehr, vielleicht nicht so sehr, wie sie sollte. War der Mensch Kant ein Rassist oder nicht? Ich muss zugeben, dass diese Frage wichtiger ist, als ein Selfie an seinem Grab zu machen, aber nicht *viel* wichtiger. Die philosophische Frage ist die wichtige, und für sie sind seine anthropologischen Betrachtungen Unsinn, selbst

wenn er dort zufällig die wohlmeinendste jüngste politisch korrekte Theorie aufgestellt hätte.

KEHLMANN Also wenn wir uns, und das müssen wir ja wohl auch, mit der Frage von Kants Rassismus beschäftigen … Es gibt eine enorm interessante Studie von Bettina Stangneth über Kants Antisemitismus, der in gewisser Weise noch verstörender ist als seine anderen rassistischen Bemerkungen, weil er ja Juden kannte, und zum Beispiel mit Moses Mendelssohn in engem Kontakt stand, und dennoch hielt er offenbar Juden generell für minderwertig. Und natürlich gibt es da auch seine systematisch abwertenden Kommentare über Afrikaner und die »mongolische Rasse«, und das sind nicht nur Nebenbemerkungen, sondern leider tatsächlich auch Dinge, die er in einem eigenen Aufsatz über die Menschenrassen zusammengetragen hat. Ich sehe darin zunächst philosophisch, genau wie du, kein großes Problem. Warum soll Kant als Privatperson nicht auch groben Unsinn reden? Die Frage, die für mich zutiefst verstörend ist, wäre aber doch: Wie kann es sein, dass jemand so vorurteilsfrei denkt und doch dann wiederum seinen Vorurteilen so schlimm verhaftet ist? Man kann das jedenfalls nicht einfach mit einer Handbewegung abtun. Seine Studie über die »Racen«, wie er das Wort schreibt, ist schon fürchterlich, und man fragt sich: Wie kann jemand gerade noch so für Universalismus argumentiert haben und dann einfach unterschiedliche »Rassenordnungen« aufstellen?

BOEHM Die Frage ist … wir müssen hier einiges zusammenbringen. Erstens bin ich mit dir in dieser Frage einig: Wie kann jemand, der, wie du sagst, so für Universalismus argumentiert, trotzdem solche Meinungen haben? Der Grund, warum ich diese direkte Frage so mag, besteht darin, dass heute natürlich viele Leute diese Frage genau andersherum stellen. Und wir sollten einräumen, dass das auch philosophisch die Frage ist, die bleibt und unsere Aufmerksamkeit erfordert: Manche behaupten, dass Kant ein Rassist war, gerade *weil* er ein Universalist war. Der Universalismus selbst sei eine rassistische Doktrin, weil er das Tor zu Ausgrenzungen öffnet. Diese Beobachterinnen sehen in den rassistischen Feststellungen keinen Widerspruch zum, sondern eine Fortsetzung des Universalismus. Und hier ist ein wichtiger Punkt: Wenn man eine so starke Definition der Menschheit vornimmt wie Kant, öffnet das die Tür zum Ausschluss all jener, die nicht dazugehören. Universalistische Humanisten verteidigen alle Menschen, ermöglichen aber den Ausschluss vieler von ihnen, weil sie die Kategorie »Mensch« so anspruchsvoll gemacht haben. So weisen vielleicht einige Ethnien oder einige Kulturen biologisch nicht oder kulturell-historisch noch nicht die Freiheit auf, die für das Personsein erforderlich ist. Und dann könnte man angesichts Kants hässlicher Aussagen über Rassen in der *Anthropologie* fragen, wie er diesen Punkt eigentlich sah.

Persönlich halte ich es für einen gefährlichen Fehler, so zu tun, als könnte oder sollte man den Begriff der Menschheit abschwächen, um sich vor Ausgrenzungen zu hüten, denn der Preis dafür wäre der Verlust der Möglichkeit, die Kategorie der menschlichen Würde als unantastbar zu verteidigen. Man schließt alle in die Kategorie der Gleichen ein, nur dass es wenig bedeutet, weil man an dem Punkt, an dem man die Kategorie komplett geöffnet hat, den Unterschied zwischen dem Ritt auf einem Esel, der vielleicht in Ordnung ist, vielleicht aber auch nicht, und der Versklavung eines menschlichen Wesens, die man kategorisch ablehnen muss, nicht mehr erklären kann.

Ich denke, es ist viel besser, auf der starken Definition der Menschheit zu bestehen und zu sagen, nun, diese Kategorie ist so anspruchsvoll, dass man *nie* weiß, ob es auch nur einen

Fall von ihr auf der Welt gibt – dass man nie weiß, ob (hoffentlich versteht man meine Ironie im Druck) »selbst« weiße Menschen menschlich sind oder vielmehr Tiere. Die Position, die mit Kants Philosophie in Einklang steht, hat er selbst formuliert: »Die Klasse der Weißen ist nicht als besondere Art in der Menschengattung von der der Schwarzen unterschieden; und es gibt gar keine *verschiedene Arten von Menschen.*«[16] Dieses Zitat muss man immer wieder anführen, weil es unter all den hässlichen Zitaten, die aus seinen Schriften ausgegraben werden, verschüttet worden ist. Und man muss hinzufügen: Können diejenigen, die ein biologisches Konzept des Menschen haben, das auch so sehen? Nicht wirklich. Denn wenn sie es tun, dann nur, weil – besser: wenn – die biologische Evidenz zeigt, dass es keine menschlichen Rassen gibt. Aber eben nicht, weil die Idee, dass verschiedene Menschen verschiedenen Rassen angehören, Unsinn ist, wie Kant zeigt. Auch so bleibt die Frage wichtig, wie jemand, der *diesen eben zitierten Satz gesagt hat,* immer noch rassistische Anschauungen haben konnte.

Kann Eichmann denken?

KEHLMANN Es ist sicher kein Zufall, dass Bettina Stangneth auch ein wichtiges Buch über Eichmann geschrieben hat.

BOEHM Kein Zufall, weil beide Bücher, vielleicht an entgegengesetzten Enden, dieselbe Frage berühren, die du gerade aufgeworfen hast – Stangneths *Eichmann vor Jerusalem* ist ja bereits vom Titel her eine Polemik gegen Arendts *Eichmann in Jerusalem* und gegen die These von der »Banalität des Bösen«. Der Gedanke, dass das Böse banal ist, den Arendt in Bezug auf Eichmann formuliert hat, war, dass die Monstrosität sozusagen im Mangel an Monstrosität bestand – Eichmann war die Verkörperung des modernen Bösen, weil er unfähig war, zu denken …

KEHLMANN Ja, und die Bestimmungsstücke dessen, was Denken ausmacht, nimmt sie von Kant! *Eichmann in Jerusalem* ist ein kantianisches Buch!

BOEHM Und, wie sich zu ergänzen lohnt: kantianisch und nicht heideggerianisch. Kants »Was ist Aufklärung?« dreht sich ums Denken. Auch von Heidegger gibt es einen Text zum Thema *Was heißt Denken?*. Arendts Begriff vom Denken in ihrer Analyse von Eichmanns »banalem Bösen« als die Unfähigkeit zu denken ist kantianisch und – Gott sei Dank – nicht heideggerianisch, was eine unglückliche Weise wäre, an allen Fragen vorbeizugehen.

KEHLMANN Sie macht ihn zum Musterbeispiel des nicht aufgeklärten Menschen. Wenn Hannah Arendt zum Beispiel davon spricht, dass der ganze Saal lacht, weil Eichmann sich selber widerspricht. Er sagt, er wird nie wieder einen Eid schwören, dann wird er gefragt: Wollen Sie vereidigt werden? Er bejaht das, und der Saal lacht. Im Grunde ist das eine kantianische Pointe. Denn Eichmann selbst sieht hier kein Problem, weil er nie verstanden hat, dass man sich als Mensch nicht widersprechen sollte. Donald Trump hat das übrigens auch nie verstanden. Er sähe hier ebenfalls kein Problem.

BOEHM Wir müssen das überprüfen, aber wenn ich mich nicht irre, schreibt sie über eine Szene, wo Eichmann im Gefängnis sitzt und nichts zu lesen hat – es gibt viele Jeckes in Israel, und sicherlich liegt in israelischen Städten eine ganze Menge deutschsprachiger Lesestoff herum, aber nicht vieles, was man Eichmann geben könnte. Schließlich bringt ihm jemand die deutsche Übersetzung von Vladimir Nabokovs *Lolita* …

KEHLMANN Oh, das hatte ich vergessen!

BOEHM Arendts Bericht zufolge beginnt Eichmann mit der Lektüre und gibt das Buch dann den Wärtern zurück, völlig empört: »Ein unerfreuliches Buch!«

KEHLMANN Großartig!

BOEHM Für Arendt ist dies ein Zeichen seiner Unfähigkeit zu denken, weil ihm, um auf etwas zurückzukommen, was du vorhin gesagt hast, jedes Urteilsvermögen fehlt. Arendts eigenes Interesse nicht nur am »Leben des Geistes«, sondern speziell an der »Urteilskraft« entwickelt sich als ein Interesse an der Aufklärung. Das ist keine Überraschung, wenn du dich an ihre Behauptung in ihren unvollendeten Vorlesungen zum »Urteilen« an der New School erinnerst, Kants *Kritik der Urteilskraft* sei seine politische Philosophie. Die Aufklärung stellt sich ihr unter anderem als das Gegenteil der Banalität dar. Ich erwähne das vor allem, um auf zwei Dinge hinzuweisen. Erstens: Es ist faszinierend, dass Arendt die Frage nach dem Bösen im Zusammenhang mit Eichmann als banale Unfähigkeit zu denken formulierte. Denn natürlich war sie mit dem genau entgegengesetzten Beispiel höchst vertraut – dem des größten Denkers des 20. Jahrhunderts, der ziemlich gut denken konnte, aber den rassistischen Nazismus ebenfalls akzeptierte. Das Böse auf die banale Unfähigkeit zu denken zu reduzieren, ist somit fast eine Form von Verdrängung der schwierigeren Frage, mit der Arendt konfrontiert war – nicht der nach Eichmann, sondern der nach Heidegger. Und diese Frage steht auch im Zusammenhang mit der, die du vorhin über Kant aufgeworfen hast, nämlich: Wie kann jemand, der so universalistisch gedacht und eigentlich die ernsthafteste Verteidigung des Universalismus vorgetragen hat, die wir uns vorstellen können, immer noch rassistische Aussagen treffen und wiederholen?

KEHLMANN Und deswegen stellt sich die Frage auch bei Kant im Grunde dringlicher als bei Heidegger.

BOEHM Ja: Nicht nur: Wie kann jemand so intelligentes – oder vergiss »intelligent«, das ist das falsche Wort. Nicht nur: Wie kann jemand, der *denkt*, solche Meinungen haben? Sondern: Wie kann jemand, der so *universalistisch denkt* – was Kant tat und Heidegger nicht –, sie haben? Lass uns kurz zu Protokoll geben, dass Heidegger ein Nazi mit Parteiausweis war, Universitätsrektor in einer Zeit, als die Bücher von Juden auf dem Campus verbrannt wurden, wozu sich Kant nie hergegeben hätte, und seine rassistischen Aussagen kommen dem nie auch nur nahe. Man sollte sich hier nicht ins Bockshorn jagen lassen, nur weil in unseren Tagen manche mit Kant versuchen, was Heidegger mit seinen *Schwarzen Heften* geschehen ist. Doch die Frage über Kant bleibt. Es ist eine interessante Frage, aber in erster Linie psychologisch interessant, keine philosophische oder auch nur historische Herausforderung für den Universalismus …

KEHLMANN Nehmen wir das Beispiel des Kolonialismus. Jemand könnte fragen: Was ist denn überhaupt schlecht daran? Warum ist das eigentlich falsch? Dann hat man eigentlich nur zwei Antworten. Die eine ist die nietzscheanisch-identitätspolitische: Es werden halt immer manche Völker andere Völker unterdrücken, und hoffentlich ist es nicht mein Volk, und wenn, dann hoffentlich nicht in meiner Lebenszeit. Deswegen kämpfen wir gegen Unterdrückung, weil wir lieber andere unterdrücken, als von anderen unterdrückt zu werden. Also kommt es, wie Nietzsche ausdrücklich sagt, nur darauf an, ob man Hammer oder Amboss sein will. Aber einen genuin moralischen Aspekt gibt es dann nicht. Wir wären dann wieder bei Spinoza: Es ist nichts an sich falsch am Kolonialismus, sondern er ist etwas, das in der Welt halt immer passiert, und manche Gruppen haben mehr Glück als andere. Oder, ein meiner Ansicht nach ganz schwaches Argument, das utilitaristische: Sklaverei ist deshalb falsch, weil eine Sklavenwirtschaft letztlich weniger leistungsfähig ist als eine liberale. Nein, die einzige echte Gegenposition dazu ist der Universalismus. Den braucht man, um zu argumentieren, warum Kolonialismus nun wirklich *an sich* falsch ist. Und diesen Universalismus gibt uns Kant.

BOEHM Es wird manche Antworten auf die Frage »warum ist es falsch?« geben, die aber nicht befriedigend sein werden. Sie werden sich beispielsweise auf dein Interesse stützen müssen: Es ist nicht in deinem Interesse, das zu tun, weil es dir, wenn du es tust, im Gegenzug selbst schaden wird.

KEHLMANN Das ist die hobbessche Antwort.

BOEHM Richtig, und die kantische Zielsetzung besteht darin, diese Logik, die Falschheit von Handlungen wie Versklavung und Benutzung – einschließlich Vergewaltigung – mit der Behauptung zu begründen, es sei nicht in deinem Interesse, so etwas zu tun, zu überwinden. Und neben der Abgeschmacktheit, solche Behauptungen mit *deinen* Interessen zu begründen, hat Kant auch recht mit dem Gedanken, dass eine Begründung mit deinen oder *irgendjemandes* Interessen genauso wenig funktionieren würde, weil die Bezugnahme auf Interessen nie zeigen kann, warum es *absolut* falsch ist, Menschen zu versklaven, zu kolonisieren, zu vergewaltigen oder auszulöschen. Um die kategorische Falschheit solchen Handelns zu verstehen, muss man Menschen als *Zwecke* statt als *Mittel* betrachten. Um sie aber als Zwecke zu betrachten, muss man über die eigenen und ihre Interessen hinausblicken und sein Verhältnis in einer Gemeinschaft freier und deshalb gleicher Wesen begreifen. Das erfordert jenen Moment von Transzendenz, von dem wir sprachen. Im Reich der Natur gibt es keine Zwecke, und ohne sie …

KEHLMANN … sind wir wieder bei Spinoza und Nietzsche. Und aus dieser Position heraus dürfte man ja sogar fragen: »Was ist denn schlecht an dem, was Kant da sagt?« Dann dürfte man sagen: »Wir sind doch alle Rassisten, und Kant eben auch.« Nur mit Kant kann man eigentlich argumentieren, dass Rassismus an sich und absolut falsch ist. Aber wir sind ja auch nicht seine Anwälte. Man kommt dann schon wieder zurück dorthin, wie verstörend es ist, dass ausgerechnet er rassistische Meinungen hat. Weil er eben der ist, der einem das einzige wirklich gültige Argument gegen Rassismus an die Hand gibt. Aber wir kommen eben auch nicht weiter, als zu sagen, das ist offenbar menschliche Natur. Sogar derjenige, der das Konsequenzgebot im Denken am schärfsten formuliert hat, war im eigenen Denken nicht konsequent. Das Böse ist aber nicht bloß banal bei Kant, also nicht nur ein Missverständnis, oder? Es gibt bei ihm das Konzept des radikal Bösen. Ich habe das nie so ganz verstanden. Aber er meint schon, dass es möglich ist, das Gute zu erkennen und um seiner selbst willen nicht zu tun, oder?

BOEHM Offen gesagt kann es gut sein, dass noch nie jemand die kantische Lehre vom radikal Bösen wirklich verstanden hat, denn sie ist ziemlich undurchsichtig. Es fällt einem überraschend schwer, zu begreifen, was es heißen soll, sich für das Böse zu entscheiden, obwohl man das Gute erkennt. Und bei Kant fällt es einem noch schwerer. Ich vermute, dass man bei etwas ansetzen sollte, was Aristoteles gleich im ersten Satz der *Nikomachischen Ethik* sagt – eine Behauptung, die auf den ersten Blick falsch erscheinen kann, auf den zweiten aber etwas einfängt, das zumindest plausibel ist. Er sagt, dass das »Gute« dasjenige ist, »wonach alles strebt«, oder genauer, wonach »jede Handlung« strebt.[17] Das scheint erst einmal strittig, oder? Wenn ich hingehe und jemanden ermorde, tue ich das, weil ich es für gut halte? Aristoteles' Punkt ist, dass die Antwort Ja lautet! Man mag falschliegen in dem Glauben, dass das gut sei, man mag auch wissen, dass das, was man tut, fragwürdig ist, aber man tut, was man tut, weil man davon überzeugt ist, dass es gut ist, besagte Person zu ermorden. Wenn man stiehlt, wenn man raucht – Letzteres eher in den USA als in Deutschland ein Beispiel für etwas, das eindeutig nur »schlecht« ist –, ist diese Handlung nur möglich, weil die Akteure sie als eine gute Sache verstehen. Tatsächlich lautet die Behauptung, dass man nie handeln könnte, wenn es nicht so wäre, weil man durch das *veranlasst* ist, was man als gut wahrnimmt. Ich glaube, um die Idee des radikal Bösen zu verstehen, müssen wir die Möglichkeit in Erwägung ziehen, dass wir etwas tun können, weil es schlecht ist.

KEHLMANN Und das hält Kant für möglich.

BOEHM Es scheint so. Die Idee, dass das Böse radikal sein kann, bestreitet den ersten Grundsatz der *Nikomachischen Ethik*. Man entscheidet sich für das Böse, *weil es böse ist*, und nicht nur, weil man es fälschlicherweise für gut hält. Es ist nicht klar, wie das für Kant möglich sein sollte, und zwar aus dem folgenden Grund: Wenn, wie wir oben erwähnt haben, frei zu sein für Kant dasselbe heißt, wie moralisch zu handeln, wie kann es dann sein, dass ich, wenn ich etwas tue, *weil* es schlecht ist, frei bin? In Wirklichkeit stellt sich das Problem in gewisser Weise nicht nur, wenn die Frage des radikal Bösen auf dem Tisch liegt, sondern schon, wenn es nur um das Böse, nur um unmoralisches Handeln geht. Wenn wir unmoralisch handeln, sind wir auf eine Art nicht verantwortlich, weil wir genau dann nicht frei sind. Die Antwort darauf lautet meiner Ansicht nach, dass wir es doch sind, im transzendentalen Sinne des Ausdrucks, das heißt, wir sind immer zumindest fähig, frei zu handeln. Und nur tatsächlich frei zu handeln heißt, den kategorischen Imperativ zu befolgen. Man ist also in der Verantwortung, wenn man in die Irre geht, weil man die Befähigung zur Freiheit hat.

KEHLMANN Aber im Grunde müsste man dann sagen, dieses radikal Böse passt nicht recht in sein System.

BOEHM In der Fachliteratur ist das umstritten. Ich glaube, er will an der Möglichkeit des radikal Bösen festhalten, weil er an der Idee festhalten will, dass sein Begriff von Freiheit selbst radikal ist – Freiheit ist echte Spontaneität für Kant, nicht etwas Vorbestimmtes. Am Ende muss man diesen Gedanken vielleicht anders formulieren und sagen, dass man, wenn man etwas Falsches tut, seine Freiheit aufgibt. Was uns, nebenbei bemerkt, wie stets wieder zu der Frage zurückbringt: Was ist der Mensch? Denn menschlich zu sein dürfte doch wohl heißen, die Art von Wesen zu sein – bitte beachte, dass ich immer Wesen zu sagen versuche, nicht Tier –, das frei ist und sogar, wenn es seine Freiheit aufgibt, seiner Verantwortung, das heißt seiner Freiheit nicht entgeht …

KEHLMANN Ich denke, auch empirisch gesehen – also mit empirisch meine ich hier: psychologisch – ist das nicht ganz und gar überzeugend.

BOEHM Arendt ist in diesem Zusammenhang durch ihre Analyse des Falls Eichmann faszinierend.

KEHLMANN Aber Eichmann ist ja genau nicht das Radikale.

BOEHM Genau so habe ich es gemeint. Als Arendt diese Kategorie der Banalität des Bösen gewissermaßen entdeckt, ist sie genau das Gegenteil …

KEHLMANN Sie sieht jemanden vor sich, der sich weigert, ein freier, ein aufgeklärter Mensch zu sein.

BOEHM Die Erkenntnis, dass das Böse banal statt radikal ist, ist hier die Neuigkeit – eine frustrierende Erkenntnis, wie Arendt höchst bewusst war, weil sie bedeutete, dass dem Bösen jede Tiefe abgeht, es sich dafür aber »wie ein Pilz über die Oberfläche der Erde ausbreiten kann«.[18] Aber in dieser Neuigkeit oder »modernen« Einsicht, dass das Böse nicht radikal, sondern banal ist, liegt eine Rückkehr von Kant zu Aristoteles … Eichmann hat bekanntlich gesagt, dass er Kants kategorischem Imperativ gehorchte, als er das Gesetz befolgte. Und auf diese Aussage entgegnete Arendt zu Recht: »Jeder ist Gesetzgeber. Kein Mensch hat bei Kant das Recht zu gehorchen.«[19] Wenn Eichmann Kant auf seine Weise auf den Kopf stellt, ist das ein gutes Beispiel dafür, was es bedeutet, böse zu werden, indem man sich entscheidet, seine Freiheit aufzugeben.

Der zweite Teil

Die Aufklärung kritisieren im Namen der Aufklärung?

KEHLMANN Sprechen wir über die Aufklärung und ihre Dialektik. Wie steht Kant eigentlich dazu? Die normale Schulbuchweisheit, die Darstellung der Lehrbücher, wäre die, dass Kant die Aufklärung zugleich *vollendet* und *begrenzt*. Er vollendet sie, indem er eine tragfähige, feste Basis für die Wissenschaft schafft, besonders für die Physik als Führungswissenschaft der Welterforschung, und er schafft ihr eine unzerstörbare, solide Basis, indem er zeigt, dass etwas, das sich nicht den Regeln der Physik fügt, uns überhaupt nicht zum Bewusstsein kommen kann. Ich wiederhole, das ist die Schulbuchdarstellung. Und auf der anderen Seite begrenzt Kant das, was wir von der Vernunft erwarten und verlangen können. Der Rationalismus der frühen Aufklärung hat ja noch geglaubt, wir können intellektuell verstehen, was Gott ist, indem wir den Begriff analysieren, und dann haben wir Gott sozusagen, dann wissen wir Bescheid. Spinoza und Leibniz sehen es beide so. Wir können durch Nachdenken herausfinden, was die Urfesten, die Wurzeln der Welt und Gottes sind. Diese Erwartung begrenzt Kant. Hierin liegt, und auch darauf wird immer hingewiesen, die doppelte Bedeutung des Wortes »Kritik«: Kritik als Grundlegung und Kritik als Begrenzung, als Infragestellung. Würdest du das alles auch so sehen, hat Kant diese zentrale, wenngleich dialektische Bedeutung gegenüber der Aufklärung?

BOEHM Einer der interessantesten Aspekte deiner Frage hat mit einer gewissen Verschiebung zu tun, die du in deinen bisherigen Ausführungen vorgenommen hast. Du befindest dich mit dieser Verschiebung in bester Gesellschaft, da uns diese Verschiebung ständig unterläuft, wenn wir von Aufklärung reden. Anfangs hast du nämlich von Aufklärung gesprochen und später von *der* Aufklärung. Das tun wir fast immer, nicht wahr, obwohl beides nicht dasselbe ist. Aufklärung ist ein Begriff, der eine bestimmte Haltung beschreibt, eine Richtung, ein Ethos oder eine Denkweise. *Die* Aufklärung verweist auf die spezifische historische Bewegung, die ungefähr in der Mitte des 17. Jahrhunderts mit Descartes einsetzte und an der Wende zum 19. Jahrhundert zu Ende ging. Und es wird sehr oft – auch von Experten – vergessen, dass Kant bei seiner Beantwortung der Frage »Was ist Aufklärung?« nicht auf die Frage antwortet: Was ist *die* Aufklärung?

KEHLMANN Er spricht nicht als Ideenhistoriker.

BOEHM Das tut er nicht, und nicht als Ideenhistoriker zu sprechen, ist für ihn ein Teil dessen, was es heißt, eine aufklärerische Position einzunehmen. So etwas aus historischer Perspektive zu fragen, ob aus ideengeschichtlicher oder sonstiger, heißt bereits, der Geschichte eine gewisse Autorität über die Philosophie zuzugestehen, die sie haben mag oder auch nicht, doch das Ethos des aufklärerischen Denkens war jedenfalls noch nicht bereit, ihr diese Autorität einzuräumen. Denn wenn man diese Autorität akzeptiert, widerstrebt das in gewisser Weise bereits aufklärerischem Denken. Kant fragt – was ist Aufklärung? Und obwohl Foucault recht hatte, als er sagte, dass hier ein Philosoph öffentlich und bewusst *über seine eigene Zeit* nachdachte, bedeutet das nicht, dass Kant die Frage als eine nach einer historischen Beschreibung verstand – worin besteht das philosophische Ethos des Zeitalters der Aufklärung? –, sondern als eine normative: Worin *sollte* der Geist eines Zeitalters der Aufklärung bestehen? Dieser Geist kann sich mehr oder weniger adäquat in der Bewegung ausdrücken – und ihr sogar durch eine Dialektik der Bewegung am Ende komplett widersprechen. Aus demselben Grund kann dieser Geist auch weit vor jener historischen Bewegung verkörpert sein, und so war es auch. Wie wir bereits erwähnt haben, brachte auch Sokrates dieses Ethos sehr gut zum Ausdruck, vielleicht erfand er es sogar. Wenn Aufklärung im »Ausgang« aus der »Unmündigkeit« besteht, dann ist es interessant, dass er die Jugend darin unterrichtete, für sich selbst zu denken … Er tat das innerhalb der Stadttore, auf dem Marktplatz, das heißt … nun, in dem, was Habermas sehr viel später als die »Öffentlichkeit« mit ihren Kaffeehäusern, Wirtshäusern und Salons analysieren sollte, wo die öffentliche Diskussion – die so wesentlich für das Zeitalter der Aufklärung war – stattfand. Auch Sokrates' Lehre drehte sich nicht, wie wir schon gesagt haben, um das Wissen, sondern um das Denken. Ich will damit nur sagen, dass das Ethos von der historischen Bewegung unterschieden werden muss. Und mein Gefühl ist, dass Leute manchmal kritisch von der Dialektik der Aufklärung sprechen – das heißt davon, dass die Aufklärung in ihr Gegenteil umschlägt – und »Aufklärung« manchmal sogar ablehnen, aber diesen entscheidenden Unterschied missverstehen. Kant hat ihn nicht missverstanden.

KEHLMANN Also jene Aufklärung, die ihr Gegenteil dialektisch selbst hervorbringt, die als Antwort auf sich selbst die Romantik erschafft, das wäre die historische Bewegung, das historische Phänomen Aufklärung und nicht das … Wie soll man das andere nennen?

BOEHM Den ethischen Standpunkt.

KEHLMANN Gut, das wäre also nicht Aufklärung als ethischer Standpunkt. Oder als existenzielle Haltung.

BOEHM Es ist eine interessante Frage, ob der ethische oder normative Standpunkt eine Dialektik aus sich hervortreibt. Ausschließen möchte ich das nicht. Wir sollten nicht vergessen, dass Adorno und Horkheimer ihre Analyse in der *Dialektik der Aufklärung* sowohl grundsätzlich beginnen, mit dem Begriff der Aufklärung, als auch historisch schon in der antiken Welt bei Odysseus einsetzen – damit gehen sie nicht so leicht in die oben genannte Falle. Sie sprechen nicht von der Dialektik der Bewegung aus dem 17. und 18. Jahrhundert. Doch ist es meiner Ansicht nach möglich, sogar wahrscheinlich, dass sie ihre Lesart der ethischen Haltung mit der Position der historischen Bewegung überblenden und dadurch behaupten, es sei die Haltung selbst, die ihre Dialektik hervortreibt. Ihre Lesart ist sicherlich nicht ohne Verdienst – sie sehen so vieles richtig. Weniger aber, wenn du mich fragst, in ihrer Lektüre von Kant als jemand, der angeblich selbst in die Falle einer »positivistischen« Aufklärungsdialektik gegangen sei. Denn das ist bereits Kants eigenes Projekt: Der Grund, aus dem er eine *Kritik* schreibt und dort ganze Kapitel der Entwirrung der »Dialektik der Vernunft« widmet – es ist sein Begriff, nicht wahr? –, einer Dialektik des Wissens, ist genau der: Er kritisiert die Bewegung der Aufklärung im Namen der Aufklärung.

In gewisser Weise dreht sich schon der erste Satz der *Kritik der reinen Vernunft* darum:

> Die menschliche Vernunft hat das besondere Schicksal in einer Gattung ihrer Erkenntnisse: daß sie durch Fragen belästigt wird, die sie nicht abweisen kann; denn sie sind ihr durch die Natur der Vernunft selbst aufgegeben, die sie aber auch nicht beantworten kann; denn sie übersteigen alles Vermögen der menschlichen Vernunft.

Und unmittelbar im Anschluss fährt er fort: »In diese Verlegenheit gerät sie ohne ihre Schuld.«[20] Da die »menschliche Vernunft« es nicht unterlassen kann, sich ihren eigenen notwendigen Fragen zu stellen, die sie nicht beantworten kann, »stürzt sie sich in Dunkelheit und Widersprüche«.[21] Dunkelheit und Widersprüche: Das ist das genaue Gegenteil von Aufklärung, und es folgt gleich in den allerersten Sätzen der *Kritik der reinen Vernunft* direkt aus der eigenen Natur der Vernunft. Im Grunde sagt Kant: Die Vernunft hat eine Natur; weil sie eine Natur hat, hat sie ein Schicksal, und das ist im Wortsinn tragisch, und zwar im genauen Sinn des Wortes. Die Vernunft kann sich dieser Tragik nur stellen, indem sie versucht, sich selbst zu erkennen – und diese Selbsterkenntnis ist die Methode der Kritik.

Eine interessante Möglichkeit, über diese Selbst-Bedrohung durch die Vernunft nachzudenken, ist im Übrigen der Vergleich mit Descartes' berühmtem Genius malignus (bösem Geist). In den *Meditationen* führt er jenes abgründige Bild des täuschenden Gottes ein, der uns und unsere geistigen Vermögen geschaffen, uns aber absichtlich mit einem sozusagen defekten Instrument zum Denken ausgestattet hat. Er versah uns mit einem Vernunftvermögen, das nicht richtig verdrahtet ist und uns deshalb täuscht: Selbst Dinge, die uns offensichtlich wahr zu sein scheinen, sind es nicht. Das ist hier wichtig, weil Descartes' skeptische Methode, um die es in diesem Bild geht, auf die *Autorität* der Vernunft zielt. Um ihre Autorität über die Wahrheit, die Ethik, das Leben geltend zu machen, wenn es das ist, was du als guter Denker der Aufklärung leisten willst, musst du eine Antwort auf den Skeptizismus geben, wozu auch, und hierin liegt Descartes' Größe, die Frage nach der Rechtfertigung der Vernunft selbst zählt: Woher weiß man, dass man der Vernunft selbst trauen kann? Kant eröffnet die *Kritik der reinen*

Vernunft mit genau derselben Besorgnis, nur viel radikaler als Descartes. In gewisser Weise beginnt er sein Buch bereits in der Annahme, dass die Hypothese des bösen Täuschers nicht nur eine Hypothese ist, sondern ein reales Faktum über die Vernunft. Die Vernunft *ist* defekt. Man kann ihr nicht vertrauen, jedenfalls definitiv nicht blind, denn sie zwingt uns, Fragen zu stellen, die wir nicht beantworten können – und bietet uns dann wiederum tragische Antworten auf sie an, notwendige Illusionen, die uns nur in »Dunkelheit« stürzen – metaphysische Mythen, wenn man so will, die das Gegenteil von Aufklärung sind.

Nebenbei bemerkt ist eine der interessantesten Zeilen in dem Absatz, aus dem ich gerade zitiert habe, in diesem Licht die beiläufige Feststellung, dass die Vernunft »ohne ihre Schuld« in diese »Verlegenheit« oder »Dunkelheit« gerät.

Vergessen wir nicht: In »Was ist Aufklärung?« sagt Kant, dass das vernünftige Selbstdenken der Ausgang aus unserer »selbstverschuldeten« Unmündigkeit ist. Hier sehen wir nun, dass die menschliche Unmündigkeit, die Unfähigkeit, für sich selbst zu denken, nicht »selbstverschuldet« ist, sondern genau im Gegenteil: Sie ist nicht die Folge von »Faulheit und Feigheit«, wie es im Aufklärungs-Aufsatz heißt, sondern Folge der tragischen Natur der Vernunft selbst, des bösen Geistes, wenn man es dramatisch formulieren möchte, woraus eine Dialektik entsteht.

Und jetzt kommt die Pointe: So wie Descartes die skeptische Herausforderung beantworten muss, um die Autorität der Vernunft für die Aufklärung zu etablieren, so muss Kant die Autorität der Vernunft etablieren – im vollen Bewusstsein, dass dies gegen die eigene Dialektik der Vernunft erfolgen muss. Er kritisiert den Wissensbegriff der Aufklärungsbewegung *als dialektisch,* um Vernunft und Aufklärung gegen ihn zu verteidigen. Der Begriff des Wissens, der

Vernunft, den die Bewegung der Aufklärung hatte, konnte ja zunächst den Anschein erwecken, dass er die authentischen Werte des Selbstdenkens, des Widerstands gegen Autoritäten, der menschlichen Würde verteidigt – letztlich untergräbt er sie dann aber infolge dieser dialektischen Entwicklung, untergräbt beispielsweise die Freiheit oder begräbt die menschliche Würde unter dogmatischen metaphysischen Systemen, die ungerechtfertigte Antworten liefern – Mythen, die sich einer Götzenverehrung der Vernunft verdanken …

KEHLMANN Dieses Phänomen hat man zum Beispiel in der radikal materialistischen Aufklärung: Denker, die heute nicht mehr so viel zitiert werden, wie zum Beispiel Paul Thiry d'Holbach, der ja hier in Preußen Zuflucht vor der politischen Verfolgung in Frankreich fand, oder Julien Offray de La Mettrie, von dem das einst berühmte Buch *Der Maschinenmensch* stammt, *L'Homme-Machine* … Das waren einst sehr wichtige, dominierende Denker. Aus heutiger Sicht sind sie wohl ein Beispiel für jene dogmatische, einseitig materialistische Aufklärung, gegen die auch die Romantik sich dann mit gutem Grund wenden musste. Das Problem mit dem Materialismus ist ja nicht, dass er antimetaphysisch ist, sondern dass er *auf eine zu einfache und dazu noch dogmatische Weise* antimetaphysisch ist. Er lässt zu viele Fragen, die er nicht beantworten kann, einfach offen.

BOEHM Oder dass er viele Fragen nicht offen lässt, sondern sie sogar verschließt.

KEHLMANN Richtig, er erlaubt diese Fragen gar nicht. Er erklärt sie kurzerhand für unzulässig.

Ein Atheismus-Verdacht

BOEHM Er macht diese Fragen sinnlos. Wenn man die Menschheit auf Materialismus reduziert … Tatsächlich glaube ich, dass Kant an Spinoza denkt und das Problem des Spinozismus sieht, wenn er das illegitime Verschließen von Fragen betrachtet. Das heißt, wenn Spinoza recht hat – und Spinoza ist ein Gipfelpunkt der Aufklärung –, dann sind Fatalismus, Atheismus und Nihilismus die Folge. Man vergisst oft, dass der Ausdruck »Nihilismus« just am Ende der Aufklärung erfunden wurde und zumindest in einer Weise auf Spinoza gemünzt war. Der Begriff wurde bald nach Friedrich Heinrich Jacobis Treffen mit Lessing in der berühmten Bibliothek in Wolfenbüttel geprägt. Jacobi brachte Lessing ein Gedicht des jungen Goethe über Spinoza oder den Pantheismus mit und sagte zu ihm: Ich möchte Sie mit diesem spinozistischen Gedicht etwas schockieren. Lessing las das Gedicht und sagte dann: Es schockiert mich überhaupt nicht. Ich halte es für gut, und übrigens, ich bin ein Spinozist – oder jedenfalls, wenn ich mich nach irgendjemandem nennen müsste, dann nach der Philosophie Spinozas. Wir müssen sehen, dass dieser Schulterschluss von Lessing mit Spinoza einen landesweiten Skandal auslöste, den »Pantheismusstreit«, an dem sich alle damaligen Intellektuellen beteiligten. Dieser historische Streit ist heute eigentlich nur Fachleuten und Historikern mehr oder weniger vertraut – aber er berührt immer noch Fragen außerhalb der akademischen Welt. Er war mindestens so heiß und zweifellos intellektuell tiefschürfender als unser gegenwärtiger sogenannter Historikerstreit II …

KEHLMANN Ein Streit, der schon mit der Frage begann: Hat Lessing das denn wirklich gesagt?

BOEHM Ja, das hätte ich erwähnen sollen – Jacobi veröffentlichte das Gespräch nachträglich, nach Lessings Tod, unter dem Titel, wenn ich mich richtig erinnere, »Etwas, das Lessing gesagt hat«, und später noch einmal in seinem Spinoza-Büchlein. Jacobi hatte und hat einen Ruf als Manipulator, der gern intellektuelle Spielchen trieb, um solche Skandale loszutreten. Unterschätzen aber sollte man ihn nicht: Er löste durch diese Skandale tiefschürfende Debatten aus, und er nötigte das Zeitalter auf brillante Weise, sich explizit einer Frage zu stellen, die es unter den Teppich zu kehren versuchte, und das war die Frage des Spinozismus, die zu Recht oder nicht für einen skandalösen Atheismus stand. Die Frage war ja nicht nur die religiöse, ob die Aufklärung zu Atheismus führt, sondern die normative: Führt die Aufklärung zu Nihilismus? Die damaligen Intellektuellen jedenfalls, selbst diejenigen, die Lessing gegen den Vorwurf des Spinozismus »verteidigen« wollten, zum Beispiel sein Freund Moses Mendelssohn, zweifelten nicht wirklich daran, dass Jacobi das Gespräch wahrheitsgetreu wiedergegeben hatte. Und der Pantheismusstreit ging als die Debatte in die Geschichte ein, die gleichsam die Aufklärung beendete. Ich glaube, unsere Diskussion über Kant, den Universalismus und die Aufklärung heute ist immer noch eine Fußnote zu diesem Streit …

KEHLMANN Wenn wir das Gedicht, das den Pantheismusstreit auslöste, Goethes *Prometheus*, lesen, so sehen wir nicht unbedingt irgendwas Spinozistisches darin. Uns würde das Gedicht wohl eher atheistisch erscheinen.

Bedecke deinen Himmel, Zeus,
Mit Wolkendunst!
Und übe, Knaben gleich,
Der Disteln köpft,

An Eichen dich und Bergeshöhn!
Mußt mir meine Erde
Doch lassen stehn,
Und meine Hütte,
Die du nicht gebaut,
Und meinen Herd,
Um dessen Glut
Du mich beneidest.

Ich kenne nichts Ärmers
Unter der Sonn' als euch Götter!
Ihr nähret kümmerlich
Von Opfersteuern
Und Gebetshauch
Eure Majestät
Und darbtet, wären
Nicht Kinder und Bettler
Hoffnungsvolle Toren.

Da ich ein Kind war,
Nicht wußte, wo aus, wo ein,
Kehrt' ich mein verirrtes Auge
Zur Sonne, als wenn drüber wär
Ein Ohr zu hören meine Klage,
Ein Herz wie meins,
Sich des Bedrängten zu erbarmen.

Wer half mir wider
Der Titanen Übermut?
Wer rettete vom Tode mich,
Von Sklaverei?
Hast du's nicht alles selbst vollendet,
Heilig glühend Herz?

Und glühtest, jung und gut,
Betrogen, Rettungsdank
Dem Schlafenden dadroben?
Ich dich ehren? Wofür?
Hast du die Schmerzen gelindert
Je des Beladenen?
Hast du die Tränen gestillet
Je des Geängsteten?
Hat nicht mich zum Manne geschmiedet
Die allmächtige Zeit
Und das ewige Schicksal,
Meine Herren und deine?

Wähntest du etwa,
Ich sollte das Leben hassen,
In Wüsten fliehn,
Weil nicht alle Knabenmorgen-
Blütenträume reiften?

Hier sitz' ich, forme Menschen
Nach meinem Bilde,
Ein Geschlecht, das mir gleich sei,
Zu leiden, weinen,
Genießen und zu freuen sich,
Und dein nicht zu achten,
Wie ich!

Der Begriff Spinozismus wurde damals einfach auch gern als Synonym für Atheismus benützt. Und ich denke, genau so wie man das Wort *Aufklärung* in zwei Bedeutungen verwenden kann, so könnte man jetzt auch *Spinozismus* in zwei Bedeutungen verwenden. Einmal für die tatsächlich sehr komplexe Philosophie von Spinoza, auf die du dich ja auch beziehst, und dann auch für den reduktionistischen Kampfbegriff, der im 18. Jahrhundert gern so verwendet wurde, wie man in den 1960er-Jahren den Begriff *Kommunismus* verwendet hat – nämlich nicht im umfassenden Sinn eines Lehrgebäudes, sondern als abwertenden Kampfbegriff für gefährliche linke Umtriebe. Die interessantere Auseinandersetzung ist natürlich die mit der echten Philosophie Spinozas.

BOEHM Das ist gut, aber eigentlich glaube ich, dass … ich glaube, dass du mit dem Gedicht recht hast. Wenn wir es lesen, ist unklar, was so spinozistisch daran sein soll. Da ist nichts Skandalöses, oder der Skandal dreht sich ursprünglich um den Kampfbegriff, mit dem Jacobi versucht, Lessing zu »verärgern« … Ich habe eine Vermutung, von der ich nicht glaube, dass die Forschung sie unbedingt erhärtet oder erhärten kann: Auch Jacobi ging nicht wirklich davon aus, dass er Lessing verärgern würde … Er wusste genau, was er tat, und hatte seine Gründe für den Verdacht, dass dieser Mann Lessing, der die Toleranz der Aufklärung verkörperte, der Bibelkritik offen gegenüberstand und so weiter, im Grunde seines Herzens ein Spinozist war. Viele waren es ja: Goethe zum Beispiel … Jedenfalls vertiefen sie sich unmittelbar nach der Konfrontation mit dem Kampfbegriff in ein substanzielles Gespräch über Spinoza, seinen Freiheitsbegriff, seine Ablehnung der Teleologie, den Satz vom zureichenden Grund … und zwischen ihnen scheint es tatsächlich eine Übereinstimmung zu geben, von der ich glaube, dass sie die Antwort auf das ist, was du sagst, Daniel. Und das ist die Behauptung, dass man, wenn man den Rationalismus der Aufklärung zu Ende denkt, Spinozist werden muss …

KEHLMANN Wirklich? Ich würde ja immer sagen, es gäbe noch die Option Leibniz.

BOEHM Nein! Aber du bist in guter Gesellschaft. Die meisten Leute sind immer noch deiner Meinung, ich persönlich nicht. Leibniz ist ein wunderbarer Philosoph, in mancherlei Hinsicht interessanter als Spinoza, aber in meinen Augen keine »Option«. Das ist jedenfalls die Frage, über die Lessing und Jacobi in Wolfenbüttel diskutierten – und beide waren sich einig, dass er es nicht ist. Sie stimmten darin überein, dass, wenn man rational denkt – in ihren Begriffen: dem Satz vom zureichenden Grund folgt –, Leibniz keine Möglichkeit mehr darstellt. Interessanterweise definierten sie den Satz vom zureichenden Grund als *ex nihilo nihil fit*, von nichts kommt nichts, was darauf hinausläuft, die Existenz nackter Tatsachen schlechthin zu bestreiten. Wenn irgendetwas wahr ist, dann gibt es, dann existiert ein Grund, warum es wahr ist. Und sie sind sich einig, dass man, wenn man den Mut hat, es bis zum logischen Ende zu durchdenken, Leibniz' Metaphysik nicht akzeptieren kann und sich Spinoza anschließen muss. Das macht natürlich für die Frage der Aufklärung einen dramatischen Unterschied ums Ganze. Zum einen aufgrund des Atheismus, wie du gesagt hast. Die Versuchung liegt an dieser Stelle nahe, zu behaupten, dass Spinoza gar kein Atheist war. Wie, glaube ich, Fichte, oder war es Hegel, mit einem geklauten Satz von Salomon Maimon gesagt hat: Spinoza hat nicht die Existenz Gottes bestritten, sondern die der Welt. Alles ist ja Gott. Das trifft aber nicht zu: Gott kann bei Spinoza keine Person mit einem Willen sein, also ist Gott nicht Gott, er ist Natur – blinde Natur. Wieder einmal dreht sich der Unterschied zwischen Leibniz und Spinoza um die Frage, ob Aufklärung und die Bewegung namens Aufklärung in den Atheismus münden müssen.

Die andere Frage hängt damit zusammen, ist aber nicht direkt die Gottesfrage. Wir haben sie oben bereits im Zusammenhang mit den unterschiedlichen Formen von »Theodizee« und der Rechtfertigung, sozusagen, der Existenz, der Welt angesprochen. Können wir der Welt irgendeinen normativen Sinn beilegen, der es uns auch ermöglichen würde, von Gerechtigkeit und Ungerechtigkeit zu sprechen? Wenn Leibniz eine oder sogar die »Option« ist, können sich aufklärerisches Denken und die historische Aufklärung auf eine Weltsicht berufen, die die Existenz nicht nur als rational, sondern als *gut* betrachtet. Bei Leibniz wird die Welt durch Gottes freie Tat geschaffen. Erinnern wir uns, was Aristoteles über Handlungen sagt: Sie werden immer im Hinblick auf das Gute begangen, und Gott erschafft unsere Welt, weil er die beste aller möglichen wählt. Das heißt, dass die Existenz selbst gleichsam normativ imprägniert ist; die Welt ist nicht jener sinnlose Abgrund, von dem wir gesprochen haben ... Natürlich ist sie das Gegenteil jenes Abgrunds, was auch nicht so toll ist. Wenn die Aufklärung in einen optimistischen Dogmatismus verfällt, dann ist das auch wieder ein Problem ... Aber ... nun, wohl oder übel ermöglicht es dies der Aufklärung, sich für die »Option« eines übermäßig dogmatischen Optimismus zu entscheiden, und es gibt Schlimmeres im Leben, als von Voltaire verspottet zu werden. Dieses Schlimmere hat einen Namen: Es besteht darin, des Spinozismus bezichtigt zu werden. Spinoza bietet hier das genaue Gegenteil von Leibniz. Seine Theodizee (wenn wir sie so nennen können) besagt, dass das Problem des Bösen oder der Ungerechtigkeit dieser Welt und in dieser Welt gar nicht besteht, dass die Welt einfach ist und die Forderung nach Gerechtigkeit oder einer Theodizee eine Illusion ist. Wenn man sich streng an den Satz vom zureichenden Grund hält, so seine Behauptung, dann fliegt die Schöpfung aus dem Fenster – *ex nihilo nihil fit* –, und die Welt kann nur noch als ewig und blind gedacht werden. Der

Grund für das Bestehen der Welt ist nicht die Wahl des Guten, sondern ein ewiges und blindes logisches Argument – das ontologische Argument, nicht für die Existenz Gottes, sondern für die Existenz der Natur. Gegen diese Auseinandersetzung eröffnen Jacobi und Lessing die skandalöse öffentliche Diskussion über das aufklärerische Denken: Ist Leibniz eine Option? Und da sie sich einig sind, dass er es nicht ist: Hat Leibniz es überhaupt ernst gemeint, oder wusste er irgendwie, dass er falschspielte? Vergessen wir nicht: All das trug sich zu, als Kant gerade die *Kritik der reinen Vernunft* veröffentlicht hatte, sie anschließend für eine zweite Auflage überarbeitete und die *Kritik der praktischen Vernunft* schrieb …

KEHLMANN Ich würde allerdings immer noch einen anderen Aspekt von Spinoza ins Feld führen – einen Aspekt, der über Goethe geradewegs zur beginnenden Romantik führt. Indem nämlich Gott als Außen-Autorität abgeschafft wird, so wird plötzlich die Welt, also alles, was ist, dadurch poetisiert und vergöttlicht und bereichert. Für Goethe fand durch Spinoza eine Poetisierung der Welt statt.

BOEHM Mir gefällt das Bild, und Spinoza hatte diese romantische Wirkung auf Leser und Autoren. Dennoch halte ich das für ein Missverständnis. Eine interessante Weise, das Missverständnis zu sehen, ist der beiläufige Umstand, dass Spinoza kein Buch über Ästhetik geschrieben hat. Zwar wurde dieses »Feld« erst später geschaffen, aber das Interesse an Schönheit oder, sagen wir, Harmonie bestand ja. Spinoza war kein Philosoph der *Vorstellungskraft.* Und die Propheten warf er aus seiner Stadt genauso hinaus, könnte man sagen, wie Platon die Dichter hinausgeworfen hatte.

KEHLMANN Ja, das kann man sagen! In Spinozas Welt gibt

es keine Offenbarung, weil es eigentlich nichts zu offenbaren gibt. Es reicht, zu verstehen.

BOEHM Poesie ist für Spinoza kein Ausdruck der Freiheit oder eines höheren Denkens. Die Dichtung kann das für ihn gar nicht leisten, weil sie letztlich kein adäquates Denken ist. Ja, Spinoza untergräbt die Autorität Gottes. Aber ich glaube nicht, dass auf diese Weise die menschliche Fantasie oder Schöpfungskraft befreit wurde, denn der menschliche Geist wurde seinerseits als ein Modus in Gott (oder der Natur) aufgefasst, der einfach logisch aus der Definition Gottes folgt. Dadurch wird der Gedanke einer schönen Schöpfung ziemlich sinnlos …

KEHLMANN Dann ist das aber ein außerordentlich produktives Missverständnis!

BOEHM Genau … In gewisser Weise ist das die Frage der Vorstellungskraft oder – kann es überhaupt ein produktives Missverständnis geben?! Ich bin leider kein Goethe-Experte, aber es ist höchst plausibel, da Goethe sich so sehr für Kant interessierte, es ist möglich, dass er an einem gewissen Punkt verstand, dass er sich an Kant statt an Spinoza halten musste, und zwar genau aus diesem Grund. Oder an eine bestimmte Mischung aus Kant und Spinoza mit einer Prise Pantheismus, aber keine, die die Natur auf eine blinde Substanz reduziert – in der sich alle Existenz kraft der blinden Notwendigkeit der Logik vollzieht –, eine Mischung, die sich zu dem Stoff entwickeln wird, aus dem der deutsche Idealismus gemacht ist und von dem Goethe sehr wohl eine Frühform darstellen könnte. Was du zu Spinozas Untergrabung jeder äußeren Autorität gesagt hast, seiner berühmten »Immanenz«, ist sehr interessant. Wie wir früher ausgeführt haben, gibt es bei Kant einen ähnlichen Schachzug: Er unterminiert die Autorität Gottes, unterminiert dadurch aber nicht die Autorität der Normativität, so wenig wie die des Schönen oder des Erhabenen oder der Vorstellungskraft. Die äußere Autorität ist aus dem Bild verschwunden, und das hinzubekommen, ohne das Kind mit dem Bade auszuschütten, macht ihn einzigartig: Hier beginnt nicht nur die angebliche Besessenheit von der Autorität des Rechts, der Autonomie und der Moral. Sondern auch die Möglichkeit, dass die Vorstellungskraft dazu fähig ist, bedeutungsvolle neue Kunst zu erschaffen und die Natur als grundsätzlich schön zu betrachten – die *Poetisierung der Welt.*

Jedenfalls ist die Auseinandersetzung zwischen Kant und Spinoza wichtig wegen der Frage, die den Pantheismusstreit befeuerte und uns in gewissem Maße auch heute noch umtreibt. Führt der Rationalismus der Aufklärung notwendig zu Spinozas Nihilismus, wenn wir annehmen, dass Leibniz' Optimismus keinen gangbaren Weg darstellt? Jacobi und Lessing sind sich einig, dass er es tut. Lessing entschied sich für die Aufklärung und den Spinozismus. Jacobi entschied sich dafür, Vernunft, Philosophie und Aufklärung den Rücken zu kehren und sich in seinem berüchtigten »Salto mortale« dem Glauben zuzuwenden. Und Kant …?

In gewisser Weise stimmt Kant völlig mit Jacobi überein. Er sagt: Denkt man nach den rationalistischen Grundsätzen bis an ihren scheinbar ehrlichen logischen Schluss, dann ist der Spinozismus unausweichlich – Leibniz ist keine echte Möglichkeit. Es gibt aber ein Aber, und es wird dich nicht überraschen: Er ist nicht damit einverstanden, dass man Spinozist werden muss, denn eine Alternative zu Spinoza gibt es, indem man nämlich … Kant folgt. Der entscheidende Punkt ist dabei nicht, dass Kant einen besseren Weg weist, die Vernunft an ihr logisches Ende zu führen, sondern vielmehr, dass er eine Philosophie vorstellt, die den Anspruch der Vernunft kritisiert, aus solchen logischen Schlüssen metaphysische Systeme abzuleiten. Eine solche Metaphysik ist, wie wir sahen, in erster Linie das Resultat einer Dialektik: der tragischen Disposition der Vernunft, ungerechtfertigte metaphysische Mythen zu ersinnen, um Fragen zu beantworten, die sie umtreiben. Jacobi hatte also recht, als er über jede Philosophie *vor* Kant sagte, sie führe in den Spinozismus. Und Lessing hatte recht damit, der Aufklärung treu zu bleiben. Und doch besteht die angemessene Reaktion weder darin, der Vernunft den Rücken zu kehren, noch darin, sich zum Spinozismus zu bekennen. Die angemessene Reaktion ist es, Kants Kritik der Dialektik der Vernunft als die wahre Philosophie der Aufklärung zu übernehmen. An einem Punkt der *Kritik der praktischen Vernunft*, die auf dem Höhepunkt des Pantheismusstreits geschrieben wurde, sagt Kant, dass, »wenn man jene Idealität der Zeit und des Raums nicht annimmt«, also seine eigene Philosophie, »nur allein der *Spinozismus* übrig bleibt«.[22] Und über die Dogmatiker, die immer noch an eine leibnizianische Alternative glauben, fügt er hinzu: »Eher möchte man sagen, die dogmatischen Lehrer der Metaphysik hätten mehr ihre Verschmitztheit als Aufrichtigkeit darin bewiesen, daß sie diesen schwierigen Punkt so weit wie möglich aus den Augen brachten, in der Hoffnung, daß, wenn sie davon gar nicht sprächen, auch wohl niemand leichtlich an ihn denken würde.«[23] Die zweite Auflage der *Kritik der reinen Vernunft* wurde unmittelbar danach veröffentlicht und wird bereits mit einer Vorrede eröffnet, die die kritische Philosophie im Wesentlichen als die Antwort, nein, die einzige Antwort auf den Pantheismusstreit erklärt: »Durch [Kritik] kann nun allein dem *Materialismus, Fatalismus, Atheismus* [...] selbst die Wurzel abgeschnitten werden.«[24]

Spinoza, Leibniz und der subjektive Blick auf die Welt

KEHLMANN Aber mit gleichem Recht wie bei Spinoza darf man auch hier fragen, ob er wirklich Leibniz gerecht wird. Eigentlich spricht er ja nicht von Leibniz' System, sondern von der sogenannten Leibniz-Wolffschen-Schulphilosophie, also der herrschenden Universitätslehre dieser Zeit, die eine Art herabgekommene, vereinfachte, verbeamtete Form von Leibniz' sehr komplexer Philosophie war. Leibniz' Welt ist ja eigentlich eine der Perspektiven: Es gibt die Welt nicht an sich, es gibt sie nur aus einer jeweiligen seelischen Perspektive, und außerhalb dieser Perspektiven gibt es nichts. Ein gewaltiger barocker Palast der Subjektivitäten, das ist für ihn die Realität.

BOEHM Irgendwo hat Bertrand Russell einmal bemerkt: »Leibniz verfiel dem Spinozismus, wann immer er sich erlaubte, logisch zu sein; in seinen veröffentlichten Werken achtete er deshalb sorgsam darauf, unlogisch zu sein.«[25] Und Kant dachte dasselbe, wie wir gesehen haben. Schau, ich stimme dir zu, dass es einen großen Unterschied zwischen Leibniz' sehr bunter, lebendiger Philosophie und der grauen leibnizianischen Schulphilosophie gibt, jener akademischen Lehre, die damals an den deutschen Universitäten vorherrschte. Aber in der Frage der Debatte über die Aufklärung glaube ich nicht, dass der »echte« Leibniz einen Unterschied machen würde. Die Frage war, ob ein Rationalist den optimistischen Deismus aufrechterhalten kann. Unter rational verstehen wir: das Kriterium des »zureichenden Grundes«, das eine letzte Erklärung von allem verlangt – und ich glaube nicht, dass man Leibnizianer bleiben könnte, wenn man das verlangt. Man verfällt dem Spinozismus. Eine der offensichtlichen Stellen, an denen man das sehen kann, ist die Vorstellung von der Schöpfung der Welt, die Leibniz so wichtig war.

KEHLMANN In dem Moment, in dem du Gott brauchst, um zu entscheiden, berührst du natürlich die Schwäche von Leibniz. Er braucht Gott als großen Uhrmacher, also die Seele aller Seelen, die Urmonade, wie er es nennt, die dann doch einen zentralen und privilegierten Gesichtspunkt in die Perspektivenwelt einführt.

BOEHM Ja, die Harmonie der Perspektiven erfordert den Uhrmacher, da die Perspektiven selbst, die Monaden, nicht kausal interagieren und es auch nicht können. Und damit zusammenhängend: Während Monaden nicht kausal interagieren können, *ist* die Beziehung zwischen Gott und dem Universum, der Schöpfung, *kausal* – eine Beziehung zwischen verschiedenen Wesenheiten, denn Gott und die Welt sind nicht dasselbe –, aber diese Kausalrelation der Schöpfung verstößt gegen Leibniz' eigene Position. Der Grund, warum Monaden für Leibniz selbst nicht kausal interagieren, ist ja gerade, dass eine solche Kausalrelation unmöglich ist. Das ist das Dilemma, auf das Russell, Jacobi, Lessing und Kant hinweisen. Und Spinoza beseitigt das Dilemma restlos, indem er zeigt, dass man sich das Verhältnis Gott–Welt nicht als kausale Schöpfung denken muss. Gott existiert, wenn man Gottes Existenz beweisen kann, aufgrund der Wahrheit der Logik, und die Welt existiert aufgrund derselben Wahrheit, denn sie folgt sozusagen logisch, nicht kausal, wenn Kausalität das Verhältnis zwischen unterschiedlichen Wesenheiten ist, aus Gott – sie ist Gott inhärent. Wenn man eine letzte Erklärung von allem braucht, hier ist sie – man braucht nur die »kleine« Voraussetzung, dass Gottes Existenz logisch sein kann, was wir noch diskutieren werden, und hat die unendliche nackte Tatsache erklärt, die dem Satz vom zureichenden Grund im Herzen von Leibniz' System widerspricht.

KEHLMANN Im Grunde passt es auch gar nicht in Leibniz' Denken, dass die Welt eine geschaffene sein soll, so wie auch die Urmonade im Grunde nicht hineinpasst. Leibniz will eben doch immer die Konvention retten, er ist das Gegenteil eines Revolutionärs. Ein wirklich interessanter Leibnizianismus wäre einer, der ohne Schöpfung und ohne Urmonade auskommt. Der also die Welt wirklich als Pluralität von unverwechselbaren Bewusstseinen, von Perspektiven stehen lässt.

BOEHM Und wie soll das dann kein Spinozismus sein?

KEHLMANN Weil man bei Spinoza eben nie eine subjektive Perspektive hat. Leibniz' ganze Welt hingegen ist eine Welt der Perspektiven und daher folgerichtig auch eine der Belebtheit, und es gibt keine objektive Welt, die nicht in einer subjektiven Perspektive gespiegelt wäre. Spinozas Philosophie ist ein Blick von Nirgendwo, um einen Ausdruck von Thomas Nagel auszuleihen, ein perspektivenfreier Blick von außen.

BOEHM Nicht von außen, das »von außen« würde nicht funktionieren, aber aus diesem Grunde wäre »von Nirgendwo« zutreffend – ein »sub specie aeternitatis« lässt sich für Spinoza von innen hervorbringen, das Ganze kann angemessen vom Teil aus betrachtet werden und den Pluralismus auf einen Monismus reduzieren. Das stimmt, Daniel, ich habe mich vertan, ich hätte fragen sollen: Wenn du nur Perspektive »ad infinitum« willst, ohne »letzte« Perspektive, dann ist die Frage, wie das nicht Nietzsche sein soll. Und Kant hätte meines Erachtens wohl gesagt: Wenn es keine endgültige Perspektive gibt, bricht der schöne Perspektivismus zusammen, weil Perspektiven Wahrheit erfordern, sie sind Perspektiven auf etwas, sonst sind sie Illusionen und keine Perspektiven. An einer der hintergründigsten Stellen der *Kritik der reinen Vernunft* sagt Kant, dass Perspektiven, die »zu keiner Erfahrung gehören« und letztlich keine Perspektiven auf ein Objekt sein können, »nichts als ein blindes Spiel der Vorstellungen, d.i. weniger als ein Traum sein« würden.[26] Wenn sich die schöne Harmonie in eine leere willkürliche Illusion verwandelt, wird sie in Wirklichkeit zu einem Albtraum. Und ich muss mich dafür entschuldigen, dass ich ein solcher Nudnik bin.

Kant und die Geschichte

KEHLMANN Die Vernunft macht, kantisch formuliert, aus ihrer eigenen Mechanik heraus notwendigerweise Aussagen über Dinge, über die sie eigentlich keine vollgültigen Aussagen machen kann, wie eben Gott und Welt und Unsterblichkeit. Sie kann eben nicht in der Beschränkung stehen bleiben, und allein dadurch schon bringt Aufklärung eben auch ihr Gegenteil in Gestalt der Romantik hervor. Übrigens, wenn du sagst, Kant kritisiert die Aufklärung als Bewegung, so entsteht natürlich der Eindruck, dass er geschichtsphilosophisch denkt. Das scheint mir aber nicht der Fall zu sein. Ich glaube, Kant hat als Denker kein wirkliches Verhältnis zur Geschichte. Oder habe ich unrecht?
BOEHM Das ist eine sehr verbreitete Sicht auf Kant, vor allem in Deutschland, wo Hegels Denken so stark dominiert. Und sie ist nicht ganz falsch, aber auch nicht ganz richtig. Ein verstorbener Kollege an der New School, der israelische Philosoph Yirmiyahu Yovel – kennt man ihn in Deutschland? – hat ein wichtiges Buch geschrieben: *Kant*

and the Philosophy of History. Kant hat ein Verständnis der Geschichte und ihres Verhältnisses zum Denken, aber er ist nicht Hegel …

KEHLMANN Geschichte ist nicht im Zentrum seines Denkens.

BOEHM Er fasst das Denken oder die Wahrheit nicht selbst in historischen Dimensionen auf, sondern versteht sie als in der Zeit, in der Geschichte verkörpert oder ausgedrückt – ob intellektuelle Debatten wie die zwischen Leibniz und Spinoza, eine Antinomie, wenn man so will, bei der der eine eine »These« präsentiert und der andere die »Antithese« dazu – Kants Antinomie-Kapitel führt diese Terminologie ein, diese Struktur des Denkens, die kein Nebenthema für die Philosophie der Geschichte ist! –, und dann bietet eine neue Philosophie, in diesem Fall seine eigene, die Auflösung zu These und Antithese und erreicht damit eine neue Stufe, eine echte Neuerung in der historischen Entwicklung, in diesem Fall im Prozess des aufklärerischen Denkens. Auf diese Weise lässt sich seine Kritik an der Aufklärungsbewegung als geschichtsphilosophisch verstehen. Ähnlich in Bezug auf die Revolution, von der wir gesprochen haben: Kant versteht, glaube ich, die Beziehung zwischen dem historischen Ereignis der Revolution und seiner eigenen Philosophie, jenem neuen Ereignis, der Philosophie der Kritik, die Heine später mit der Französischen Revolution in Beziehung setzte. Die Wahrheit wird nicht auf eine historische reduziert, aber ich würde nicht sagen, dass er kein Verständnis vom Verhältnis der Philosophie zur Zeit hat.

KEHLMANN Aber kann man sagen, das ist eher eine utopische Perspektive als eine geschichtliche?

BOEHM Ach so, ich verstehe, das ist wohl interessant und wahr. Das ist der Grund, warum man, wenn man »Was ist Aufklärung?« liest, versteht, dass Kant just über seinen eigenen Moment in der Zeit reflektiert, wie Foucault gesagt hat. Er stellt nicht nur eine abstrakte zeitlose Frage, sondern versteht die Wichtigkeit der Philosophie im Zeitalter der Aufklärung – jedoch nicht, wie gesagt, als deskriptive Geschichtsschreibung darüber, was die Philosophie der Aufklärung war oder sogar ist, sondern als präskriptive Forderung. Kant fragt nicht danach, was die Philosophie der Aufklärung als historische Tatsache ist oder war, sondern fragt aus philosophischer Perspektive, was aus diesem historischen Moment werden sollte – und so bezieht sich seine Philosophie auf ihre eigene Zeit. Und das ist womöglich nicht nur eine fortschrittliche Position, sondern vielleicht sogar eine utopische.

Selbstverständlich gilt dies, was in unseren Gesprächen offensichtlich ist, aber nicht immer so gesehen wird, für Kants Philosophie insgesamt, auch für die technischsten, theoretischsten Teile wie die *Kritik der reinen Vernunft*, nicht nur für Texte wie »Was ist Aufklärung?«. Wenn die *Kritik* heute vornehmlich als eine Erkenntnistheorie gelesen wird oder als Verteidigung der Möglichkeit von Wissen gegen David Humes skeptische Infragestellung aufgeklärter Wissenschaft – dann ist das natürlich nicht völlig falsch. Aber die Betonung Humes kann – bei allem gebotenen Respekt gegenüber Kants »Erwachen aus seinem dogmatischen Schlummer« – von einem bestimmten Punkt an auch irreführend sein. Die *Kritik der reinen Vernunft* wurde geschrieben, um, nun, die Vernunft zu kritisieren. Und die Kritik der Vernunft ist allenfalls indirekt mit einer Antwort auf Hume verbunden. Sagen wir so, die Vernunft muss nicht kritisiert werden, um eine Antwort auf einen Skeptiker wie Hume zu finden, sondern aufgrund einer anderen Art von Herausforderung: um einen bestimmten Begriff der Aufklärung der Vernunft zu begrenzen, den Hume ohnehin nicht geteilt hat.

Diese Kritik der Vernunft ist der Teil, der dem *historischen* Moment entspricht. Wir haben bereits erwähnt, dass Kant in der Vorrede zur zweiten Ausgabe sagt, die Kritik sei wichtig, weil sie »allein« eine Antwort auf »*Materialismus, Fatalismus, Atheismus*« und so weiter bietet, »die allgemein schädlich werden können«, das heißt *politisch*. Der Skeptizismus hingegen, mithin David Hume, ist »mehr den Schulen gefährlich« und kann »schwerlich ins Publikum übergehen«.[27] Es besteht nicht die Gefahr, dass sich das Zeitalter der Aufklärung in einen humeschen Skeptiker verwandelt. Ein Spinozist oder Nietzscheaner aber könnte es werden und ist es wohl auch geworden, trotz der *Kritik der reinen Vernunft*.

Antwort auf David Hume

KEHLMANN Humes Herausforderung, damit meinst du David Humes epochalen, grundsätzlichen Zweifel an der Gültigkeit von Kausalurteilen, nicht wahr? Hume sagt, wir sehen überhaupt kein »wegen« in der Natur. »Wegen« kommt außerhalb unseres Verstandes gar nicht vor: die Sonne scheint, ein Stein wird warm. Mehr passiert nicht. Die Sonne erwärmt den Stein, das ist schon etwas, was wir nicht mehr empirisch wahrnehmen, das ist einfach unsere Behauptung. Damit erschüttert Hume das ganze Fundament der Wissenschaft.

BOEHM Ja, indem er die Kausalität infrage stellt, hat Hume das *Wissen* infrage gestellt, denn etwas zu wissen heißt immer, die Ursache zu kennen. In Bezug auf das, worüber wir gerade sprechen, ist die Herausforderung besonders gefährlich, angesichts der Kombination von zwei Dingen. Erstens der Tatsache der newtonschen Physik. Kant war bekanntlich, wie viele andere und gewiss nicht weniger als irgendjemand sonst, nicht nur fasziniert von Newton, sondern völlig überzeugt und überwältigt davon, dass es der newtonschen Wissenschaft gelungen war, zu erklären … Wie soll man es formulieren: nicht nur eine Theorie der Natur anzubieten, die noch nicht widerlegt worden ist, sondern die Grundsätze der Natur, die Gesetze der Natur sozusagen. Das ist das eine Element …

KEHLMANN Also Alexander Popes schönes Epigramm gibt auch Kants Meinung wieder: »*Nature and Nature's laws lay hid in night. / God said, Let Newton be! and all was light.*«

BOEHM Das bringt es auf den Punkt! Um Kants dramatisches Verhältnis zu Hume zu verstehen, muss uns klar werden, wie genau dieses Epigramm von Pope seine Überzeugung über Newton zum Ausdruck bringt. Und nebenbei bemerkt: Wäre Gauß nach Königsberg gereist und hätte Kant berichtet, dass die nichteuklidische Geometrie *die Natur beschreiben kann* – also Newton durch Einstein ersetzen –, dann wäre die ganze Szene …

KEHLMANN Darüber hatte der historische Gauß tatsächlich nachgedacht …

BOEHM Um das Geniale an diesem Absatz zu verstehen, Daniel, wie auch um die Auswirkung von Humes Herausforderung zu verstehen, müssen wir Kants Bindung an Newton verstehen.

KEHLMANN Danke schön! Gauß hat ganz klar schon darüber nachgedacht, dass, wenn man im All ein Dreieck zwischen drei Sternen ziehen würde …

BOEHM Keine gerade Linie dabei herauskäme …

KEHLMANN … so würde man, ebenso wie wenn man ein Dreieck auf einer Kugel konstruiert, eine Winkelsumme erhalten, die nicht 180 Grad beträgt!

BOEHM Auf der einen Seite besteht also die Notwendigkeit, dass Newton uns die Wahrheit sagt – *die* Wahrheit, nicht nur irgendeine Theorie –, und auf der anderen Seite taucht Hume auf, der den Begriff der Kausalität zersetzt und damit Newtons Wissensanspruch. Nach Hume sind alle unsere Ideen aus der Erfahrung abstrahiert, empirisch. Aus einer empirischen Abstraktion kann man jedoch niemals einen angemessenen Begriff der Kausalität ableiten, wenn Kausalität ein Verhältnis ist, in dem, wenn A gegeben ist, B *notwendig* folgt. Die Notwendigkeit können wir nie aus der Erfahrung gewinnen, weil die Erfahrung uns immer zeigt, wie Dinge geschehen oder geschehen sind, aber nicht, wie sie das *nächste Mal* geschehen werden oder dass sie nicht auch anders geschehen können. Damit ist das wesentliche Element von Kausalität untergraben und mit ihm die wissenschaftliche Erklärung – Newton postuliert ja Kausalbeziehungen zwischen Körpern, und diese Beziehungen sind, wenn Newton eine Wahrheit ausdrückt, notwendig, allgemein und universell gültig … Kant hat das als einen Skandal empfunden.
KEHLMANN Und Kant sagt ausdrücklich, er wurde durch Hume aus dem »dogmatischen Schlummer« geweckt. Ein berühmter Satz, aber du hast ihn vorhin als irreführend bezeichnet!
BOEHM Es ist ein wichtiger Satz, er hat Hume definitiv als Weckruf verstanden. Irreführend daran ist die Tendenz, ihn fast schon überzubetonen. Übrigens hat Kant auch einmal angemerkt, dass seine Entdeckung der Antinomien ihn aus seinem »Schlummer erweckte«. Es ist doch bemerkenswert, dass wir alle das Zitat im Hinblick auf Hume auswendig kennen, aber nur die Kant-Experten wissen, dass dieselbe Feststellung auch über die Antinomien getroffen wurde – wenn sie es überhaupt wissen. Die interessante Frage ist

nicht unbedingt, welche der beiden Feststellungen wichtiger ist oder stimmt, sondern warum die eine so viel berühmter ist als die andere und dann, in welchem Verhältnis sie zueinander stehen. Für uns moderne Leser muss die Frage hier lauten: Versucht eine *Kritik der reinen Vernunft*, die Wissenschaft um der Aufklärung willen vor Humes Infragestellung zu retten? Liegt darin Kants Bedeutung, damals und heute? Dass man Hume so hervorgehoben hat, liegt daran, dass die Generationen unmittelbar vor uns diese Frage mit Ja beantwortet haben. Und ich glaube, die Antwort muss trotzdem Nein lauten. Der Grund, warum ich darauf so beharre, ist, dass die *Kritik* oft so gelesen wird … und darin liegt das Potenzial, Kant als den positivistischen Erkenntnistheoretiker zu lesen, für den er manchmal gehalten wird, und ihn damit in gewisser Weise auch obsolet zu machen. Wir sind schließlich nicht mehr schockiert von der Vorstellung, dass die Wissenschaft gar nicht *die eine* Wahrheit artikuliert. Ganz im Gegenteil, für uns bietet die Wissenschaft Theorien, die bestenfalls noch nicht widerlegt worden sind. Ich glaube auch, dass Kant nicht *so* über die Möglichkeit beunruhigt ist und sein sollte, dass die newtonsche Physik ihren Status als die einzig wahre Wissenschaft wird aufgeben müssen. Viel mehr beunruhigt ihn die Möglichkeit, dass die menschliche Existenz auf eine solche Wissenschaft wie die newtonsche Physik reduziert werden kann, was aus uns etwas machen würde, das Kant einmal »bloße Marionetten« genannt hat.

KEHLMANN Also keine Menschen, wir sind alle nur noch Tiere.

BOEHM Kants Buch heißt schließlich *Kritik der reinen Vernunft*. Dass das sein Titel ist und dass es in der allerersten Zeile mit dieser schönen Feststellung beginnt, die wir bereits gelesen haben, über das tragische Schicksal der Vernunft – Kant steht da noch mit einem Bein in den Tagen, in denen er wusste, dass er wirklich *schreiben* konnte, nicht wie später.

KEHLMANN Ja, zu Beginn konnte er noch gut schreiben. Dann hatte er Wichtigeres im Sinn als Stil.

BOEHM Ja: »Die menschliche Vernunft hat das besondere Schicksal in einer Gattung ihrer Erkenntnisse: daß sie durch Fragen belästigt wird, die sie nicht abweisen kann; denn sie sind ihr durch die Natur der Vernunft selbst aufgegeben, die sie aber auch nicht beantworten kann; denn sie übersteigen alles Vermögen der menschlichen Vernunft.« Hier geht es nicht um die Notwendigkeit, Humes Herausforderung für Newton zu beantworten. Der Fokus der *Kritik* liegt von Anfang an auf der Sorge, dass die Metaphysiker der Aufklärungsbewegung metaphysische Antworten anbieten, die die Aufklärung schwächen. Hume hat gewiss nicht geglaubt, dass man die ungerechtfertigten Antworten geben kann, um die es Kant hier geht – sagen wir, eine rationale Theologie, die die Existenz Gottes beweist … Wenn Hume das Problem ist, so lohnt sich der Hinweis: Nicht nur Kant hat eine Antwort auf Hume. Auch Spinoza hat eine, was Hume selbst im Übrigen bewusst war. Er verstand sehr wohl, dass es möglich ist, die Notwendigkeit einer Kausalbeziehung zwischen einer Wesenheit und ihrer Ursache zu denken, wenn – genau dann, wenn – man in dem Verursachten »nicht[s] als eine Modifikation des einen einfachen notwendig existierenden Wesens [sieht], es kommt ihm also keine gesonderte, für sich bestehende Existenz zu«.[28] Das ist Spinozismus, und die einzige Begründung, um diese Lösung für sein Problem zurückzuweisen, besteht darin, wie Hume weiß, sie als »monströs« oder »furchtbare Hypothese« abzutun. Sein Angriff auf die Kausalität bestand ja darin, zu zeigen, dass sich das Verhältnis der Notwendigkeit zwischen zwei *unter-*

schiedlichen Wesenheiten nicht erklären lässt. Das ist für Spinoza kein Problem, wie Hume tatsächlich sehr gut verstand, weil Spinoza bestreitet, dass Kausalbeziehungen unterschiedliche Wesenheiten betreffen … Was wir Kausalbeziehungen nennen, sind für Spinoza in Wirklichkeit begriffliche, logische Beziehungen. Und die Notwendigkeit natürlicher Ereignisse, unsere Fähigkeit, diese Notwendigkeit zu erkennen, wird durch Beziehungen logischer Identität zwischen dem einzigen existierenden Wesen und sich selbst erklärt … Es ist wichtiger, zu zeigen, dass *das* falsch ist, als eine Antwort auf Hume zu finden. Und es ist absolut möglich – wenn du mich fragst, in gewisser Weise wahrscheinlich –, dass Kants Antwort auf Hume scheitert und dass das, was das zentrale Erbe der *Kritik der reinen Vernunft* hätte sein sollen – die Kritik der dialektischen Illusionen, die der Vernunft innewohnen –, unbeschädigt bleibt. Die Metaphysik im alten Stil ist nach Kant nicht mehr möglich.

Meister der Ambivalenz

KEHLMANN Wenn du jetzt sagst, »im alten Stil«, führt mich das zu einer Frage, die ich mir immer wieder gestellt habe, obwohl sie vielleicht ein wenig unklar ist: Gibt es eine typisch kantische Denkbewegung? Ich würde das vorsichtig mit Ja beantworten. Mir scheint, es gibt so eine ganz spezifische Bewegung, mit der Kant Fragen immer wieder gleichzeitig abweist und beantwortet. Man hat das ja mit dem von dir zuvor schon erwähnten Ausdruck »Philosophie des Als-ob« beschrieben, ich weiß nicht, ob der Begriff passend ist. Weißt du, was ich meine?

BOEHM Nicht ganz. Erzähl mir mehr, dann vielleicht.

KEHLMANN Es gab früher in Osteuropa diese Radio-Eriwan-Witze. Die funktionieren immer nach dem Schema: Jemand stellt eine Frage an Radio Eriwan, dort antwortet man mit: »Im Prinzip ja, aber …« Bei Kant ist das nicht unähnlich. »Im Prinzip ist es so, aber …« In Reinform sieht man das in einer vorkritischen Schrift, den *Träumen eines Geistersehers*, in der er sich mit Emanuel Swedenborg auseinandersetzt, der ein Mystiker, heute würde man sagen Esoteriker, war und über Geister und »paranormale Phänomene« – auch ein anachronistischer Ausdruck natürlich – geschrieben hat. Kant referiert das in spöttischem Ton. Er sagt aber nie: Das ist Unsinn. Er stellt es einem sozusagen anheim, wie man darauf reagieren möchte. Er analysiert auch: Was ist ein Geist?, Wie muss man sich Gespenster vorstellen?, er denkt tatsächlich über deren ontologische Natur nach. Aber er sagt nie, ob er ihre Existenz für möglich hält.

BOEHM Manchmal weiß er, dass er etwas nicht weiß. Er gestattet sich eine gewisse Ambivalenz.

KEHLMANN Er ist ein Meister der Ambivalenz – und zwar so sehr, dass er normalerweise nicht einmal ausspricht, dass er ambivalent ist. Und im Grunde scheint mir, dass in all seinen großen Schriften eine ähnliche Bewegung stattfindet wie in *Träume eines Geistersehers*. Wobei seine Version von Radio Eriwan wohl eher lauten würde: »Im Prinzip nein, aber …«

BOEHM Kant, der Meister der Ambivalenz …

KEHLMANN Das ist zumindest eine Frage, die ich mir immer wieder stelle.

BOEHM Im Prinzip nein, Daniel, es gibt so etwas wie eine »kantische Denkbewegung« nicht, aber … Wie du weißt, gibt es ganze Denkbewegungen, die sich selbst für eine Verkörperung einer kantischen Denkweise halten. Vom »Neukantianismus« der Marburger Schule bis zur gegenwärtigen kantianischen Ethik in angloamerikanischen akademischen Kreisen … und ich denke oft, dass solche Trends dem großen Denker Kant nicht gerecht werden, ein wenig, wie wir es im Zusammenhang mit Leibniz erwähnt haben: Eine ganze Welt trennt Leibniz von den Leibnizianern. Ähnlich mit Kant: Muss man beispielsweise synthetische Urteile a priori für möglich halten und verteidigen, um wie Kant zu denken? Oder irgendeinen anderen Inhalt seiner Position, der sich in eine Doktrin verwandeln lässt? Hoffentlich nicht, und die Richtung, die du meinst, ist erhellend, denn wenn man den Kantianismus durch eine Denkweise oder sogar einen Stil des Denkens zu fassen kriegen möchte, was du als Denkbewegung bezeichnest …

KEHLMANN Und am Ende dieser Denkbewegung kommt man immer bei einer Ambivalenz an, die viel fundierter ist und viel genauer gezeichnet als die scheinbar sicheren Annahmen, von denen er ausgegangen ist.

BOEHM Ich glaube, dass die beste Möglichkeit, die wir haben, wenn wir in diese Richtung gehen wollen, tatsächlich der Begriff der Ambivalenz *ist*, und mich erinnert das gerade an etwas, was du früher gesagt hast, dass die »Denkbewegung« der Antinomien, eine Denkweise, die Kant erfunden hat, vielleicht sein »persönlichster« Aspekt ist. Dieser persönliche antinomische Aspekt hängt tief mit dem »Meister der Ambivalenz« zusammen. Du hast gesagt, du seist dir nicht sicher in der Charakterisierung des »Als-ob«. Ich glaube, dass das Als-ob, ich habe auch ein ambivalentes Gefühl diesbezüglich, aber …

KEHLMANN Ich glaube, ich mag das deswegen nicht, weil Als-ob ja schon eindeutig beantwortet, ob das, wovon wir sprechen, existiert. Wenn wir sagen, Philosophie des Als-ob gegenüber Gott, heißt das doch, es gibt ihn nicht, aber wir verhalten uns so, als ob es ihn gäbe, aber das sagt Kant nicht.

BOEHM Aber die Philosophie des Als-ob muss nicht behaupten, dass es keinen Gott gibt, sie ist mit dem Ambivalenten, das du suchst, vereinbar. Es reicht ihr, zu sagen: Wir wissen nicht, ob Gott existiert, wir wissen noch nicht einmal, ob Menschen existieren, wir wissen nicht, ob es Freiheit gibt – aber wir müssen handeln, als ob Gott existiere, als ob wir Menschen seien ... Diese Ambivalenz ist ein interessanter Ansatz, um Kants Position zu erfassen, und ich denke, dass sie etwas sehr Tiefes an seiner Philosophie sichtbar macht, und es ist wieder die Einsicht, dass die Verteidigung des Wissens gerade nicht der Höhepunkt seiner Philosophie ist ...

KEHLMANN Richtig!

BOEHM Das Denken ist mitunter von Natur aus ambivalent.

KEHLMANN Du hast das jetzt viel klarer formuliert als ich.

BOEHM Das zeigt sich auch an Kants Unterschied zum Dogmatismus wie zum Skeptizismus. Wenn man darüber nachdenkt, zeichnen sie sich oft durch einen Mangel an jener Ambivalenz aus, die so charakteristisch für Kant ist. Und die Beziehung zwischen dem Als-ob und Kants Schachzug zur Begrenzung des Wissens ist hier wichtig, das Als-ob dient als kritische Einstellung, die über beide hinausgeht, denn sowohl der Dogmatiker als auch die Skeptikerin teilen am Ende die Besessenheit – ist das ein zu starkes Wort? – von der Wissensproblematik, nur kommen sie von ihren entgegengesetzten Enden ... Kant schreibt in der Vorrede zur 2. Auflage der *Kritik* den berühmten Satz: »Ich mußte also das *Wissen* aufheben, um zum *Glauben* Platz zu bekommen [...].«[29] Das Als-ob kommt auf die Bühne, wo es der Glaube tut, würde ich sagen. Und wir sollten hinzufügen: Kant begrenzte das Wissen und verteidigte es innerhalb dieser Grenzen. Und wenn die Verteidigung des Wissens innerhalb dieser Grenzen fehlschlägt, was sie wohl tut, dann bleibt das Als-ob-Verhältnis, auf jeden Fall die Bereitschaft, auf der Grundlage zu handeln, die wir für wahr halten, ohne dies zu wissen, entscheidend.

Kant gegen Einstein?

KEHLMANN Was meinst du genau, wenn du sagst, es schlägt fehl, wenn Kant Wissen verteidigt? Meinst du die Entwicklungen, die die Physik nach Kant genommen hat, also Quantenphysik und Relativitätstheorie?

BOEHM Ich meine die Frage, ob die Kategorie der Kausalität, wie Kant sie gegen Hume verteidigt zu haben meint, aufrechtzuerhalten ist – nämlich als eine apriorische, also nicht aus der Erfahrung gewonnene und doch objektiv gültige und die Erfahrung bestimmende, wie die berühmte »Deduktion« der Kategorien gezeigt haben will. Und im Zusammenhang damit die Frage, ob wir Kants Antwort auf die Frage, ob es *in den Naturwissenschaften* synthetische Urteile a priori gibt, noch akzeptieren können? Wie schon erwähnt, hat Hume die Grundlage der Annahme, die newtonsche Naturwissenschaft sei ganz einfach wahr, erschüttert. Kant versucht, die Möglichkeit einer solchen Wissenschaft gegen die humesche Herausforderung zu verteidigen, damit die Kategorie der Kausalität ihre Gültigkeit behält. In aller Kürze jetzt hat Hume ja behauptet, dass alle Begriffe aus der Erfahrung abstrahiert werden und die Idee der Notwendigkeit, notwendiger Kausalbeziehungen, einfach nicht aus der Erfahrung kommen kann. Denn die Erfahrung zeigt uns nur, wie Dinge geschehen, auch noch, wie sie bis jetzt immer geschehen sind – aber nicht, dass sie auf dieselbe Weise weiter geschehen müssen oder nicht auch anders hätten geschehen können. Das hatten wir ja schon besprochen. Kant akzeptiert die Herausforderung in gewisser Weise, stellt aber Hume auf den Kopf: Wenn Hume sagt, die Notwendigkeit kann nicht aus der Erfahrung herrühren, antwortet Kant: Genau, das kann sie nicht! Aber wir verfügen ja über sie, und sie hätte *nie* aus der Erfahrung rühren können – also ist sie a priori. Keine Erfahrung hätte diese Idee hervorbringen können, und das zeigt sozusagen, dass nicht alle Ideen aus der Erfahrung stammen. Die Idee der Notwendigkeit von Kausalrelationen konnte nicht aus der Erfahrung kommen, aber wir verfügen über sie. Diese Art Argument würde aber nur zeigen, dass die Idee notwendiger Kausalbeziehungen a priori ist, Kant müsste immer noch zeigen, dass sie für die Erfahrung gilt, obwohl sie nicht aus ihr abstrahiert ist … Jedenfalls wollte ich nur sagen, nehmen wir an, der Versuch misslingt, die Wissenschaft mit der Verteidigung dieser Kategorie zu begründen – das würde …

KEHLMANN Wovon ich nicht völlig überzeugt bin.

BOEHM Ich bin auch nicht völlig davon überzeugt. Ich denke …

KEHLMANN Aber es gibt natürlich Entwicklungen in der Wissenschaft der letzten hundertfünfzig Jahre, die Kant sehr überrascht hätten und die seiner Grundlegung der Kausalität widersprechen.

BOEHM Sie stellen zweifellos eine Herausforderung für ihn dar, und ich meine, du hast recht, wenn du sagst, dass sie ihm »widersprechen«. Ich sage gleich noch etwas dazu, aber selbst wenn sie misslingt, ist diese Verteidigung einfach nicht das zentrale Ziel, das die *Kritik der reinen Vernunft* für den Begriff der Aufklärung erreichen wollte. Was die *Kritik der reinen Vernunft* für den Begriff der Aufklärung erreichen sollte, ist eine Begrenzung der Wissenschaft, damit sie nicht selbst zu einer Form von Religion wird, die untergraben würde …

KEHLMANN Und dieser Punkt ist vielleicht heute sogar wichtiger als damals. Wissenschaft als Religion war ja kein Hauptproblem in einer Zeit, wo die traditionelle Religion selbst noch so mächtig war. Das ist heute anders.

BOEHM Ja, das stimmt: Und der Punkt im Moment ist nicht nur, dass wir Kant brauchen, um die Vernunft zu kritisieren und das *Denken* vor dem *Wissen* zu schützen, sozusagen. Sondern zu bemerken, wie wenig Kants Verteidigung des Wissens *für* die Wissenschaft zählt. Seine Verteidigung von Erfahrung und Wissen durch die Vorstellung der Kategorien, die Deduktion, die Formen der Anschauung ist wichtig und fruchtbar, aber für unser Verhältnis zur Wissenschaft bedeutet sie sehr wenig, und in gewisser Weise lehnen wir mittlerweile seinen Begriff von Wissen völlig ab. Wir geben der Wissenschaft nicht denselben apodiktischen Status, den Kant ihr geben wollte, und sind ganz unbekümmert darum, dass wir es nicht tun.

Widerlegt die moderne Physik Kants Erkenntnistheorie?

KEHLMANN Aber wir sollten doch ausführlicher über Kant und Einstein und Heisenberg sprechen. Kants Paradigma der Physik ist natürlich die newtonsche Physik, und er sieht es als eine Hauptaufgabe der *Kritik der reinen Vernunft*, die unbedingte Geltung der newtonschen Physik für jede Wirklichkeit, die überhaupt eine von uns wahrgenommene Wirklichkeit sein kann, zu gewährleisten. Und jetzt ist die Frage, und das ist offenbar tatsächlich eine offene Frage, hinsichtlich der überhaupt keine Einigkeit unter den Kant-Kennern besteht: Ist Kants Erkenntnistheorie eigentlich empirisch widerlegt worden durch die Entwicklungen in der Physik nach dem Ende des 19. Jahrhunderts, oder lässt sie sich in den Grundzügen weiterhin aufrechterhalten?

BOEHM Meine Auffassung wird manchen Kant-Experten nicht gefallen. Und ich glaube, dass die Antwort vielschichtig ist. Wenn ich deine Frage aber in einem engen Sinn verstehen und beantworten sollte, würde ich sagen, dass Kants Versuch der Verteidigung wissenschaftlichen Wissens durch den Einfluss von Einsteins Relativitätstheorie auf der einen Seite und der Quantenphysik auf der anderen widerlegt ist. Und ich sollte gleich ein Dementi hinterherschicken: Ich bin persönlich oft genervt, wenn sich Philosophen zu viel über die moderne Physik auslassen, die sie meist nicht verstehen. Es ist so, wie wenn manche Physiker meinen, dass sie einfach drauflosphilosophieren können, nur schlimmer. Aber meine Auffassung beruht hier nicht auf einer Analyse der Relativitätstheorie oder der Quantenphysik. Sie beruht auf der Rolle, die die Wissenschaft, speziell Newtons, für Kants Position spielt.

KEHLMANN Also eigentlich geschah jene Widerlegung Kants durch die Wissenschaft schon vor Einstein, nämlich 1881, als Albert Michelson und Edward Morley die Absolutheit der Lichtgeschwindigkeit messen. Da stellen sie nämlich fest, dass die Lichtgeschwindigkeit immer die gleiche ist, unabhängig von jedem Inertialsystem. Hier handelt es sich eigentlich um ein Messergebnis, das man nach Kant niemals erhalten dürfte. Nicht wahr?

BOEHM Ich glaube ja, denn diese Entdeckung hat die Allgemeinheit oder Allgemeingültigkeit von Newtons Grundsätzen infrage gestellt. Schau, ich bin dir noch eine Erklärung schuldig, warum ich denke, dass Kants Verteidigung der wissenschaftlichen Erkenntnis nicht zu retten ist. Mir scheint, dass allein der Gedanke, Kants Verteidigung der wissenschaftlichen Erkenntnis könne irgendwie gerettet werden, oft eher verrät, wie uneinlösbar, wie unvertretbar die Position geworden ist. Denn uns liegt der Gedanke, Kants Denken über wissenschaftliche Erkenntnis ließe sich retten, inzwischen so fern, dass wir gar nicht glauben, es müsste gerettet werden … Und so »retten« die entsprechenden Versuche oft eine verwässerte Konzeption von Wissenschaft, mit der wir problemlos leben, und zwar zu Recht, und doch hätte Kant sie als genau eines betrachtet: ein Scheitern. Das heißt, dass das Wissen, das er gegen Hume verteidigen wollte, streng genommen unmöglich ist. Und dass die Frage »Wie sind synthetische Urteile a priori möglich?« ziemlich viel von ihrer Grundlage verloren hat.

Zum einen glaube ich nicht, dass irgendeine vernünftige Wissenschaftlerin – korrigiere mich, wenn du anderer Meinung bist – behaupten würde, dass Einsteins Relativitätstheorie oder die Quantenphysik mehr seien als eine Theorie über die Natur, nämlich eine vollwertige Beschreibung *der* Naturgesetze. Kein Wissenschaftler ist einer solchen Auffassung verpflichtet, weil sich unser Konzept von Wissen geändert hat. Wir sagen, denken oder befürchten nicht mehr, dass unsere Wissenschaft, wenn sie nicht apodiktisch und gewiss ist, kein Wissen darstellt. In Wirklichkeit gilt unsere Wissenschaft als Wissenschaft, gilt sie als vernünftig, *weil* sie keinen Anspruch auf Wahrheit erhebt, und das lässt uns ganz kalt. Das erinnert mich ein wenig an Nietzsches berühmtes Bild aus *Die fröhliche Wissenschaft*, das Bild von dem »tollen Menschen«, der auf den Marktplatz rennt und entsetzt ausruft: Wir haben Gott getötet! »Wir Alle sind seine Mörder! Aber wie haben wir dies gemacht? [...] Wer gab uns den Schwamm, um den ganzen Horizont wegzuwischen?« – nur um festzustellen, dass die Menschen auf dem Markt alles andere als entsetzt sind, sondern sich über ihn lustig machen: »Ist er denn verloren gegangen? sagte der Eine. Hat er sich verlaufen wie ein Kind? sagte der Andere. [...] Ist er zu Schiff gegangen?«[30] Es lässt sie einfach kalt. So ist auch Kant auf den Marktplatz gerannt, um die Wissenschaft, Newton, vor Hume zu retten. Und ich meine, wenn wir denken, dass wir das Wissen retten können, so deshalb, weil wir der Menge nicht unähnlich sind, die sich über den tollen Menschen lustig macht: Es ist uns wirklich gleichgültig. Unsere Wissenschaft kann mühelos weitermachen, ohne sich um die Frage zu scheren, ob sie *Wissen* darstellt.

Das ist eine Möglichkeit, um zu sehen, wie hoch hinaus Kant mit seinem Wissensbegriff wollte. Wie sehr die Wissenschaft für ihn apriorisch sein musste, das heißt notwendig wahr. Wie erwähnt, eröffnet er die *Kritik* mit der Behauptung, dass die Antwort auf Hume – die Möglichkeit von Wissen – von der Beantwortung der Frage abhängt, wie synthetische Urteile a priori möglich sind. Aber natürlich ist ihm völlig bewusst, wie verfänglich diese Frage ist, weil alles andere als klar ist, *dass* synthetische Urteile a priori möglich sind. Normalerweise gelten synthetische Urteile, solche, die unsere Begriffe erweitern, die unser Wissen über die Welt vergrößern, als empirisch, nicht a priori. Und aus demselben Grund gelten apriorische Urteile, solche, die sicher und von Hume nicht betroffen sind, als analytisch, bloß begrifflich. Kants Behauptung, dass wir das Wissen verteidigen können, indem wir fragen, wie synthetische apriorische Urteile möglich sind – Urteile, die einerseits sicher sind und andererseits unser Wissen über Definitionen hinaus erweitern –, hängt von dem Nachweis ab, *dass* sie möglich sind. Die meisten Denker glaubten nicht, dass sie es sind … Also, wie zeigt man nun, dass sie möglich sind? Kant sagt: weil sie real sind. Es gibt sie, wir haben solche Urteile, und deshalb müssen sie möglich sein. Fein, sagt man nun, und *wo* haben wir sie? Und hier ist die Antwort knifflig, kniffliger, als normalerweise gewürdigt wird, glaube ich. Die meisten Leserinnen erinnern sich daran, dass es für Kant synthetische Urteile a priori in der Mathematik gibt – bekanntlich kann die Wahrheit von 5 + 7 = 12 nicht aus den Begriffen 5 oder 7 gelernt werden. Die Leute erinnern sich an dieses Beispiel fast so gut wie an Kants tägliche Spaziergänge in Königsberg. Und wenn Kritiker in der Philosophiegeschichte versucht haben, Kant zu schwächen, haben sie es mit der Behauptung versucht, dass die Mathematik nicht synthetisch ist, sondern analytisch, weil die Mathematik auf die Logik zurückzuführen ist.

Wir vergessen aber gern, und hier komme ich auf die Physikfrage zurück, dass für Kant die Mathematik für die Bereitstellung synthetischer Urteile a priori bei Weitem nicht ausreichte. Wenn er behauptet, dass synthetische Urteile a priori real sind und wir also nach dem Grund ihrer Möglichkeit fragen können, sagt er in Wirklichkeit: Sie sind real, weil wir sie in der Mathematik haben und weil wir sie in der Physik haben, in der reinen Physik, wie er das nannte.

Und tatsächlich sind Mathematik wie Physik gleichermaßen entscheidende, ich glaube, notwendige Beispiele. Einerseits hätte niemand zu Kants Zeiten bestritten, dass die Mathematik apriorisch, notwendig ist. Kant musste zeigen, dass sie sich im Gegensatz zum üblichen Vorurteil als synthetisch erweist – und unser Wissen über Begriffe hinaus erweitert. Und hier ist der Haken: Sie erweitert unser Wissen über Zahlen über deren Begrifflichkeit hinaus, aber es ist kaum offensichtlich, dass sie dadurch unser Wissen erweitert, wenn es Wissen *über die Welt* sein soll. Aus diesem Grund musste sich Kant in Wirklichkeit auf die Annahme stützen, dass wir über eine reine Physik verfügen, das heißt an der Physik das Gegenteil von dem zeigen, was er an der Mathematik gezeigt hatte: Jeder stimmt zu, dass die Physik synthetisch ist, dass sie unser Wissen über die Welt über Begriffe hinaus vergrößert. Er muss aber zeigen, dass sie in gewisser Hinsicht a priori ist. Woher nimmt er diese Behauptung?

Die Antwort lautet, dass er sie aus Newtons Physik nimmt, aber nicht nur das: Er bezieht sie aus dem Gedanken, dass sich die newtonsche Physik in gewissem Sinne als apriorisch erweisen lässt. Kant behauptete, dass er das in einem anderen Buch gezeigt hatte, nämlich in *Metaphysische Anfangsgründe der Naturwissenschaft*, das er 1786 veröffentlichte, nach der *Kritik*, aber er hatte die Argumentation der *Anfangsgründe* da bereits ausgearbeitet. Sein Anspruch in diesem Buch ist bemerkenswert. Er sagt: Gebt mir nur den Begriff der »Materie« als das »Bewegliche«, und ich benutze die Kategorien, um aus diesem Begriff Newtons drei Bewegungsgesetze zu konstruieren. Das würde uns zu einer »reinen Physik« verhelfen. Man würde nicht durch Francis Bacons Empirismus zur newtonschen Wissenschaft gelangen, wie Newton das impliziert, wenn ich mich nicht irre – und so Hume direkt in die Falle gehen –,sondern durch eine apriorische Deduktion.

Wenn es nun möglich gewesen wäre, zu zeigen, dass die Mathematik analytisch ist, hätte dies, wie viele zu Recht annehmen, Kants synthetisches A-priori untergraben. Aber das Programm, dies zu zeigen, ist gescheitert. Andererseits neigen wir dazu, die Tatsache zu ignorieren, dass, wie soll ich sagen, »wenn jemand gezeigt hätte«, dass die newtonsche Physik nicht rein, also nicht apriorisch ist, dies ebenfalls Kants Frage »Wie sind synthetische Urteile a priori möglich?« untergraben würde. Und »jemand« hat offensichtlich genau das gezeigt: Einsteins Relativitätstheorie tut es nämlich, ebenso wie die Quantenphysik.

KEHLMANN Die Widerlegung ist also eine empirische. Einstein entwickelt seine Relativitätstheorie ja nur, weil sich die Natur so verhält, wie es nicht unserem – also dem Kant-Newtonschen – Kategoriensystemen entspricht. Weil wir eine Lichtgeschwindigkeit messen, die immer die gleiche ist, unabhängig vom Inertialsystem, weil wir radioaktiven Zerfall sehen, der gänzlich akausal stattfindet. Wir wissen nicht, wann ein Teilchen zerfällt, und wir wissen es nicht nur nicht, sondern es zerfällt konkret ohne eine Ursache, die diesen Zerfall auslöst. Die Quantenphysik ist ja das große Unternehmen, auch diese Phänomene mathematisch zu erfassen – wenn die Kausalität versagt, muss wenigstens die Statistik herhalten. Und das funktioniert ganz gut. Die Mathematik hält sich also nicht schlecht, die Mathematisierung der Wirklichkeit ist weiterhin geleistet, die Mathematik behauptet sich auch gegenüber unserer versagenden Intuition. Was nicht geleistet ist, was sozusagen scheitert, ist das Konzept, dass unsere Vorstellung von Raum und Zeit und unsere Kategorien bestimmen, was überhaupt zu unserem Bewusstsein kommen kann. Es kommen sehr wohl Dinge zu unserem Bewusstsein, die akausal sind und die sich räumlich zum Beispiel in einer Weise bewegen, wie sie sich in einem rein newtonschen Raum nicht bewegen dürften. Also, es geschieht etwas, was wir auf den ersten Blick als Wunder sehen würden, und dann müssen wir die Wissenschaft adaptieren, damit hier eben kein Wunder geschieht.

BOEHM Wenn Kant sagt, dass etwas a priori ist, dann ist das wichtigste Merkmal seiner Apriorität seine Notwendigkeit oder Allgemeinheit. Zu sagen, dass Raum und Zeit, der euklidische Raum, der als euklidisch wahrgenommen wird, a priori ist, heißt, dass er notwendig ist. Es *kann* keine andere Möglichkeit geben, den Raum zu denken. Sobald die nichtnewtonsche Physik einer nichteuklidischen Geometrie entspricht und eine allgemeinere Beschreibung von Phänomenen bietet, ist das ein Skandal aus der Perspektive von Kants Behauptung, dass synthetische apriorische Urteile möglich sind, weil Newtons Wissenschaft *real* ist. Nun hast du gesagt, dass manche der Beobachtungen oder manche der Theorien und der entsprechenden Beobachtungen in gewisser Weise Wunder sind. Denn sie hätten unser Bewusstsein gar nicht erreichen dürfen …

KEHLMANN Ja, das habe ich gesagt. Ich überlege, ob die Formulierung akzeptabel ist, aber ich halte sie einstweilen aufrecht.

BOEHM Ja, okay, gut. Ich wollte nur sehen, dass ich dir nicht Worte in den Mund lege, weil ich tatsächlich denke, dass die Formulierung akzeptabel ist. Sie fängt die mannigfaltigen Fragen ein, die auf dem Tisch liegen. Eine ist: Können wir das, was wir erfahren, als *Wissenschaft* verteidigen? Eine andere ist: Wollte Kant sagen, dass wir gar nicht erst in der Lage hätten sein sollen, dies zu erfahren? Und ich glaube, wir können sagen – da es keine Wunder gibt, ficht bereits die Tatsache, dass wir solche Beobachtungen machen können und ja auch machen, Kants Position zur Wissenschaft und die Notwendigkeit, sozusagen, von Anschauungsformen und Kategorien an.

KEHLMANN Die Anschauungsformen und die Kategorien werden somit eigentlich zu Phänomenen der Psychologie, nicht wahr? Unsere vermeintliche Weltkenntnis a priori wird dann wieder zu unseren psychologischen Gegebenheiten, von denen wir nicht loskommen. Wir können uns den einsteinschen gekrümmten Raum, den wir exakt messen und berechnen können, ja auch weiterhin nicht ausmalen und vorstellen. Auch wenn wir es besser wissen, sind wir weiter in unsere Anschauungsform vom Raum eingesperrt. Es findet also eine Psychologisierung dessen statt, was Kant für das konstitutive A-priori hielt. Kann man das so sagen?

BOEHM Ich glaube, das ist in Bezug auf viele Aspekte absolut richtig, aber …

KEHLMANN Kants Analyse unseres Verstandesapparates beschreibt diesen ja korrekt. Was er aber nicht korrekt beschreibt, ist die Welt!

BOEHM Das ist die Gefahr – dass wir aus dem, was eine normative Notwendigkeit sein sollte, wie sozusagen die Struktur der Wissenschaft aussehen muss, eine faktische Beschreibung dessen ableiten, wie wir allem Anschein nach über sie denken müssen. Und ein Teil des Grundes, warum wir so gut damit leben können, ist einmal mehr, dass unser Begriff von Wissenschaft und Wissen nicht so ambitioniert ist wie der Kants – und wir keinen Grund sehen, warum er so ambitioniert sein sollte. Mit Einsteins Relativitätstheorie und der Quantenphysik und der nichteuklidischen Geometrie ist eingetreten, dass wir auf der einen Seite den kantischen Beweis widerlegt haben, dass die Wissenschaft apodiktisch sein muss, aber im gleichen Zug das Bedürfnis nach einem so starken Wissensbegriff überwunden haben. Es ist einfach niemand schockiert darüber, dass man die Relativitätstheorie nicht als apodiktisch beweisen kann, wie es Newtons Position angeblich sein musste.

KEHLMANN Einstein allerdings hat in diesem Punkt selbst noch kantianisch gedacht. Deswegen seine Opposition zur

Quantenphysik! Er hatte die kantischen Anschauungsformen vernichtet, aber er wollte die Kategorien in absoluter Gültigkeit behalten, vor allem die Kausalität.

BOEHM Ich denke, da hast du recht. Gott würfelt nicht. Die Vorstellung, dass man die Kategorien verletzen kann … Auf eine lustige Weise und womöglich etwas unsauber formuliert kann man also vielleicht sagen, Einstein attackierte …

KEHLMANN … die Anschauungsformen. Und die Quantenphysik attackiert die Kategorien!

BOEHM Genau.

KEHLMANN Einstein wollte die Kategorien behalten.

BOEHM Er war empört über den Gedanken, dass man sie aufgeben könnte. Und das ist eine sehr interessante …

KEHLMANN Kann man also sagen, dass die *Kritik der reinen Vernunft* somit im Vergleich mit den beiden anderen Kritiken überholt ist?

BOEHM Nein. Weil es immer noch die Teile gibt, die wir als die wichtigsten ausgezeichnet haben und die die traditionelle Metaphysik als eine dialektische Illusion angreifen. Diese Teile sind nicht überholt. Diese ganze Diskussion, ob Kants Verteidigung der Wissenschaft die moderne Wissenschaft überlebt, und die Behauptung, dass sie sie nicht wirklich überlebt, müssen in diesem Kontext eingeklammert werden: Die Verteidigung des Wissens ist nicht und war nicht der wichtigste Teil von Kant, der überdauern muss. Darüber hinaus wären die anderen Kritiken nicht möglich ohne die Zerstörung der traditionellen Metaphysik, die in der *Kritik der reinen Vernunft* erfolgt. Es gibt keine *Kritik der praktischen Vernunft*, wenn es keine *Kritik der reinen Vernunft* gibt, weil die Freiheit nicht wiedergewonnen wäre. Und es gäbe keine *Kritik der Urteilskraft* ohne die *Kritik der reinen Vernunft*, denn wenn die Metaphysik alten Stils auf die Natur angewendet wird, würde Kants Ansatz zur Erklärung von Schönheit und ästhetischen Urteilen gar nicht in Gang kommen.

Die Simulation der Welt

KEHLMANN Ich glaube, die fundamentale Frage, die Kant eigentlich an alle Theorien stellt – Kann das, worum es hier geht, überhaupt Inhalt möglicher Erfahrung werden? –, ist weiterhin sehr hilfreich. Ein Beispiel dafür ist eben dieses besonders bei Journalisten und Silicon-Valley-Leuten beliebte Gedankenspiel: Ist die Welt eine Simulation? Menschen ohne philosophische Schulung kann man damit leicht beeindrucken, sogar die *New York Times* hatte kürzlich ein aufsehenerregendes Editorial, das diese Frage gestellt hat. Das Argument geht ungefähr so: Es gibt wohl ungeheuer viele Zivilisationen im Weltall, einige davon werden hoch entwickelte Technologien besitzen, diese haben dann Computer, auf denen laufen Simulationen. Solche Simulationen werden irgendwann ganze Welten beinhalten. Da es von diesen viele gibt, und irgendwann in der Zukunft sogar enorm viele, aber nur einen »realen« Kosmos, ist es doch eigentlich viel wahrscheinlicher, dass wir in so einer Simulation sind. Auf den ersten Blick ein überzeugender Gedanke. Aber das Ganze ist ein Musterbeispiel für das, was Kant dogmatische Metaphysik nennt. Hier wird etwas behauptet, was nie Inhalt möglicher Erfahrung werden kann. Es ist schon möglich, dass die Welt eine Simulation ist, aber da es kein mögliches Experiment gibt, um diese Frage zu klären, hat die Hypothese keinerlei Erklärungskraft. Sie ist überschießende Vernunft. Wenn man die notwendigen

Grenzen, die Kant unseren metaphysischen Intuitionen setzt, aus den Augen verliert, landen wir bei irgendwelchen wolkigen Spinnereien, die den Anschein großer Überzeugungskraft haben mögen, aber eben keine Theorien sind, die diesen Namen verdienen. Das ist in jedem Zeitalter so. Jetzt ist eben gerade die Simulationshypothese in Mode.

BOEHM Diese Denkweise unterscheidet sich nicht sonderlich von älteren, bekannten Denkweisen wie etwa Leibniz' fensterlosen Monaden, von denen jede ihre eigene Perspektive zum Ausdruck bringt, oder Berkeleys Solipsismus oder sogar Spinoza, der unsere unabhängige Existenz leugnet ... Ich habe vorhin diesen Satz aus der ersten Vorrede der *Kritik der reinen Vernunft* zitiert, wie die Vernunft mit Fragen konfrontiert ist, die sie nicht beantworten kann – und trotzdem versucht sie es. Und das hat etwas mit dieser Art von Manöver zu tun, von dem du gesagt hast, dass es in jeder Generation vorkommt ...

KEHLMANN In immer neuen Formen!

BOEHM Ja. Kant hätte es nicht überrascht, dass solche endlos neuen Formen auftauchen. Er hätte vermutlich gesagt, dass dies an der tragischen Natur der Vernunft liegt, sie zu postulieren: Es ist wirklich ein notwendiges Merkmal der Vernunft, irgendeine Antwort zu erfinden. Und die Aufgabe der kritischen Philosophie besteht darin, diese Tendenz immer zu kritisieren, sich immer an die Bedeutung der Frage zu halten und nicht an die falschen Antworten. Die Antworten können die Frage nie canceln.

KEHLMANN Die richtige Antwort auf die Simulationshypothese ist ja nicht: »Was für ein Unsinn, die Welt kann keine Simulation sein!« Das könnte sie schließlich durchaus. Sondern die Antwort ist, dass die Frage metaphysisch unentscheidbar ist. Du hast jedes Recht, sie in einem verträumten Moment zu stellen. Aber du wirst nicht weiterkommen, als sie zu stellen, und daher bringt sie dich letztlich keinen Schritt weiter.

BOEHM Richtig. Je nachdem, von welcher Simulation wir sprechen, hätte Kant womöglich auch eine andere Antwort darauf gehabt, nämlich dass du dir deiner selbst nicht bewusst sein wirst, wenn die Welt nur eine Simulation ist. Dass die Möglichkeit von Bewusstsein Objektivität voraussetzt. Sie setzt eine Welt außerhalb von uns voraus, weil wir ein Bewusstsein unserer inneren geistigen Zustände nur im Verhältnis zu äußeren Dingen haben, und wenn du deren Existenz leugnest, wirst du kein Bewusstsein deiner eigenen Existenz haben können.

Der dritte Teil

Die grüne Brille

KEHLMANN Aber »äußeres Objekt« ist in diesem Zusammenhang auch wieder ein fragwürdiger Begriff. Ein Beispiel für eine sehr verbreitete Kant-Fehllektüre ist ja der berühmte Brief von Kleist, der das dokumentiert, was man dann in der Forschung seine Kant-Krise nennt: »Wenn alle Menschen statt der Augen grüne Gläser hätten, so würden sie urteilen müssen, die Gegenstände, welche sie dadurch erblicken, sind grün – und nie würden sie entscheiden können, ob ihr Auge ihnen die Dinge zeigt, wie sie sind, oder ob es nicht etwas zu ihnen hinzutut, was nicht ihnen, sondern dem Auge gehört. So ist es mit dem Verstande. Wir können nicht entscheiden, ob das, was wir Wahrheit nennen, wahrhaft Wahrheit ist, oder ob es uns nur so scheint.«[31] Das, so kann man sagen, ist eine produktive Fehlinterpretation, die in die gleiche Richtung führt, in die auch Schopenhauer geht, wenn er Kant zum Kronzeugen dafür nimmt, dass die Welt ein Traum ist und eine Täuschung und »Schleier der Maya«. Hier handelt es sich um eine Lesart, der Kant selber sicher nicht zugestimmt hätte. Ihm geht es ja gerade darum, die Realität der von uns erkannten Welt sowohl im Alltag als auch in der physikalischen Forschung profund zu begründen.

BOEHM Der Unterschied zwischen Traum und Erscheinung ist hier das Entscheidende. Ich glaube nicht, dass Schopenhauer fälschlicherweise denkt, die Welt sei für Kant nur ein Traum. Der erste Satz des Ersten Kapitels von *Die Welt als Wille und Vorstellung* lautet, wenn ich mich recht erinnere:

»Die Welt ist meine Vorstellung«, und Schopenhauer versucht im Folgenden, dieser Behauptung Genüge zu tun. Aber lass mich versuchen, am Anfang zu beginnen. Ich bin nicht ganz davon überzeugt, dass Kleists Analogie mit der grünen Brille *völlig* falsch ist. Sie wäre es, wenn man sie zu wörtlich nähme, und vielleicht hat er selbst das getan. Eines, was an ihr stimmt, ist, dass Kant die vollkommene Transparenz unserer Erkenntnisvermögen bestreitet. Das heißt, sie haben ihre eigenen Eigenschaften, ihre eigene Form, ja selbst – und hier geht Kant sogar über Kleists Brillengläser hinaus – ihre eigene *Tätigkeit*. Die Welt ist uns nie gegeben, das heißt, wie sie »an sich« ist. Er behauptet, dass die Welt zu kennen, wie sie an sich ist, ein inkohärenter Mythos ist. Jenseits dieser Linie bietet Kleist in der Tat eine Fehlinterpretation, eine Verwechslung von Erscheinung und Schein. Kants Behauptung war nicht, dass wir die Objektivität trotz der Tatsache aufrechterhalten können, dass unsere Erkenntnisvermögen aktiv tätig sind und unsere Erfahrung durch ihre eigene Form bestimmen; sondern dass die Objektivität ohne dieses Bild zusammenbrechen würde. Er versuchte zu zeigen – zu deduzieren, das heißt zu beweisen –, dass die Brillengläser das *konstituieren*, was wir als Objekte bezeichnen, und damit die objektive Realität, und dass sie folglich notwendige Bedingungen von Erfahrung sind. Wenn er damit recht hat, ist die Situation umgekehrt zu der, die Kleist so beunruhigte: Wir werden ohne die Brille nicht in der Lage sein, den Traum von der Realität zu unterscheiden, mithin den Traum von der Erscheinung. Die Brille ermöglicht es uns, dass unsere Erkenntnis nur Erscheinung ist und *dafür* objektiv konstituiert.

KEHLMANN Aber sehen wir uns doch noch einmal Kants Antwort auf Humes Herausforderung an. Die Sonne scheint auf einen Stein, *deswegen* wird dieser warm. Auch Kant räumt ein, dass das *Deswegen* ein Produkt unseres Verstandesapparates ist, die auf das sinnliche Material angewendete Kategorie der Kausalität, aber das macht es für ihn nicht zu einer Illusion. Im Gegenteil, diese Verstandesarbeit konstituiert überhaupt Welt. Es kann für ihn gar keine verlässliche, erkennbare Welt außerhalb dieser kategorialen Durchwirktheit geben. Die davon unabhängige Welt nennt er das Ding oder die Dinge an sich, manchmal verwendet er die Einzahl und manchmal die Mehrzahl …

Erkennen wir alle die gleiche Welt?

BOEHM Ich glaube, dass sich Schopenhauer, um auf ihn zurückzukommen, zu Recht darüber beklagte, dass Kant auch von »Dingen an sich« im Plural spricht. Das kann keine angemessene Ausdrucksweise für das sein, was jenseits von Raum und Zeit liegt. In Schopenhauers Augen konnten wir nur von »einem« Ding an sich sprechen, dem Willen, und selbst die Zahl Eins ist irreführend, denn wo numerische Unterscheidungen und Vielfachheit zusammenbrechen, wird es auch fraglich, »eins« zu denken. Als Nebengedanke, dasselbe gilt auch für Spinoza. Wir sagen oft, wie er im Übrigen selbst, dass es in seinem Monismus nur *eine* Substanz gibt. Das ist nicht ganz richtig, denn jede Zahl ist ein Problem, und Spinoza war sich dessen bewusst. Wie dem auch sei, in seinen frühen kritischen Tagen sprach Kant von Dingen an sich, und später begann er, von einem einzigen zu reden, das ab einem gewissen Punkt auch als »das Übersinnliche« auftaucht.

KEHLMANN Es gibt also sozusagen keine Welt, die nicht

immer schon geformt ist von uns, die nicht schon immer durchwirkt ist von den Formen unseres Erkenntnisapparates. Und dieser Erkenntnisapparat ist nicht einfach nur meiner oder deiner. Das ist ja das Wichtige. Das hat mir als Student übrigens immer Schwierigkeiten bereitet. Wieso haben wir eigentlich alle die gleiche Welt? Oder anders gesagt, wieso dürfen wir eigentlich sicher sein, dass wir alle die gleiche Welt haben? Die Antwort ist, dass es sich nach Kants Meinung eben nicht um zufällige Bedingtheiten unseres Erkenntnisapparates handelt, der so oder auch anders aufgebaut sein könnte. Nein, damit Erkenntnis zustande kommt, müssen es genau diese Verstandesformen sein. Und das wäre für Bewohner von Alpha Centauri oder für die Engel genauso wie für uns. Wenn wir überhaupt zur Erkenntnis fähig sind, haben wir alle die gleiche Welt. Oder verstehe ich das falsch?

BOEHM Das ist ein Punkt, der vielen Schwierigkeiten bereitet … Er ist aber zugleich eine der faszinierendsten Neuerungen von Kants Philosophie, die auch dann wichtig bleibt, wenn sein Versuch, mit ihr die Wissenschaft auf eine sichere Grundlage zu stellen, fehlschlägt. Die Grundstruktur von Kants Argumentation geht so: Erstens gibt es abstrakte Bedingungen, eine bestimmte Form von Erkenntnis, von der Kant gezeigt zu haben meint, dass sie notwendig ist, um die objektive Realität in Raum und Zeit zu bestimmen. Zweitens behauptet er, dass man sich seiner selbst nur bewusst werden kann, indem man diese Struktur anwendet – und damit objektive Erfahrung konstituiert. So kannst du beispielsweise deine eigene Identität nicht zeitlich bestimmen – dir deiner eigenen Existenz nicht bewusst sein –, wenn du das nicht in Bezug auf eine objektive Realität tust. Das Dritte ist die Annahme, dass du dir selbst bewusst *bist*. Aus der Tatsache deines Selbstbewusstseins würde folgen, dass die Welt nicht bloß subjektiv ist – sie ist nicht nur meine oder deine –, sondern mit anderen selbstbewussten Lebewesen geteilt wird, weil diese die Welt durch dieselben Kategorien konstituieren, die auch die Erfahrung konstituieren. Alle bewussten Wesen, die eine Welt mit dir teilen, verfügen über dieselbe Erfahrungsstruktur. Was in diesem Sinne universell ist.

KEHLMANN Kann man sagen, in dieser Hinsicht ist Kant Cartesianer? Alles Wissen beginnt mit dem »Ich denke«?

BOEHM Man sieht an dieser Argumentation Kants ambivalentes Verhältnis zu Descartes. Er glaubt, dass Descartes etwas Grundlegendes richtig gesehen hat, und er arbeitet diesen Punkt aus – die Philosophie des Selbst, die Idee, dass alle Erkenntnis mit dem »Ich« beginnt, welches alle Erkenntnis nicht nur begleitet, sondern begründet. So weit ist er zutiefst cartesianisch, und Kant weiß, was er Descartes schuldet. Auf der anderen Seite ist es genau aufgrund dieser Übereinstimmung so wichtig, dass Kant denkt, Descartes habe einige Dinge über das Verhältnis des Selbst zur Erkenntnis grundsätzlich falsch verstanden. Für unser gegenwärtiges Interesse ist das die Annahme, das Selbst sei, weil es ein Ursprung ist, unabhängig. Das heißt, es steht an erster Stelle bei der Bestimmung der Realität, auch ohne eine objektive Welt, die geteilt wird. Descartes beginnt ja nicht mit dem Selbst, sondern mit dem radikalen Zweifel, der die ganze Welt auslöscht. »Indessen, ich habe mich überredet, daß es schlechterdings nichts in der Welt gibt: keinen Himmel, keine Erde, keine Geister, keine Körper, also doch auch wohl mich selbst nicht?«[32] Und er postuliert das berühmte Cogito im Verhältnis zu diesem Nichts, sein eigenes Bewusstsein als den Ursprung der Erkenntnis: »Ich denke, also bin ich«,[33] als archimedischen Punkt, der feststeht, auch wenn die ganze Welt verschwunden ist. Diesem cartesischen Zug ist Kants Philosophie des Selbst fundamental entgegengesetzt. Seine über Descartes hinausgehende Einsicht lautet, dass das bewusste »Ich« der Ursprung der Erkenntnis ist, dies aber nur sein kann, weil das Bewusstsein selbst wiederum nur möglich im Verhältnis zu einer objektiven Realität ist, die geteilt werden kann. Das erinnert mich an etwas, was Arendt in *Vom Leben des Geistes* über Descartes sagt:

Descartes kam »nie auf den Gedanken [...], daß keine cogitatio und kein cogito me cogitare, kein Bewußtsein eines handelnden Selbst, das allen Glauben an die Wirklichkeit seiner intentionalen Gegenstände ausgesetzt hatte, ihn jemals von seiner eigenen Wirklichkeit hätte überzeugen können, wäre er tatsächlich in einer Wüste geboren, ohne Körper und dessen Sinne, um ›materielle‹ Gegenstände wahrzunehmen, und ohne Mitmenschen, die ihm bestätigten, daß sie das, was er wahrnahm, auch wahrnahmen. Die Cartesische res cogitans, dieses körperlose, sinnenlose und einsame fiktive Wesen, wüßte nicht einmal, daß es so etwas wie die Wirklichkeit und eine mögliche Unterscheidung zwischen dem Wirklichen und dem Unwirklichen gibt, zwischen der gemeinsamen Welt des Lebens im Wachen und der privaten Nichtwelt unserer Träume.«[34]

Hier wie an anderen Stellen bringt Arendt die kantische Intuition auf den Punkt: das Argument, warum das eigene Selbstbewusstsein und die Objektivität ineinandergreifen, und die Tatsache, dass dies schnell auch eine geteilte Welt nach sich zieht. Die Philosophie des Selbst wird im Handumdrehen zur öffentlichen Philosophie – und wie du siehst, wird damit das andere Thema der Aufklärung eingeführt –, im Gegensatz zur Privatheit, die in ihrer Begrenztheit zu einem bloßen Traum wird.

KEHLMANN Kleinkinder zum Beispiel leben in einem solchen Traum. Der Schweizer Entwicklungspsychologe und Kantianer Jean Piaget hat in einer Reihe berühmter Experimente erforscht, wann diese kategoriale Durchwirktheit der Wirklichkeit bei Kindern einsetzt. Manche strengen Kantianer fanden seinen Ansatz schon wieder zu empirisch, aber es ist etwas dran: Ein kleines Baby hat zum Beispiel keine Objektkonstanz, es nimmt im Grunde noch keine Gegenstände wahr. Weil Gegenständlichkeit eben eine Leistung unseres Erkenntnisvermögens ist.

BOEHM Ehrlich gesagt missfällt es mir oft, wenn sich Kognitionspsychologen auf Kant berufen, Piaget jedoch war immer eine bemerkenswerte Ausnahme. Er schafft es, mit empirischer Psychologie transzendentale Fragen zu stellen. Es ist bezeichnend, dass er kognitive Entwicklungspsychologie betreibt: Kants Punkt ist ja, dass Erfahrung und Selbstbewusstsein Hand in Hand gehen und nur durch die Kategorien möglich sind. Bei Kindern, vor allem sehr kleinen, ist es sehr gut möglich, dass sie Objekte noch nicht in der Erfahrung bestimmen können – und aus demselben Grund auch noch nicht völlig selbstbewusst sind. Der Unterschied zwischen einer Traumwelt und der Realität ist noch nicht voll ausgebildet. Auch teilen Kinder im ganz jungen Alter noch keine Welt mit uns, sie leben in ihrer Privatwelt.

Wenn wir von Kindern sprechen, berühren wir übrigens wahrscheinlich den zentralen Aspekt, der für viele am kantischen Universalismus so anstößig ist. Einerseits begründet Kants Gedanke, dass Bewusstsein und Objektivität wechselseitig voneinander abhängen, einen Universalismus, der alle einzubeziehen scheint. Alle bewussten Wesen, die eine Welt mit uns teilen, besitzen dieselbe Erfahrungsstruktur. Die Welt wird ipso facto von *allen* geteilt. Andererseits müssen wir feststellen, dass dieses »alle« ausgrenzend und eurozentrisch sein kann. Die Formen der objektiven Erkenntnisbedingungen, die Kant beschrieben hat, sind die Formen der Wissenschaft – das mathematisch-mechanistische *Naturmodell des Westens.* Das Kriterium für die allgemeine Erfahrung einer geteilten Welt wird also im grundlegendsten Sinne von der westlichen Wissenschaft bestimmt – und diejenigen, die deren Kategorien nicht teilen, sind nach dieser Argumentation weniger oder gar nicht *bewusst.* Subjekte aus anderen Kulturen und vielleicht sogar andere Kulturen insgesamt sind bestenfalls wie Kleinkinder … Und ihre Mythen, Religionen und Lebensweisen sind Ausdruck jener halb bewussten, illusorischen Welt der Träume … statt der westlichen »Erfahrung«. Der Westen scheint bestenfalls als Vorbild eines reiferen menschlichen Bewusstseins privilegiert zu sein, das die Welt bestimmt und die Natur beherrscht. Schlimmstenfalls schließt er diejenigen, die an anderen Erfahrungsweisen teilhaben, als Subjekte aus, die weniger als menschlich sind. Hier treffen die Fragen nach dem Eurozentrismus des Universalismus, seiner Ausgrenzung, ja sogar seinem Kolonialismus und seiner Suprematie ins Schwarze. Viel ernsthafter und interessanter als diese oder jene rassistische Aussage von Kant.

KEHLMANN Jetzt berühren wir etwas sehr Interessantes. Denn der Vorwurf des Rassismus an Kant ist ja nicht bloß einer an den außerhalb seiner Philosophie existierenden Privatmann. Es ist auch ein Vorwurf an seine Philosophie, in der eben schon eine eurozentrische, den Kolonialismus implizit rechtfertigende Struktur eingebettet sei. Wenn ich dich richtig verstehe, würdest du diesen Vorwurf nicht für völlig deplatziert halten.

BOEHM Nicht für völlig deplatziert, nein. Schau, um zu wissen, dass es Kolonialismus gibt, muss man nicht die postkoloniale Theorie vertreten. Mehr noch: Selbst um zu verstehen, dass unser Denken von kolonialistischen Annahmen entkolonialisiert werden muss, muss man nicht unbedingt die postkoloniale Theorie vertreten. Die Frage ist, ob man denkt, dass die Vernunft selbst die Entkolonialisierung durchführen kann, weil ihr das koloniale Denken widerspricht, ob nun unmittelbar oder durch eine Dialektik, die die Vernunft selbst aufzuzeigen vermag. Oder ob man annimmt, dass die Vernunft selbst dasjenige ist, von dem wir uns befreien müssen, wenn wir unser Denken entkolonialisieren … Wenn man Ersteres vertritt, ist man eine kantianische Universalistin. Im zweiten Falle eine Vertreterin des Postkolonialismus.

Das stärkste Argument gegen Kant, das ich mir vorstellen kann, wäre, auf einem Zusammenhang zwischen den angeblich vollkommen universellen apriorischen Kategorien des Denkens – die all jene mit einer Form von Erfahrung, die der westlichen Wissenschaft nicht entspricht, von der Anerkennung als menschliche Subjekte ausschließen – und seinen rassistischen Äußerungen zu bestehen. Soweit der Mensch ein wissendes Wesen ist und die Wissenschaft oder die Erkenntnistheorie definiert, was Aufklärung ist, könnte dieser Zusammenhang anscheinend bestehen. Das bringt uns aber zu etwas zurück, was du vorhin über die Bewohner von Alpha Centauri gesagt hast. Du hast gesagt, dass sie über dieselben Kategorien verfügen müssten wie wir, und ich denke, dass das nicht ganz stimmt. Tatsächlich war es für Kant womöglich vorstellbar, dass andere Lebensformen andere Formen von Erkenntnis aufweisen könnten. Raum und Zeit sind Formen, in denen *wir* die Welt notwendigerweise wahrnehmen. Die Kategorien, die Kausalität etwa, sind apriorische Modi, in denen *wir* unsere Erfahrung strukturieren. Sie sind notwendig, sie müssen aber nicht als *notwendigerweise* notwendig verstanden werden. In diesem Sinne weist Kant das logische Axiom zurück, dem zufolge etwas, das notwendig ist, auch notwendigerweise notwendig ist, und das ist hier wichtig. Die Formen unserer Erfahrung sind notwendig nur *angesichts unserer* Erkenntnisstruktur, und das schafft Raum für den Gedanken, dass andere Formen von Erkenntnis und Bewusstsein existieren können. Auf der einen Seite ist es wahr und entscheidend: Wesen, die nicht dieselbe Erfahrungsstruktur haben wie wir, teilen keine Welt mit uns. Soweit das der Fall ist, kann die Frage, ob sie existieren oder nicht, für uns kaum eine Bedeutung haben. Man kann auf dieser Grundlage einen ganzen Katalog von postkolonialen Lehrbuchfragen durchgehen – und das wäre legitim und sogar bis zu einem gewissen Punkt fruchtbar. Aber treffender, meine ich, und fruchtbarer ist die Einsicht, dass die Existenz anderer Strukturen der Erfahrung für Kant eigentlich keinen inhärenten logischen Widerspruch darstellt. Aus der Einsicht, dass die Kategorien nicht notwendigerweise notwendig sind, folgt, dass sie sozusagen nicht universal universell sind. Sie ist ein erster Schritt, ein Sprung sogar, der die Möglichkeit dessen eröffnet, was mit Foucault als »historisches A priori« bekannt geworden ist. Gemeint ist der Gedanke: Selbst wenn die Bedingungen des Denkens für uns notwendig sind und wir nicht ohne sie oder außerhalb ihrer denken können, sind sie ihrerseits historisch kontingent. Sie hätten anders ausfallen können. Also können andere Bewusstseinsformen existieren und eine Welt mit uns teilen. Diese Öffnung hat für Kant einen Preis, aber offen gesagt einen Preis, den er meines Erachtens zahlen sollte und sich mühelos leisten kann. Sie zeigt, dass seine Analyse des Selbstbewusstseins überhaupt nicht ausgrenzend sein muss, sondern über die Mittel verfügt, seine eigenen Mittel, um den Universalismus über jede kolonialistische Begrenzung hinaus zu öffnen.

KEHLMANN Kannst du das etwas genauer erklären? Und

noch mal zu den Bewohnern von Alpha Centauri – wenn ihre Kategorien nicht ganz unsere sind, wie können wir uns dann mit ihnen verständigen? Oder besteht die Möglichkeit, dass wir das nicht können? Und wenn dem so ist, wäre das nicht wiederum ein moralisches Problem? Wäre es nicht eine moralische Forderung, dass wir uns mit allen denkenden autonomen Wesen des Kosmos verständigen können?

BOEHM Wenn ich sage, diese Öffnung hat ihren Preis, meine ich: Man wird die Idee der apodiktischen Wissenschaft opfern müssen, denn wenn sich die Kategorien ändern können, dann wird auch die Wissenschaft nicht absolut sicher sein. Der Mensch Kant wäre wahrscheinlich entrüstet gewesen, aber ich glaube nicht, dass dieser Gedanke einen schweren Angriff auf seine Philosophie darstellt, wenn man bedenkt, dass die newtonsche Wissenschaft ja schon längst infrage gestellt worden ist. Was Alpha Centauri betrifft, so habe ich die Frage seiner Bewohner als Parallele zur kolonialen Frage herangezogen, weil es die Frage nach Wesen ist, die womöglich im starken Sinne des Wortes nicht »wie wir« sind, wohl wie den Europäern die Bewohner für sie neuer Kontinente, neuer Welten erschienen sind. Jedes Lebewesen mit einer völlig anderen Reihe von Kategorien würde einfach keine Welt mit uns teilen. Das ist nicht logisch unmöglich, aber dass wir uns solche Lebewesen nicht einmal ansatzweise vorstellen können, hat wesentlich mit der Tatsache zu tun, dass sich die Frage um Alpha Centauri dreht. Sie bevölkern also schon einen Ort, wir verorten sie von vornherein bereits in der Welt … Deine zweite Frage berührt genau genommen den nächsten Teil der Antwort in Kants Universalismus: Wohl mögen die Kategorien nicht notwendigerweise notwendig sein und das Subjekt der Erkenntnis deshalb nicht ganz universell und somit ausgrenzend, aber dies ist ohnedies nicht der »Sitz« des kantischen

Universalismus. *Freiheit* ist die Grundlage des Universalismus, nicht Erkenntnis. Und das Subjekt des kategorischen Imperativs, nicht das wissende Subjekt, ist das Selbst, das das Subjekt von Würde ist und dem Achtung gebührt. Kant würde behaupten, dass jedes freie Wesen, ohne Rücksicht auf Kategorien, an den kategorischen Imperativ gebunden ist – und der *ist* notwendigerweise notwendig. Das gilt, um es unverblümt zu sagen, für die Bewohner von Alpha Centauri, wie es damals für die neu entdeckten Welten in Amerika und Afrika galt.

Ist das Selbst eine Illusion?

KEHLMANN Aber was eigentlich ist das Selbst bei Kant? Das ist ja gar nicht so einfach. Einerseits nennt er das Konzept der Seele eine regulative Idee, aber das ist nur die eine Seite. Denn es gibt doch auch diese Entität, die er mit dem nicht gerade einfachen Namen *ursprüngliche synthetische Einheit der transzendentalen Apperzeption* bezeichnet. Und damit meint er, wenn ich es richtig verstehe: Das Selbst, dessen wir uns wirklich bewusst sind, ist eigentlich eines, das eben nur beschrieben ist als die Klammer, die die Erfahrungen, die ich mache, zu *meinen* Erfahrungen zusammenfasst. Es handelt sich also um einen Zirkel: Mein Selbst ist das, was meine Erfahrungen macht, und ich bin ich, weil ich dieses Selbst bin. Es gibt also für Kant hier einen Kern der Leere: Der Begriff des Selbst ist keine Illusion, aber er ist leer. Wenn ich nicht Angst davor hätte, dass du aufschreist, würde ich das Wort »buddhistisch« verwenden.
BOEHM Ich würde Kant nicht mit einer buddhistischen Auf-

fassung des Selbst in Verbindung bringen, weil das Selbst existiert, auch wenn es nicht erkannt werden kann, und seine Existenz ist das Entscheidende. Mehr noch, es ist ein wollendes Selbst – wenngleich es zutrifft, dass wir durch unser Wollen unser begehrendes Selbst überwinden. Wie so oft ist es auch hier hilfreich, Kant mit Spinoza zu vergleichen, der einer buddhistischen Philosophie darin näher kommt, dass er bereits die Existenz des Selbst bestreitet. Wir sind für Spinoza nur Modi, die Gott inhärent sind, unsere Existenz als numerisch unterschiedene, mit sich selbst identische Wesen hingegen spricht er uns ab. Und da das Selbst aus dem Bild verschwindet, kann man bei Spinoza auch wunderbar nachvollziehen, was es bedeutet, wenn man sich nicht für das Bewusstsein und das Selbstbewusstsein als philosophisches Problem interessiert – geschweige denn als Grundlage der Philosophie. Ich nehme an, dass Spinoza einer gewissen buddhistischen Philosophie näher käme, wie sie jemand wie Schopenhauer verstand. Kant steht auf der anderen Seite von Spinozas Dekonstruktion des Selbst. Vielleicht lässt sich das am besten im Vergleich zu Descartes einsehen. Hegel sagte einmal, Spinoza sei »cartesianischer als Descartes«, was nur zum Teil stimmt. Spinoza und Descartes sind nämlich auch legitime Gegenpole: Spinoza beginnt mit dem Gott, Descartes mit dem »Ich«, Spinoza mit dem Unendlichen, Descartes mit dem Endlichen. Spinoza mit der geometrischen Methode von Axiomen und Definitionen, Descartes mit der Methode des *Zweifels*. Diese Spiegelbildlichkeit entsteht durch die Rolle, die das Bewusstsein und das Selbst in ihrer jeweiligen Philosophie einnehmen – und Kant steht in dieser Frage fast völlig auf Descartes' Seite gegen Spinoza. Erkenntnis gründet sich auf ein irreduzibles Ich-Denken. Alle Erfahrung ist meine Erfahrung. Alles Wissen gründet sich auf das Selbst.

KEHLMANN Aber es ist ein leeres Selbst.

BOEHM Ich würde es nicht leer nennen. Ich wollte auf dieses Moment der »Leere« hinaus, als ich sagte, dass Kant *fast* völlig mit Descartes übereinstimmt. Denn ähnlich wie Spinoza lehnte auch Kant die Idee ab, dass sich das Selbst als eine Substanz denken ließe – etwas, das für Descartes so entscheidend war, wie es für Kant entscheidend war, es zu bestreiten. Aber obwohl das Selbst keine Substanz ist, und auf eine Art gerade weil es keine ist, ist es nicht leer und ist seine Existenz keine Illusion. Weil es nicht als Objekt erkannt werden kann, kann es als frei und aktiv gedacht werden … Es ist das Subjekt der Würde … Der Schein spielt eine wichtige Rolle in Kants Rede vom Selbst: Er sagt, dass unsere Annahme, das Selbst sei eine Substanz und wir könnten uns sozusagen unmittelbar als unser Selbst erkennen, eine Illusion ist – er bezeichnet dies als transzendentalen Schein. Du kannst dich nicht *als* ein Selbst erkennen, und der Grund ist der von dir genannte: Da das Selbst die Bedingung der Bestimmung von Erkenntnis ist, ist es immer als das Subjekt oder der Grund der Erkenntnis vorausgesetzt und kann nicht zu seinem eigenen Objekt werden. Wie ein Auge, das andere ansehen kann, nicht aber unmittelbar sich selbst; oder wie Wittgenstein es formuliert hat: »Das Subjekt gehört nicht zur Welt, sondern es ist eine Grenze der Welt.«[35] Folglich wirst du dir durch die Akte des Erkennens der Welt bewusst, *dass* du bist, aber du bestimmst dieses Subjekt, das »selbsttätige Wesen«, welches als Grund der Erkenntnis dient, nicht als Objekt, das erkannt wird.

Der Bezugsrahmen ist auch hier Descartes – sein Cogito, der Gedanke, dass das »ich denke, also bin ich« ein Anfang der Erkenntnis ist, der durch die radikalste Form von Zweifel begründet wird. Nach einer verbreiteten Lesart, die Kant teilte, nimmt Descartes an, das Cogito sei gewiss, weil wir einen »privilegierten Zugang« zu ihm haben – vermeintlich kennt er sein eigenes Selbst unmittelbar, weil das Selbst oder der Geist ja gerade das Erkenntnisvermögen ist. Ich persönlich glaube nicht, dass Descartes diese naive Auffassung wirklich vertrat, aber das tut jetzt nichts zur Sache. Hume hat diese Idee bereits völlig zerstört, als er Descartes' Cogito mit dem Hinweis angriff: »Ich meines Teils kann, wenn ich mir das, was ich als ›mich‹ bezeichne, so unmittelbar als irgend möglich vergegenwärtige, nicht umhin, jedesmal über die eine oder die andere bestimmte Perzeption zu stolpern, die Perzeption der Wärme oder Kälte, des Lichtes oder Schattens, der Liebe oder des Hasses, der Lust oder Unlust. Niemals treffe ich *mich* ohne eine Perzeption an und niemals kann ich etwas anderes beobachten als eine Perzeption.«[36] Das heißt, ich kenne mich selbst nie unmittelbar, nur vermittelt über das Bewusstsein einer Wahrnehmung oder eines Gedankens. Wenn man sich selbst nicht unmittelbar erkennen kann und die Erkenntnis des Selbst immer einer *äußeren* Wahrnehmung gleicht, sagen wir des Körpers, dann überlebt das Cogito den Zweifel nicht. Kant hat sich diese humesche Beobachtung auf seine Weise angeeignet. Er stimmt zu, dass es keinen »privilegierten Zugang«, kein unmittelbares Wissen von meinem eigenen Geist gibt. Ich bin mir meiner Existenz immer durch das Erkennen bewusst, durch das Bewusstsein, *dass* ich erkenne, »und ich habe also demnach keine *Erkenntnis* von mir *wie ich bin*, sondern bloß, wie ich mir selbst *erscheine*«.[37] Andererseits zeigt die Tatsache, dass ich überhaupt ein Bewusstsein habe, dass das Selbst keine bloße Fiktion oder Illusion ist – so wenig wie die Welt eine Fiktion oder Illusion ist. Mein Selbstbewusstsein – dass ich überhaupt Erfahrungen habe – ist nur möglich, weil das Selbst, das selbst unerkennbar ist, gültige Bestimmungen der Wirklichkeit vornimmt, indem es Kategorien wie die der Kausalität anwendet … Wer sagt, dass man nicht zwei Fliegen mit einer Klappe schlagen kann? Kant hat es in diesem Fall zweifellos versucht: um sowohl Descartes' Gedanken, dass das Selbst eine Substanz ist, als auch den Gedanken, dass es leer ist, zu untergraben. Und es gibt sogar noch einen dritten Quasi-Bonus: Da das Selbst kein Ding in der Welt sein kann, kann es auch nie wissenschaftlich korrekt sein, Menschen als Gegenstände empirischer Forschung zu studieren. Das reduziert sie auf Nicht-Menschen, Nicht-Subjekte. In diesem Punkt gleicht er den postkolonialen Denkern, nur ist er radikaler – das heißt universeller. Die Postkolonialisten beklagen sich oft, dass etwa die europäische Anthropologie nichteuropäische Kulturen und Subjekte als Teil ihrer natürlichen Landschaft versteht. Als natürliche Studienobjekte. Doch genau das, würde Kant denken, ist es, was empirische Untersuchungen über den Menschen ohnehin tun – mit Europäern, mit Nichteuropäern, mit Weißen wie mit Schwarzen.

KEHLMANN Sie analysieren Menschen unter anderen Aspekten, aber nicht als Menschen?

BOEHM Empirische Humanwissenschaften des menschlichen *Verhaltens* reduzieren dieses zwangsläufig auf etwas, das die menschliche Dimension verzerrt, denn sie ist mit Freiheit verbunden, mit dem handelnden Subjekt – nicht mit dem Subjekt, das mittels der Kategorie der Kausalität untersucht werden kann. Es besteht eine Spannung zwischen der Fähigkeit der Wissenschaft, Voraussagen zu treffen, und der menschlichen Freiheit. Kant begreift: Weil die Erkenntnis vom menschlichen Bewusstsein abhängt, kann das menschliche Bewusstsein nicht selbst zum Erkenntnisgegenstand werden. Daraus folgt, dass es keine empirische Wissenschaft menschlicher Subjekte geben kann.

KEHLMANN Heißt das auch, dass wir nie mit Gewissheit

voraussagen können, wie ein Mensch handeln wird? Oder heißt es, selbst wenn wir es voraussagen könnten, würde das seine Freiheit nicht berühren?

BOEHM Ersteres. Man wird nie wissen können, wie jemand handeln wird. Wenn Kant recht hat, kann man bestenfalls sagen, wie er handeln *sollte* … Und wenn man voraussagen könnte, wie jemand handeln wird, würde es das Sollen tatsächlich beseitigen. Denn ein Sollen gibt es nur unter der Bedingung der Freiheit.

KEHLMANN Die Behauptung, dass Menschen vollkommen determiniert sind, kommt ja immer selbst als eine Art Prognose künftiger wissenschaftlicher Entwicklungen daher. Es wird immer gesagt, natürlich ist das jetzt noch nicht möglich, aber rein theoretisch: Wenn wir irgendwann das Gehirn so scannen können, dass wir die Lage jeder Nervenzelle darin sehen und alle Interaktionen der Moleküle verfolgen können, dann wissen wir auch, wie dieser Mensch handeln wird. Das klingt überzeugend, und man muss genau hinsehen, um zu bemerken, dass es sich hier eben nicht um Empirie handelt, sondern nur um die Prognose eines künftigen Experiments, das wir vermutlich nie werden durchführen können. Im Augenblick, und bis auf Weiteres, wissen wir eben nicht, oder jedenfalls nicht mit Sicherheit, wie jemand handeln wird.

BOEHM Kant würde darüber hinausgehen. Er würde behaupten, dass die Vorstellung, diese Prognose könnte sich eines Tages erfüllen, inkohärent ist. Aus einem doppelten Grund. Erstens setzt die von dir gebrauchte Formulierung »alle Interaktionen« nicht nur irgendwelche internen Prozesse im Gehirn voraus, sondern eine Interaktion meines Erkenntnisapparats mit der äußeren Welt. Was wiederum erfordert, dass nicht nur alle Kausalbeziehungen *im Gehirn* analysiert werden müssten, sondern auch die externen Ursachen, die auf das Gehirn einwirken. Der Punkt ist nicht, dass dies den Umfang der Analyse, die man vornehmen müsste, vergrößern würde, sondern dass dies das Verfahren auf eine unendliche Analyse hin öffnen würde. Und eine unendliche Analyse hat nun einmal die Eigenschaft, unendlich zu sein – sie kann nie abgeschlossen werden.

KEHLMANN Die klassische Antwort der rationalen Theologie wäre aber: Doch, Gott könnte die infinite Reihe vollenden, also ist sie als vollendet denkbar, wenn auch nur als vollendet im Geist Gottes.

BOEHM Diese Art Antwort pflegte man seinerzeit auf Leibniz' Verteidigung der Freiheit zu geben. Leibniz behauptete: Die Freiheit ist notwendig, jeder Akt hätte auch anders ausfallen können, denn der Beweis, dass sein Zustandekommen ein notwendiges war, müsste unendlich viele Schritte umfassen – und solch ein unendlicher Beweis kann natürlich nie erbracht werden. Das wurde genau in der Art angezweifelt, wie du gerade gesagt hast: Vielleicht können wir den Beweis nicht abschließen, aber Gott kann es, also gibt es doch keine Freiheit. Darauf entgegnete Leibniz: Der Grund, warum ein unendlicher Beweis nie abgeschlossen werden kann, ist nicht, dass wir keinen unendlichen Geist haben oder nicht unendlich viel Zeit, um den Beweis zu Ende zu führen. Der Grund ist vielmehr, dass die bloße Idee eines abgeschlossenen unendlichen Regresses selbstwidersprüchlich ist. Es ist so, als wollte man die größte Zahl nennen – auch Gott kann das nicht, weil es so etwas nicht gibt. Diese Position wird in Kants dritter Antinomie eingenommen. Das Unendliche kann nicht beendet werden. Das ist sozusagen das erste Argument gegen die Möglichkeit der wissenschaftlichen Erkenntnis, wie jemand handeln würde.

Das zweite Argument lautet folgendermaßen: Da wir Erkenntnis durch den bewussten, aus der Ich-Perspektive vollzogenen *Akt* der Anwendung der Kategorien durch das Selbst bestimmen, untergräbt die Vorstellung, dieses Subjekt sei seinerseits auf eine blind determinierte Kausalkette reduziert – auch das Denken sei nur ein Objekt oder Ereignis in der determinierten Welt –, selbst die Autorität der Wissenschaft. Wenn die Wissenschaft selbst nur möglich ist, weil die Kategorien gültig sind und ihre Gültigkeit durch die Tatsache begründet ist, dass Bewusstsein nur durch den freien Akt ihrer Anwendung möglich ist, dann würde es automatisch die Autorität der Wissenschaft unterhöhlen, wenn man dieses Bewusstsein auf ein blind deterministisches Ereignis reduzieren wollte. Was wir zu sehen bekämen, wenn die Menschheit restlos wissenschaftlich reduziert wäre, wäre *kein* irgendwie ultrawissenschaftliches Bild, sondern Nietzsche – also genau das Gegenteil von jeder Achtung vor Vernunft und Wissenschaft.

KEHLMANN Er ist wirklich Kants Antipode. Der Anti-Kant.

BOEHM Der Antichrist als Anti-Kant … Aber ja, die Frage ist: Nietzsche oder Kant. Klingt das zu simpel? Kant dachte – ich habe das schon zitiert –, die Frage sei: entweder Spinoza oder er. Obwohl das umstritten ist, denke ich, wenn er es sagt, kann man ihn beim Wort nehmen, denn er sagte das nicht nur so, sondern brachte auch ein Argument, warum das der Fall sei. Auch sind sich Nietzsche und Spinoza ähnlicher, als es scheinen mag. Ich würde behaupten, dass aus heutiger Sicht Nietzsche, nicht Spinoza, der konsequenteste naturalistische Philosoph nach Darwin ist – das heißt, um zum Thema zurückzukehren, nach der versuchten Reduktion des menschlichen Denkens selbst auf blinde Kausalität. Es ist die Kombination der Betrachtung des unendlichen Universums mit dem Gedanken unserer Entstehung in irgendeinem beliebigen Winkel desselben, die zur Reduktion des Menschen auf ein Tier führt – also zu der Behauptung, dass wir nicht normativ, sondern kausal mit unserer Umwelt interagieren. Und dieses Bild führt nicht nur zu einer »Dekonstruktion« der Ethik; es führt auch zu einer Dekonstruktion der Erkenntnistheorie, denn die Erkenntnistheorie erfordert Wahrheit als einen starken normativen Begriff – nicht als eine blinde Erfindung. Aus der Reduktion des denkenden Subjekts auf ein Tier geht jenes Bild Nietzsches hervor, dessen Anfang wir schon gelesen haben: »In irgend einem abgelegenen Winkel des in zahllosen Sonnensystemen flimmernd ausgegossenen Weltalls gab es einmal ein Gestirn, auf dem kluge Tiere das Erkennen erfanden.«[38] Nietzsche hat recht damit, dass ›das Erkennen‹ dieses naturalistische darwinsche Bild nicht überleben kann, und kommt zu dem Schluss: »Was ist also Wahrheit? Ein bewegliches Heer von Metaphern, Metonymien, Anthropomorphismen, kurz eine Summe von menschlichen Relationen, die, poetisch und rhetorisch gesteigert, übertragen, geschmückt wurden, und die nach langem Gebrauche einem Volke fest, kanonisch und verbindlich dünken: die Wahrheiten sind Illusionen, von denen man vergessen hat, daß sie welche sind, Metaphern, die abgenutzt und sinnlich kraftlos geworden sind, Münzen, die ihr Bild verloren haben und nun als Metall, nicht mehr als Münzen in Betracht kommen.«[39] Das ist ein ziemlich treffendes Bild von der Autorität der Wahrheit und der Möglichkeit von Wissenschaft, wenn alles einschließlich des Denkens selbst auf die Natur reduziert und wissenschaftlich erklärt worden ist – die naturalistische Erklärung ist selbst zu einer Illusion geworden.

KEHLMANN Argumentierst du hier bewusst anachronistisch? Ich meine, hat Kant die Nietzsche-Position bereits als mögliche Gegenhaltung gesehen, oder wäre sie ihm gar nicht eingefallen?

Der böse Geist Descartes' und der Zweifel

BOEHM Wenn das anachronistisch scheint, zeigt es eine verbreitete falsche Vorstellung vom modernen Denken und der modernen Philosophie. Es wird oft übersehen, dass dieses nietzscheanische Bild des Zusammenbruchs der Wahrheit durch die Wissenschaft schon 200 bis 250 Jahre vor Darwin vollkommen verstanden wurde. Descartes formuliert es in seiner ganzen Kraft in den *Meditationen* mit dem bösen Betrüger. Worüber täuscht der böse Betrüger oder sogar betrügerische Gott eigentlich? Descartes will einen radikalen, absoluten Zweifel formulieren und behauptet: Wir alle glauben an einen Gott, der uns erschaffen und uns die geistigen Vermögen gegeben hat, mit denen wir denken. Wir können nur durch jenes »Instrument« des Denkens denken, mit dem Gott uns erschaffen hat. Es ist jedoch absolut möglich, dass Gott uns täuschen und uns einen Intellekt geben wollte, mit dem wir beispielsweise denken müssen, dass 5 + 7 = 12 ist, während es in Wirklichkeit 13 ist.

Es ist wichtig, sich erst einmal klarzumachen, worum es bei dieser Überlegung geht: nicht um die mögliche Existenz eines täuschenden Gottes, sondern um die Frage, ob ich meiner eigenen Vernunft trauen darf. Um zu denken, dass das, was mir offensichtlich erscheint, was ich klar und deutlich denke, auch wahr ist, muss ich darauf vertrauen, dass mein Verstand *richtig* verdrahtet ist. Dass er nicht fehlerhaft ist. Worauf gründet dieses Vertrauen, wenn ein täuschender Gott möglich ist? Wie schon gesagt, hat der Verstand ohne dieses Grundvertrauen keine Autorität.

Nun glauben viele Leute, dass sich der cartesische böse Betrüger als bloßes Märchen beiseiteschieben lässt. Descartes sagte, dass »wir alle« an die Idee eines unendlichen Gottes glauben, der uns erschaffen habe, und das sei falsch. Viele von uns täten das nicht, also seien wir vermeintlich nicht betroffen. Interessanterweise aber ist Descartes selbst sich dessen bewusst. Ergänzend fügt er hinzu, und dies ist der wichtigste, oft vergessene Teil seiner Hypothese vom bösen Betrüger:

»Freilich möchte es wohl manche geben, die lieber leugnen würden, daß ein so mächtiger Gott überhaupt existierte, als daß sie an die Ungewißheit aller anderen Dinge glaubten; allein mit denen wollen wir nicht streiten und wollen einmal zugeben, all dies von Gott Gesagte sei eine bloße Fiktion. Indes, mag man auch annehmen, ich sei durch Schicksal oder Zufall oder durch die Verkettung der Umstände oder sonst auf irgendeine Weise zu dem geworden, was ich bin, jedenfalls scheint doch das Sich-Täuschen und -Irren eine gewisse Unvollkommenheit zu sein; und also wird es, je geringere Macht man dem Urheber meines Seins zuschreibt, um so wahrscheinlicher sein, ich sei so unvollkommen, daß ich mich stets täusche.«[40]

Manche denken, dass es in der Hypothese vom bösen Betrüger um die Auseinandersetzung zwischen der Autorität des Glaubens, Gottes und der Erkenntnis geht. Vor dem Hintergrund dieses Absatzes ist das bestenfalls ein Teil der Wahrheit. Andere, wie etwa Hegel oder Kierkegaard, lesen Descartes vermittelt durch die Vorstellung, dass die »moderne Philosophie mit dem Zweifel beginnt«. Auch das stimmt nicht ganz. In der zitierten Passage besteht die größte Bedrohung für unser Denken, die viel gefährlicher ist als die Möglichkeit eines Gottes, der uns täuschen *will*, im Mechanismus der Natur, der Möglichkeit, die viel plausibler und wahrscheinlicher ist als ein solcher täuschender Gott, dass meine Vernunft durch »Schicksal oder Zufall oder durch die Verkettung der Umstände« entstanden sei. Um meiner Vernunft zu trauen, um berechtigterweise zu glauben, dass das, was ich klar denke, auch wahr sein kann, muss ich denken, dass meine Vernunft *richtig* verdrahtet ist. Wenn mein Verstand durch blinden Zufall entstanden ist, dann zerfällt die Vorstellung, dass er »richtig« verdrahtet ist – sie zerfällt einfach zu nichts, denn in einer Welt des blinden Zufalls gibt es kein »richtig«. Die Annahme, dass sich der Verstand nach der Wahrheit richtet, nach der Wahrheit richten soll, ist eine Illusion. Der Naturmechanismus ist der wahre böse Betrüger. Und so gesehen ist der Beginn der modernen Philosophie mit dem Zweifel nicht Folge von dessen Bedrohung des Glaubens, sondern von der der Wissenschaft. Wenn wir genau hinsehen, dann ist die moderne Wissenschaft Descartes' böser Betrüger.

So modern jedenfalls ist Descartes' Denken bereits. Er braucht Darwins Einfluss auf Nietzsche nicht, sondern setzt sich bereits 230 Jahre davor mit dem Problem auseinander, das die Wissenschaft für die Autorität des Denkens und der Wahrheit aufwirft. Und das Cogito, die Versicherung »ich denke, ich bin« ist bereits seine Antwort auf *dieses* Problem. Auftritt Kant: Er erkennt die große Einsicht des Cogito an, die Begründung der Erkenntnis durch das »ich denke«, aber auch deren Grenze: die Annahme, dass das »ich denke« sich selbst als ein Gegenstand der Erkenntnis bestimmen kann. In Kants Umformulierung ist das Bewusstsein der Beginn allen Wissens, aber genau aus diesem Grund kein Erkenntnisgegenstand – die Antwort auf den Mechanismus der Natur oder der Wissenschaft als böser Betrüger ist bei ihm bereits eingebaut. Und vergessen wir nicht den ersten Satz der *Kritik der reinen Vernunft*, den ich bereits einmal, wenn nicht zweimal erwähnt habe – »Die menschliche Vernunft hat das besondere Schicksal …« – der stellt unverblümt fest, dass die Vernunft schlecht verdrahtet *ist,* womit der Gedanke gemeint ist, dass die Metaphysiker nicht deshalb schlechte Metaphysik produziert haben, weil sie faul oder dumm waren, sondern weil es eine der Vernunft angeborene Illusion gibt. Diese Illusion, um es für den Augenblick grob zu formulieren, ist der Gedanke, alles sei reduktionistisch, mechanistisch erklärbar. Diese Illusion ist in gewisser Weise notwendig, lässt sich aber auch durch eine Kritik zerstreuen, die ihrerseits die Autorität der Vernunft geltend macht. Das ist die kantische Antwort auf die Bedrohung durch den bösen Betrüger. Ich glaube nicht, dass quantitative Veränderungen der Wissenschaft – dass sie immer mehr erklären kann – derzeit eine Herausforderung für sie darstellen.

KEHLMANN Aber was garantiert denn nun trotzdem die, sagen wir mal, Zuverlässigkeit der Welt? Also, wieso kann ich so sicher sein, dass du, ich und irgendjemand, der jetzt gerade in Australien herumläuft, unter Anwendungen der gleichen Kategorien die gleiche Welt formen? Oder können wir das gar nicht?

BOEHM Die Tatsache, dass wir bewusst sind, soll das garantieren. Sie wird dadurch ermöglicht, dass sie eine objektive Erfahrung darstellt, was nach Kant einen notwendigen Satz bestimmter Kategorien voraussetzt. *Jede* bewusste Person, die eine Welt mit dir teilt, teilt *diese* Kategorien. Wie schon gesagt, ist eine Person, die diese Kategorien und deshalb auch diese Welt nicht mit dir teilt, für dich keine Frage …

KEHLMANN Er leitet die Kategorien, die Verstandesbegriffe, ja ab. Die Kategorien der Quantität: Einheit, Vielheit, Allheit; die der Qualität: Realität, Negation, Limitation; die der Relation: Substanz, Ursache, Gemeinschaft; und die der Modalität: Möglichkeit, Dasein, Notwendigkeit. Das sind die zwölf Begriffe, die wir zur Konstitution der Erfahrung brauchen, die wir aber nicht aus der Erfahrung gewinnen.

Kant leitet sie ab und sagt dann, diese Ableitung sei »das Schwerste, das jemals zum Behuf der Metaphysik unternommen werden konnte«. Es sind nicht irgendwelche Verstandesbegriffe, sondern die einzig möglichen.

BOEHM Nein! Die Kategorien sind notwendig, damit Erfahrung möglich ist! Wenn du Erfahrungen machen kannst, dann hast du diese Kategorien.

KEHLMANN Und zwar diese und keine anderen.

BOEHM Ach so, Entschuldigung, ich habe dich missverstanden. Das stimmt. Nur unter dem vorhin erwähnten Vorbehalt: Ich glaube nicht, dass die Vorstellung einer anderen Form von Bewusstsein mit einer anderen Reihe von Kategorien ein Widerspruch ist. Nur dass dies definitionsgemäß kein Bewusstsein *unserer Welt* wäre. Ich denke darüber hinaus, dass wir eine Welt teilen können, die durch andere, aber ähnliche Kategorien konstituiert ist … eine Vorstellung, die etwa dem historischen Apriori entspricht, ist nicht anstößig. Aber um die Erfahrung im Sinne der apodiktischen Wissenschaft zu denken, wie Kant es wollte, brauchen wir diese spezifischen Kategorien.

KEHLMANN Und es müssen diese zwölf Kategorien sein?

BOEHM Man kann darüber diskutieren. Die Vorstellung, dass es zwölf sind oder genau diese zwölf, ist umstritten. Viel wichtiger als die Frage dieser konkreten zwölf Kategorien ist meines Erachtens der Grundgedanke über die Struktur des Bewusstseins und seiner Beziehung zur Realität. Was die Anzahl der Kategorien betrifft, könnte man vielleicht zwei Arten von Fragen stellen. Brauchen wir diese zwölf oder vielleicht andere, um die Wissenschaft auf eine sichere Grundlage zu stellen? Oder aber: Können wir die Kategorientafel vielleicht offen lassen, weil die Modelle der Realität und der Objektivität, über die die moderne Wissenschaft verfügt, selbst kulturgebunden und daher kontingent sind – und eine Welt, die wir als »unsere« erkennen können, von bewussten menschlichen Wesen konstituiert ist, die einen viel breiter gefächerten Sinn von Erfahrung haben als nur das Modell der westlichen Wissenschaft.

Raum und Zeit – wo lebt »Daniel«?

KEHLMANN Zu den Kategorien kommen natürlich noch die Formen der Anschauung, nämlich Raum und Zeit. Wir müssen ja auch im gleichen Raum und in einer Zeit leben. Sonst könnten wir uns hier nicht unterhalten. Raum und Zeit machen Gegenständlichkeit erst möglich. Beim Raum ist das ja sehr nachvollziehbar, weil, wie du ja auch schon gesagt hast: Das Ich – sozusagen etwas, das nicht der Welt angehört – existiert auch in dieser Form nicht im Raum.

BOEHM Unterhalten braucht Raum. Denken vielleicht nicht, in einem bestimmten Sinn kann es nicht buchstäblich im Raum stattfinden, Raum einnehmen. Wenngleich es eine eigene und interessante Frage ist, ob wir denken können, ohne uns zu unterhalten … Diese Schwierigkeit ist ein Teil des Grundes, warum das Selbstbewusstsein oft als ein Gespräch dargestellt wird, das ich mit mir selbst führe – oder vielleicht mit Gott. Conscientia im Lateinischen ist ja Mit-Denken oder Mit-Wissen – mit mir selbst oder mit Gott, und die Frage ist, wie wir uns dieses »Mit« vorstellen sollen, wenn nicht im Raum.

KEHLMANN Das ist ein Umstand, über den man lange und mit Verwunderung nachdenken kann, aber letztlich ist er nachvollziehbar. Wir denken nicht im Raum. Doch wie verhält es sich mit der Zeit? Da ist es ja seltsamerweise anders.

Kant nennt die Zeit die Form unseres inneren Sinnes, sie ist eine Form unserer Anschauung der Welt und nicht etwas, was zu uns selbst gehört. Man könnte also sagen, wir existieren außerhalb der Zeit, so wie wir außerhalb des Raums denken. Aber stimmt das? Denn leider sterben wir ja trotzdem. Also jenes Ich, das die Zeit überhaupt erst beobachtend hervorbringt, ist ihr doch unterworfen, weil es ja alt wird und stirbt – zum Tode geführt durch die vergehende Zeit. Wir können also das Ich nicht ganz aus der Zeit herausnehmen, wie wir es aus Raum und den Kategorien herausnehmen können, oder habe ich da unrecht?

BOEHM Was du nicht tun kannst, ist, die Zeit aus deiner Erfahrung von dir selbst herauszunehmen, weil sie eine Form der inneren Erfahrung ist, nicht wahr? Auch scheint das innere Gespräch, das nicht im Raum stattfindet, immer noch Zeit zu brauchen – oder etwa nicht? Du kannst dich also ohne Zeit keinesfalls selbst erfahren oder auch nur vorstellen. Aber …

KEHLMANN Aber ist das Ich außerhalb der Zeit? Das wäre natürlich schön, aber ich bin nicht überzeugt.

BOEHM Die Frage ist, welches »Ich«. Daniel Kehlmann lebt in der Zeit – er hat eine Biografie, einen Körper, ein Leben voller Ereignisse. All diese Tatsachen über dich sind, grob gesprochen, Teil deiner empirischen Identität in Raum und Zeit. Da sie in Raum und Zeit sind, ist Daniel Kehlmann ein Objekt in der Welt, mit einem Körper, der, wie ich fürchte, sterben wird – nur seine Literatur wird für immer weiterleben. Aber hier ist der springende Punkt: Wenn du »ich« in der ersten Person sagst, sagst du nicht »Daniel«, du sagst »ich«. Würdest du »Daniel« sagen, dann würdest du mit dir in der dritten, nicht in der ersten Person umgehen. Daniel will … Daniel tat … Daniel schrieb … Wenn du dich auf dein Leben in der ersten Person beziehst, als ein bewusstes verantwortliches Subjekt – ich ging, ich wollte, ich tat, ich schrieb –, dann sprichst du aus einer Perspektive, in der auch Daniel nur als ein unverantwortliches Phänomen bekannt ist. Und während jenes Bewusstsein nur in der Zeit existiert, ist das bewusste Subjekt, das sich selbst nicht kennt, kein Phänomen, also auch nicht in der Zeit.

KEHLMANN Also ich sterbe, ich klein geschrieben, aber jene leere erkenntnistheoretische Einheit, die ursprüngliche synthetische Einheit der Apperzeption …

BOEHM Sie ist kein Körper, kein Phänomen. Und sie ist nicht du wie in Daniel, sie ist nicht ich wie in Omri. Kant spricht von jenem Selbst bekanntlich als dem »er«, dem »es«, dem »X«, das denkt. Eine nähere Bestimmung darüber ist nicht möglich. Üblicherweise fügt man heute, wenn man das im Seminar liest, bedeutsam hinzu: »Irgendwie« hat Kant vergessen, auch »sie« zu sagen.

KEHLMANN Einverstanden, das hätte er dazusagen sollen.

Die Selbstbewegung des Gedankens

BOEHM Aber ich wollte sagen und habe dich ja auch unterbrochen: Jenes Selbst, das die Bedingung der Möglichkeit von Erfahrung darstellt, ist kein Körper und aus diesem Grund auch nur schwer als sterblich vorzustellen. Die Frage allerdings, was ist es dann, dieses Subjekt, das nicht stirbt. Eine Möglichkeit, es sich zu denken, besteht vielleicht darin, wie du es formuliert hast, glaube ich, von »jener leeren *erkenntnistheoretischen* Einheit« zu sprechen. Es wird dadurch auf eine Funktion reduziert, die wir als eine Idee postulieren, welche Wissenschaft ermöglicht. Das nimmt der Rede von einem Subjekt, das vom Körper getrennt ist und deshalb nicht stirbt, vielleicht ihren metaphysischen Stachel. Descartes versuchte natürlich zu beweisen, dass das Selbst vom Körper getrennt und deshalb unsterblich ist. Wir müssen zugeben, dass wir recht nah an diesen metaphysischen Gewässern segeln – nur ohne aus ihnen eine rational-theologische Wissenschaft von der Seele beziehen zu wollen.

Weißt du was, die Frage, ob das Ich stirbt oder nicht, kommt in dem Absatz vom bestirnten Himmel vor. Soweit du dich als Daniel Kehlmann im Verhältnis zur überwältigenden Größe des Himmelsgewölbes erfährst, erfährst du dich als endliches Geschöpf: ohnmächtig, unbedeutend und sterblich. Aber in dem Moment, in dem du die wahre Unendlichkeit erfährst, die größer ist als der Himmel – was ist es, was da erlebt wird? Ist das nun ein transzendentes Ich, dasselbe wie oder ein anderes als, nun ja, ich? Persönlich oder nicht ...? Sterblich oder nicht ...? Schwierige Fragen. Für Kant ist das doch ein metaphysischer Moment der Transzendenz – wir sollten das nicht wegbügeln. Ich habe darüber bislang noch nicht genug nachgedacht ... Die Unsterblichkeit kommt in dem Bestirnter-Himmel-Absatz sehr ausdrücklich zur Sprache. In gewisser Hinsicht beantwortet Kant dort deine Frage. Da ist der »bestirnte Himmel über mir, und das moralische Gesetz in mir«, die dir zwei Weisen zeigen, deine eigene Existenz zu sehen. Die erste beginnt sowohl mit dem *Raum* – »dem Platze [...], den ich in der äußern Sinnenwelt einnehme« und der im Verhältnis zu »Welten über Welten und Systemen von Systemen« steht – als auch mit der *Zeit* – die sich über die »grenzenlose[n] Zeiten ihrer periodischen Bewegung, deren Anfang und Fortdauer« erstreckt. Die zweite beginnt mit deinem »unsichtbaren Selbst« und stellt dich in einer Welt dar, »die wahre Unendlichkeit hat«. Und jetzt die Frage der Unsterblichkeit; erst jetzt sehe ich die zentrale Stellung, die sie einnimmt: »mit welcher [Welt der wahren Unendlichkeit] ich mich nicht, wie dort, in bloß zufälliger, sondern allgemeiner und notwendiger Verknüpfung erkenne«. Und während die erste Betrachtungsweise der »zahllosen Weltenmenge« am Himmel meine Wichtigkeit als Sterblicher »vernichtet«, als »eines *tierischen Geschöpfs*, das die Materie, daraus es ward, dem Planeten (einem bloßen Punkt im Weltall) wieder zurückgeben muß, nachdem es eine kurze Zeit (man weiß nicht wie) mit Lebenskraft versehen gewesen«, offenbart mir das Bewusstsein der zweiten »ein von der Tierheit und selbst von der ganzen Sinnenwelt unabhängiges Leben«, eine »Bestimmung meines Daseins [...], welche nicht auf Bedingungen und Grenzen *dieses Lebens* eingeschränkt ist«.

KEHLMANN Also das Wesen, die Entität, die da zum Sternenhimmel aufblickt, wäre dann das gewissermaßen unsterbliche Wesen, das alle erkennenden Bewusstseine im All miteinander ausmachen. Sie alle blicken in gewisser Weise zum Sternenhimmel auf, wenn ich es tue.

BOEHM Ich weiß nicht, ob es das alles erkennende Wesen ist, nicht alles erkennende im Sinne der Allmächtigkeit, sondern der ...

KEHLMANN Nein, aber alle, alles, also die Gesamtheit erkennender Wesen, die in mir aufblickt zum Sternenhimmel.

BOEHM Diese Theorie würde dich genau in diese Richtung drängen. Kant achtet sehr genau darauf, sich nicht in dieser Weise auszudrücken, weil das eine solche Metaphysik zu einer Wissenschaft machen würde, die zu vermeiden er uns anhält. Aber ich denke, das wäre die Richtung. Du siehst das auch in der *Kritik der Urteilskraft*, in Momenten, in denen Kant ein »übersinnliches Substrat« anführt, das der Natur »und zugleich unserm Vermögen zu denken zum Grunde liegt«.[41]

KEHLMANN Und man sieht natürlich, wie Kants Philosophie hier als nächsten Schritt jene Fichtes hervorbringen musste. Das ist das, was Hegel die »Selbstbewegung des Gedankens« nennt. Hier musste das Konzept des absoluten Ich entstehen.

BOEHM Er wäre entsetzt, das zu hören, aber ich glaube, du hast recht. In mancherlei Hinsicht bewegen sich Kants Gedanken selbst in diese Richtung – gerade die eben zitierten Bemerkungen zum »Übersinnlichen«. Er würde aber jedem Versuch widerstehen, daraus eine Wissenschaft zu konstruieren. Sobald man das tut, würde er sagen, hat man das kritische Denken aufgegeben und ist in die metaphysischen Illusionen zurückgefallen.

Die kantischen Antinomien

KEHLMANN Und da wären wir beim einst aufsehenerregendsten Teil seiner Erkenntnistheorie, der Transzendentalen Dialektik, der Lehre von den Selbstwidersprüchen der Vernunft, den *Antinomien*.

BOEHM Ich würde es nicht als Teil von Kants Erkenntnistheorie bezeichnen. Eher als Teil seiner Kritik der Metaphysik …

KEHLMANN Aber diese Kritik der Metaphysik entsteht doch aus der Erkenntnistheorie, weil sie ja immer rückgebunden ist an die Fragen: Was können wir erkennen?, Was können wir ableiten?, und es letztlich eben auf die kantische Ambivalenz-Pointe hinausläuft, dass wir Dinge annehmen müssen, die wir gleichzeitig nicht wirklich wissen können. Und diese transzendentale Dialektik war natürlich derjenige

Teil der *Kritik der reinen Vernunft*, der Kant sofort berühmt gemacht hat. Es ist auch heute noch elektrisierend zu lesen, wie Kant immer wieder einander diametral widersprechende Sätze aufstellt und beide beweist.

BOEHM Ach so, du hast natürlich recht in Sachen »Erkenntnistheorie«. Die Dialektik hat alles mit der kantischen Frage zu tun »Was kann ich wissen?« – und besonders mit dem, was ich nicht wissen kann. Vielleicht haben sich gerade die Grenzen meiner Deutschkenntnisse gezeigt oder mein Vorurteil gegen eine Epistemologie, wie sie an einigen amerikanischen philosophischen Fakultäten akademisch im antiphilosophischsten Sinne des Wortes werden kann. Dennoch würde ich nicht sagen, dass die Art von *Methode*, die du in der Dialektik am Werk siehst, sozusagen erkenntnistheoretisch ist. Aber du hast völlig recht damit, dass es eine Kritik des Wissens ist – und als solche auch Teil der Erkenntnistheorie. Jedenfalls hast du gesagt, »einst aufsehenerregendsten Teil« … Wenn in den USA Proseminare zu Kants *Kritik der reinen Vernunft* angeboten werden, dann wird dieser Teil manchmal einfach ausgelassen – oder ans Ende des Seminarplans gestellt, zu dem man noch kommt, wenn die Zeit reicht.

KEHLMANN Das ist sehr schade, denn das ist der Teil, der Heine dazu gebracht hat, Kant mit Robespierre zu vergleichen.

BOEHM Wenn die *Kritik* »Gott getötet« hat, dann in der Dialektik. Du hast die Antinomien als »elektrisierend« bezeichnet, und ich empfinde das genauso. Wie du weißt, halte ich das zweifellos für den wichtigsten Teil des Buches und auch für den, der selbst dann überlebt, wenn die Grundlegung der Erkenntnis fehlgeschlagen ist. Und übrigens, umgekehrt geht es nicht. Es kommt gerade zu einer gewissen Renaissance der Dialektik in Lehre und Forschung, und das ist wichtig. Aber sie hat lange gelitten, vielleicht auch durch den Einfluss der analytischen Philosophie. Es ist gar nicht nötig, auf die analytische Philosophie »einzudreschen«, dieses Genre hat seine eigenen Grenzen. Aber weil die amerikanische analytische Philosophie so lange so dominant war und so besessen von der Erkenntnistheorie in einem engen Verständnis des Begriffs – die Metaphysik galt als uninteressant und irrelevant –, gab es auch die Tendenz, wenn man überhaupt Kant las, vor allem die Teile zu lesen, die sich mit den Bedingungen der Erkenntnis beschäftigen. Nicht die Kritik der Metaphysik – das war »philosophisch« weniger interessant, von Bedeutung vielleicht für diejenigen, die sich mit »Philosophiegeschichte« befassen.

KEHLMANN Das Gegenteil ist der Fall. Unsere modernen Diskurse sind voll von metaphysisch unüberprüften Annahmen, die sich für Wissenschaft halten. Ein Großteil der Wissenschaftler, die sich mit Aplomb in den Medien und in Büchern äußern, merken gar nicht, dass sie Metaphysik betreiben. Selbst jemand wie Stephen Hawking ist sich nicht zu schade, in *Eine kurze Geschichte der Zeit* zu schreiben, Philosophen wie Kant hätten lange darüber nachgedacht, was das Ding an sich sei, aber als moderner Wissenschaftler beschäftige man sich lieber mit dem, was man experimentell nachweisen könne. Er weiß gar nicht, dass er hier exakt Kants Position formuliert! Immerhin sagt er damit aber noch etwas, dem Kant zugestimmt hätte. Ein anderer Bestseller, Max Tegmarks *Unser mathematisches Universum,* trifft unzählige metaphysische Aussagen darüber, ob unser Kosmos nun endlos im Raum ausgebreitet sei oder nicht, ob es einen Anfang in der Zeit habe oder nicht. Viele Leute meinen ja, Metaphysik heiße einfach, in der Kirche knien und beten, aber Metaphysik sind eben auch solche grandiosen Spekulationen, wie sie Wissenschaftler heute voller

Selbstvertrauen betreiben, ohne sich je mit der dafür notwendigen Analyse und Kritik unseres Erkenntnisvermögens beschäftigt zu haben.

BOEHM Ich denke, wir sollten einen Schritt zurücktreten und uns kurz fragen, worüber wir gerade reden. Im zweiten Teil der *Kritik der reinen Vernunft* greift Kant drei große Ideen der Metaphysik an: die *Idee der Seele*, die *Idee der Welt* und die *Idee Gottes*. Der Gedanke, wir könnten eine rationale Wissenschaft von diesen drei großen Ideen treiben, jeder einzelnen von ihnen, hat nicht nur das mittelalterliche Denken beherrscht, sondern auch das der Aufklärung – und wie du sagst, lebt er auch heute noch fort. Die ganze Geschichte der westlichen Philosophie ist von Anfang an von der Metaphysik angetrieben. In der Dialektik will Kant zeigen, dass diese ganze Entwicklungskurve der westlichen Metaphysik auf einem Selbstvertrauen beruht, wie du es genannt hast, das nicht gerechtfertigt ist. Unsere Rede von der Seele, oder heute vielleicht vom Selbst, von der Welt und von Gott als Objekten rationaler Erkenntnis ist ein Produkt rationaler Illusion. Diese Behauptung kann Aufsehen erregen.

Heute jedoch ist Gott vermeintlich weniger wichtig, weil viele zu denken scheinen, dass er bereits tot ist ... Soweit das zutrifft, ist es zumindest zum Teil überhaupt erst der Dialektik zu verdanken. Wissenschaftler halten Gott zweifellos nicht für relevant. Philosophen auch nicht – sie neigen dazu, die Gottesfrage als einen Teil der Philosophie*geschichte* zu sehen. Der Glaube an Gott ist eine Privatangelegenheit; gläubige Menschen können natürlich über sie nachdenken, aber das ist ihre Sache. Wenn nicht nur in der Geschichte der Philosophie, dann können vielleicht die theologischen Fakultäten über einen für ihre Forschung lebendigen Gott nachdenken. Nebenbei bemerkt, halte ich die Frage nach der Existenz Gottes und der (Un-)Möglichkeit, sie zu beweisen, nach wie vor für eine entscheidende philosophische Frage. In gewisser Weise die entscheidende. Einige der Auffassungen und Fehlauffassungen von Kants berühmter Widerlegung des ontologischen Arguments können moderne Annahmen über das Verhältnis von Denken und Existenz, inbegriffen die moderne Logik, unmittelbar erschüttern. Um aber auf das zurückzukommen, was du gesagt hast: Das Selbstvertrauen in Bezug auf den Begriff der Welt bleibt unerschüttert.

Warum *die Welt* nicht existiert

KEHLMANN Und da sind wir eben genau in den wissenschaftlichen Debatten von heute.

BOEHM Genau. Kants Position ist – und ich hoffe, das klingt nicht, als hätte er bei Markus Gabriel abgeschrieben –, dass die Welt nicht existiert.

KEHLMANN Ich habe Markus Gabriel, der ein guter Freund ist, einmal gefragt: Dürfte man sagen, dass dein Buch *Warum es die Welt nicht gibt* in gewisser Weise eine große Auseinanderlegung von Kants Kritik am Weltbegriff ist? Und Markus sagte, ja natürlich. Er hatte damit überhaupt kein Problem.

BOEHM Das glaube ich gern. Und auch ich bewundere Markus. Vielleicht können wir mit der Frage beginnen, warum wir denken, dass die Welt existiert. Wir erfahren Dinge, Objekte in der Welt, wir sehen Ereignisse. Aber *die* Welt erleben wir nie als existierend …

KEHLMANN Die Betonung liegt dabei nicht auf existiert, sondern auf der *Welt*! Welt ist ein Grenzbegriff und kein

Ding, sie ist kein riesiger Gegenstand, der alle Gegenstände enthält. Also man muss sagen, dass nach Kant die *Welt* nicht existiert, nicht, dass die Welt nicht *existiert*. Die Welt ist einfach kein Objekt, und sie ist auch nicht die Gesamtheit aller Objekte. Denn so eine Gesamtheit der Dinge kann eben nie Inhalt möglicher Erfahrung werden. Dieser Gedanke ist gar nicht so einfach zu vollziehen, aber wenn man es einmal getan hat, ist er sehr hilfreich.

BOEHM Wenn sie ein Grenzbegriff ist, wie du sagst, ist er dann ein legitimer und kohärenter? Da wir die Welt nie »gesehen« haben und da sie kein Gegenstand möglicher Erfahrung ist, wie du sagst, stellt sich die Frage, warum wir annehmen, dass es einen solchen Gegenstand gibt – sei es als ein Riesending oder als die riesige Sammlung von allem. Und die Antwort liegt in einem Prinzip, von dem Kant meint, dass es unser gesamtes Denken motiviert – tatsächlich ist es das eine Prinzip, das die gesamte Metaphysik hervorbringt –, aber in Wirklichkeit Illusionen erzeugt.

Kant bezeichnet dieses Prinzip als »das oberste Prinzip der reinen Vernunft«. Und da er behauptet, dass ihm direkt oder indirekt die gesamte Metaphysik entspringt, »dekonstruiert« er die gesamte metaphysische Tradition, sobald ihm die Dekonstruktion dieses Prinzips gelungen ist. Vielleicht ist die Reduktion aller Metaphysik auf ein einziges Prinzip weniger überraschend, wenn man sich klarmacht, dass er im Wesentlichen den Satz vom zureichenden Grund meint. Das Prinzip beinhaltet, grob gesagt, dass *alles* eine vollständige Erklärung zulässt: Es gibt, es existiert eine vollständige Erklärung für jedes Ding, Faktum, Ereignis und jeden Zustand. Und, nebenbei bemerkt: Wenn etwas grundsätzlich *nicht* auf diese Weise erklärt werden kann, dann existiert es nicht. Eines, was ziemlich automatisch aus diesem Prinzip folgen würde, ist die Annahme eines absoluten

Wesens, das notwendigerweise existiert. Eine Erklärung kann im starken Sinne des Wortes nur vollständig sein, wenn es ein solches Wesen gibt. Ohne es laufen alle Erklärungen in einen endlosen Regress – ganz gleich, wie weitgehend man ein Phänomen erklären würde, bliebe man immer unendlich weit von einer hinreichenden Erklärung entfernt. Nur eine absolute Grundlage verhindert dies …

KEHLMANN Und hier sagt Kant eben, die Vernunft verlangt es! Und das ist die seltsame absurde Pointe, die schöne absurde Pointe bei ihm, dass die zum Absoluten eilende Vernunft nicht einfach ein Irrtum ist, den wir uns endlich abgewöhnen müssen. Nein, die Vernunft macht notwendigerweise etwas, das wir ihr nicht verbieten können, wovon wir aber durch die kantische Kritik unseres Erkenntnisvermögens begreifen müssen, dass es keine Erkenntnis schafft. Wir müssen also den Ansprüchen unserer Vernunft gegenüber, und jetzt sage ich es wieder, in einer Haltung gelassener Ambivalenz verweilen.

BOEHM Um zu verstehen, warum die Vernunft das verlangt, wie dieses ambivalente Verlangen entsteht, müssen wir uns die Struktur des Satzes vom zureichenden Grund genauer anschauen. Kant weist darauf hin, dass es zwei Formulierungen dieses Satzes gibt – eine subjektive und eine objektive. Die *subjektive* Formulierung beansprucht nicht, irgendetwas Reales an der Welt zu beschreiben. Sie ist als eine *Aufgabe* gemeint: Suche für alles, für jedes Ereignis in der Welt, eine vollständige Erklärung. Als Aufgabe ist das weder wahr noch falsch, sodass an sich nichts an ihr auszusetzen ist. Auf diese Weise beschreibt der Satz vom zureichenden Grund nicht, sondern er schreibt vor. Oder wenn er etwas beschreibt, dann ein Faktum über die Vernunft, dass die Vernunft nämlich alles zu erklären versucht. Als solcher impliziert der Satz keine Behauptung über das Absolute und keine Annahme der *Möglichkeit* einer hinreichenden Erklärung. Nach allem, was wir wissen, kann die Erklärungsaufgabe der Vernunft eine Sisyphusarbeit sein, die ewig weitergeht, ohne dass eine hinreichende Erklärung auch nur möglich wäre.

An diesem Punkt kommt die *objektive* Formulierung des Satzes vom zureichenden Grund ins Spiel. Kant sagt, dass wir, psychologisch gesprochen, die subjektive Aufgabe nicht zu unserer Maxime, zum Prinzip unseres Handelns machen können, ohne vorauszusetzen, dass sich diese Aufgabe erfüllen lässt. Hinzu kommt: Da die Vernunft eine vollständige Erklärung von allem verlangt, liegt die Versuchung nahe, es nur für vernünftig zu halten, dass es auch eine hinreichende Erklärung gibt. Und so gehen wir unversehens von der berechtigten subjektiven Aufgabe, alles zu erklären, die ein berechtigtes und wichtiges Gebot der Wissenschaft ist, zu der zutiefst metaphysischen Annahme über, dass alles erklärt werden *kann* – zutiefst metaphysisch, weil sie bereits die Existenz eines absoluten Wesens voraussetzt. Und diese Voraussetzung ist unkritisch und ungerechtfertigt, vor allem nach Kants Angriff auf das ontologische Argument, das in dieser Lehre im Hintergrund vorausgesetzt wird. Das ist die eher technische Analyse der angeborenen Illusion beziehungsweise des tragischen Schicksals der Vernunft: Es gibt Fragen, die sie ihrer eigenen Natur nach stellen muss, aber ebenfalls naturgemäß nicht beantworten kann. Diese absurde, wie du sagst, oder tragische Forderung nach dem Absoluten als Erklärungsgrundsatz erzeugt den ganzen »Kampfplatz« der Metaphysik.[42]

Und sie erzeugt jene Illusion von der Existenz der Welt. Wir haben gefragt: Wenn wir die Welt, jene große Sammlung von allem, nie »sehen«, woher haben wir dann die starke Überzeugung, dass es sie gibt? Kants Antwort: Uns begegnen endliche, bedingte Sinnesobjekte. Das Wasserglas hier vor mir, mein eigener Körper, du, das Ullsteinhaus, Berlin, der Planet, der bestirnte Himmel – Welten über Welten, Systeme von Systemen … Es ist eine unermessliche Reihe, die sich ins Unendliche erstreckt. Ich komme fälschlicherweise auf die Idee der Welt, sobald ich die zusätzliche Bestimmung vornehme, dass ich alles in einem einheitlichen Objekt versammeln kann, das …

KEHLMANN Sie kann nicht zum Gegenstand der Erfahrung werden.

BOEHM Sie kann nicht Bestandteil einer möglichen Erfahrung sein, lässt sich jedoch auch auf keine andere Weise begründen. Kant aber führt diesen Gedanken über die Welt noch weiter. Es ist nicht nur so, dass er nicht begründet werden kann; man kann zudem zeigen, dass der Gedanke inkohärent ist. Sobald man versucht, die Welt als ein Objekt zu behandeln, verwickelt man sich in Widersprüche.

Das ist das Argument im Kapitel über die Antinomien. Wenn man einmal die Ansammlung von »allem« als ein unbedingtes Ganzes herleitet, kann man es sich auf eine von zwei Weisen denken: Entweder ist dieses Unbedingte selbst ein vollständiges unendliches Ganzes, von dem die weltlichen Dinge lediglich Teile sind. Oder man denkt es als eine endliche Reihe, die alle weltlichen Dinge umfasst, aber sozusagen in einem unbedingten Wesen begründet ist, das außerhalb des Systems steht. Vielleicht kannst du dir das klarmachen, wenn du dir das erste System als das Spinozas und das zweite als das von Leibniz vorstellst. Im ersten gibt es keine Schöpfung. Die Welt ist unendlich in Raum und Zeit, und alles folgt blinder Notwendigkeit – es gibt keine Freiheit. Im zweiten gibt es einen Anfang der Welt, und man kann auch an Freiheit denken – im Akt, die Welt beginnen zu lassen, und innerhalb der Welt. Kant sagt: Beide Positionen sind aus der Annahme hervorgegangen, dass der Satz vom zureichenden Grund wahr ist, und beide lassen sich *beweisen*. Das heißt, man kann beweisen, dass die Welt sowohl unendlich als auch endlich in Raum und Zeit ist. Man kann auch beweisen, dass Freiheit unvereinbar damit ist, alles zu erklären – und dass sie eine notwendige Voraussetzung ist, um alles zu erklären. Kurzum, wenn man die Welt als ein Objekt versteht, kann man Widersprüchliches in Bezug auf sie beweisen. Es ist aber kein echter Widerspruch. Es ist eine Antinomie, ein scheinbarer Widerspruch, der sich auflösen lässt: wenn man nur die Annahme aufgibt, dass die Welt überhaupt als ein solches Objekt existiert – eine Annahme, und jetzt führen wir die Fäden zusammen, zu der das unbegründete Prinzip führte, dass sich alles zumindest grundsätzlich hinreichend erklären lässt.

Dieses Argument untergräbt unter anderem den reduktionistischen Naturalismus. Die Wissenschaft kann die Natur erforschen und sie immer tiefgehender und breitflächiger erklären. Aber die Natur kann nicht als ein gegebenes Reich gedacht werden, im Verhältnis zu dem alles erklärt wird. Tatsächlich ist die Idee einer vollständigen wissenschaftlichen Erklärung von allem inkohärent. Da der Naturalismus untergraben wurde, müssen und können die Naturgesetze nicht als die einzigen Gesetze angesehen werden, auf die das gesamte rationale Denken beschränkt ist. Auf diese Weise wurde etwa die Freiheit vor naturalistischen Bedrohungen gerettet, und da sie selbst nicht gesetzlos ist, kann man an Gesetze der Freiheit denken im Gegensatz zu denen der Natur – für Kant wird das der kategorische Imperativ sein, der nicht das regelt, was geschieht, sondern das, was geschehen soll, wie ich handeln soll.

Kant gegen den neuen Szientismus

KEHLMANN Und übrigens, wie leicht der heutige Szientismus diesen Sprung macht, den du gerade beschrieben hast, diesen Sprung zur Ganzheit, zur Welt als Objekt, zum Kosmos als Objekt, sieht man zum Beispiel auch wieder beim vorhin erwähnten Max Tegmark, wenn er in *Unser mathematisches Universum* erklärt, dass das Weltall entweder unendlich groß sei oder aber endlich, wenngleich so weit ausgedehnt, dass man es eigentlich schon getrost unendlich nennen könne, das mache dann keinen Unterschied mehr. Aber nein – jedes endliche Universum, egal wie groß es ist, wäre schließlich nicht ein bisschen, sondern um *ein Unendliches kleiner* als der unendlich kleinste Teil eines unendlichen Universums. Das heißt, der Unterschied ist eine Unendlichkeit! Selbst erfahrene Physiker schreiben solche Dinge und merken gar nicht, was sie für einen Unsinn verzapfen, weil sie nicht Kant lesen.
BOEHM Das ist der Moment, wenn solche Wissenschaftler die Wissenschaft hinter sich lassen.
KEHLMANN Aber sie wissen es nicht.
BOEHM Und die es lesen, in der Regel auch nicht. Ist das nicht erstaunlich? Man denkt wirklich, dass sich einige Dinge erledigt haben sollten. Und es ist von zentraler Bedeutung für die Gesellschaft, dass sie sich erledigt haben – Kant verstand genau, dass die szientistischen, positivistischen Tendenzen der Aufklärung deren eigene Werte untergraben. Das war zweifellos Kants Auffassung – er schreibt in der Vorrede zur zweiten Auflage, die *Kritik der reinen Vernunft* habe die Möglichkeit eines solchen Szientismus »einmal für allemal« ausgeschlossen.[43] Auch Reinhold zeigte sich einmal so zuversichtlich, als er sagte: Jeder, der

sich noch über eine solche Metaphysik alter Schule streitet, hat die *Kritik der reinen Vernunft* entweder nicht gelesen oder nicht verstanden.

KEHLMANN Wenn man »unaufgeklärte Gesellschaft« hört, denkt man sofort an den Iran oder Saudi-Arabien, an Gottesstaaten, aber die szientistische Gesellschaft, die in ihren Diskursen ständig auf schlechte Metaphysik hereinfällt, ist ebenfalls unaufgeklärt.

Der vierte Teil

Gott als philosophische Frage

KEHLMANN Wenn also die Welt nicht existiert, weil die Welt kein Ding ist, wie ist das dann mit Gott? Um ihn geht es nach dem Antinomien-Kapitel in der *Kritik der reinen Vernunft*.

BOEHM Kants Auseinandersetzung mit Gott, seine Widerlegung des ontologischen Gottesbeweises, kommt in der Kapitelfolge danach, eigentlich aber auch schon viel früher. Die *Kritik* wird Gott erst spät im Buch enthaupten, sein Gespenst aber geht von Anfang an in ihm um.

Eine Weise, in der es das tut, habe ich schon genannt: Der Übergang von der subjektiven Formulierung des Satzes vom zureichenden Grund – dem Verlangen, alles zu erklären – zu seiner objektiven Formulierung – alles ist erklärbar – setzte voraus, dass es ein unbedingtes Wesen gibt, konnte diese Voraussetzung aber nicht begründen. Wenn allerdings die ontologische Argumentation triftig ist, dann ist diese Voraussetzung begründet. Kants Angriff auf den Satz vom zureichenden Grund setzt stillschweigend seinen Angriff auf den ontologischen Gottesbeweis voraus, der erst später erfolgen wird.

Und nur um auf Nummer sicher zu gehen: Hier geht es darum, den *Beweis* für die Existenz Gottes zu untergraben. Hättest du Kant nach Gott gefragt, hätte er aufrichtig geantwortet, dass er an die Existenz Gottes glaubt, dass wir aber Gottes Existenz nicht beweisen können.

KEHLMANN Darüber kann man geteilter Meinung sein. Manfred Kühn, der Autor der bisher umfangreichsten Kant-

Biografie, sagt zum Beispiel, dass Kant eigentlich Atheist gewesen sei.

BOEHM Es gibt diese Ansichten. Ich für meinen Teil sehe nicht, wie man Kant als Atheisten lesen könnte. Der Mann ist nicht nur gläubig – der Glaube spielt eine wichtige Rolle in seinem System. Ich würde sagen, dass ich durchaus nachvollziehen kann, dass er trotz *oder gerade wegen* seines Glaubens nicht religiös war. Denn sein Glaube gründet sich nicht nur nicht auf die Autorität Gottes, sondern lehnt schlussendlich jede äußere Autorität ab – und die Religion neigt dazu, meines Erachtens notwendigerweise, sich auf die Autorität Gottes zu konzentrieren. Also Glauben *gegen* Religion, und dabei ... Die Religion innerhalb der Grenzen der bloßen Vernunft ... ist wohl keine Religion. Aber zwischen ihr und dem Atheismus ist nicht nichts. Wir hatten den berühmten Satz aus der Vorrede zur *Kritik der reinen Vernunft* ja schon zitiert: »Ich mußte also das *Wissen* aufheben, um zum *Glauben* Platz zu bekommen [...].« Ich musste den Beweis von der Existenz Gottes widerlegen, sodass wir Gott auf der Grundlage des Glaubens akzeptieren können, nicht auf jener des Wissens und schon gar nicht aufgrund eines ungerechtfertigten Anscheins von Wissen. Aber er glaubte an Gott, und er glaubte, dass ...

KEHLMANN Es gibt eine Kant-Lesart, über die Adorno sich in seinen *Vorlesungen zur Kritik der reinen Vernunft* auf sehr geistreiche Weise lustig macht, wenn er sagt: Kant vollbringt dieses ungeheure Werk der Kritik, und nachher bleibt sowieso der protestantische Kirchenglaube unverletzt und kann schön und friedlich weiter existieren. Diese eher langweilige Lesart war natürlich in den Schulräumen des 19. Jahrhunderts sehr beliebt, aber in Wirklichkeit ist Kants Kritik am Gottesbegriff viel interessanter.

BOEHM Ich erinnere mich an diese Stelle in Adornos *Vor-*

lesungen nicht; sie klingt fast wie eine Anspielung auf Heines Bonmot über den alten Lampe, oder? Aber ich erinnere mich an eine frustrierende Stelle in der *Dialektik der Aufklärung*, an der er und Max Horkheimer den Aspekt des Glaubens bei Kant völlig missverstehen und sich tatsächlich beklagen, dass die Aufklärung insgesamt nach positivistischem Wissen gestrebt habe und deshalb kein Vertrauen in die Macht der Kunst kultiviert habe. »Nach Schelling setzt die Kunst da ein, wo das Wissen die Menschen im Stich läßt. [...] Solchem Vertrauen in Kunst war die bürgerliche Welt nur selten offen. Wo sie das Wissen einschränkte, geschah es in der Regel nicht, um für die Kunst, sondern um zum Glauben Platz zu bekommen«[44] – eine Anspielung auf Kant, die impliziert, dass sein »Glauben« in einer Linie mit der protestantischen Spießigkeit steht, wie sie dem bürgerlichen Positivismus entspricht. Was für eine Fehlinterpretation. Es ist offensichtlich, dass Kants »Aufhebung« des Wissens unmittelbar gegen den Positivismus gerichtet war und dass er mit dem Glauben, für den er Platz schuf, auch Platz für die Kunst schuf. Denk nur an die Rolle der *Kritik der Urteilskraft*. Adorno wusste das eigentlich besser als wir alle zusammen.

KEHLMANN Adorno beschreibt diese Lesart als besonders spießig, es ist nicht seine Lesart.

BOEHM Ein Grund, warum der Angriff auf den Begriff Gottes so wichtig ist, liegt darin, dass die Frage, ob wir die Existenz Gottes beweisen können, nicht nur eine theologische ist. Es ist auch eine philosophische Frage nach der Macht der Vernunft – der *reinen* Vernunft – in ihrer anspruchsvollsten Form überhaupt. Die Ablehnung des möglichen Beweises ist eine Absage an die Reinheit der Vernunft. Man muss sich fragen: Wie funktioniert die ontologische Argumentation?

KEHLMANN Der ontologische Gottesbeweis sagt, dass Gott,

wenn man ihn sich als nicht existierend vorstellt, etwas von jener Vollkommenheit fehlt, die zum Gottesbegriff gehört. Das heißt, man kann sich eigentlich gar nicht sinnvoll Gott als nicht existierend vorstellen, weil für einen nicht existierenden Gott bräuchte man eine Definition, die seine Göttlichkeit nicht mit einschließt. Existieren ist sozusagen ein Vermögen. Nicht existieren können, zu gering sein, um existieren zu können, bedeutet, dass man nicht vollkommen ist. Das heißt, wenn man sich Gott als vollkommen vorstellt, muss man ihn sich auch als existierend vorstellen, oder man gerät in einen Widerspruch. Ergo existiert Gott, weil ich ihn denken kann.

BOEHM Du hast vorhin gesagt, dass dich die Antinomien elektrisieren; dieses Argument, das seinen Ursprung bei Anselm von Canterbury hat, elektrisiert mich. Ihm liegt die Annahme zugrunde, wie du sagst, dass Existenz ein »Vermögen« ist. Später sollte man es als ein »Prädikat« oder eine »Eigenschaft« bezeichnen, und die Strategie besteht darin, dass man sagt: Zu denken, dass Gott nicht existiert, ist dasselbe, wie beispielsweise zu denken, dass ein Dreieck vier Seiten hat. Das kann man mit einem Dreieck nicht machen, und darum weiß man, dass ein Dreieck, *wenn* eines existiert, notwendigerweise drei Seiten hat. Die tatsächliche Existenz von Dreiecken ist eine andere Frage: Man muss sich die Welt anschauen und prüfen, ob es Dreiecke gibt. Denn Dreiecke könnten nach allem, was wir wissen, durchaus auch *nicht* existieren – ihre Definition schließt viele notwendige geometrische Eigenschaften ein, zu existieren gehört nicht dazu. Im Hinblick auf Gott beweist man mit derselben Methode, *dass* Gott existiert. Man muss nur die Bedeutung des Begriffs von Gott *verstehen*, um zu *wissen*, dass er existiert. Diese Verbindung zwischen Verstehen und Bedeutung auf der einen Seite und Wahrheit und Existenz auf der anderen ist die ultimative Vereinigung von Denken und Sein. Wenn dieses anselmische Argument durchgeht, zeigt es nicht nur, dass Gott existiert, sondern *dass es einen Gedanken gibt, dessen Wahrheit einfach dadurch erkannt werden kann, dass man ihn denkt.* Wenn uns ein solcher Gedanke je zugänglich ist, dann kann die reine Vernunft Wissen erwerben, und Kant hat sich erübrigt.

Es gibt zwei Arten solchen Denkens. Die eine ist eben die ontologische Argumentation, und auch die andere Art ist interessant. Das ist Descartes' Cogito, das dasselbe erreichen soll, nur mit einer radikal anderen Strategie. Statt mit Gott, dem Unendlichen, zu beginnen, setzt sie am Selbst oder Bewusstsein als einem Endlichen an. Der Gedanke *cogito ergo sum,* ich denke, also bin ich, ist ein Gedanke, von dem man weiß, dass er wahr ist, ja wahr gemacht wird, einfach weil man ihn denkt. Auch er weist jene Vereinigung von Denken und Existenz auf, weshalb Kant ihn unbedingt widerlegen will. Wir haben darüber schon gesprochen: Das Bewusstsein ist der Grund der Erkenntnis, ist aber ohne eine Beziehung zur äußeren Welt selbst gar nicht möglich. Man kennt sich nur als Erscheinung, das heißt in einer empirischen Beziehung zur äußeren Welt. Zu denken, man könne durch »reines« Denken aus »ich denke« erkennen, dass »ich existiere«, ist eine Illusion. All das berührt Kant im Kern, weil es sein Interesse an synthetischen Urteilen a priori betrifft.

KEHLMANN Kant selbst hielt seine Erkenntnis, dass es synthetische Urteile a priori gibt, für eine seiner Hauptleistungen.

BOEHM Er sagt bekanntlich: Analytische Urteile, die kraft ihrer Definition wahr sind, sind sicher, aber bloß tautologisch. Da sie bloß begriffliche Wahrheiten ausdrücken, vermitteln sie uns kein tatsächliches existenzielles Wissen. Empirische, synthetische Urteile hingegen vermitteln uns tatsächliche Informationen über die Welt, sind aber nicht vor Humes Einwand gefeit und führen nie zu philosophischem Wissen. Deshalb muss die neue Philosophie mit dieser neuen, faszinierenden Art von Urteilen begründet werden, die Kant entdeckt hat: den synthetischen Urteilen a priori. Das ist der Kant der Lehrbücher, der wahrscheinlich in jeder Einführung in sein Denken referiert wird. Aber jetzt denk noch mal an die analytischen Urteile. Wenn das ontologische Argument wahr ist, dann ist Gottes Existenz eine analytische Wahrheit. Die Aussage »Gott existiert« ist dann tautologisch, aber nicht »nur« tautologisch: Sie gibt uns eine sehr bedeutende Information über die Realität. Und wenn diese Wahrheit analytisch ist, dann lassen sich viele andere (wahrscheinlich alle) analytisch aus der reinen Vernunft sozusagen ableiten.

KEHLMANN Also der Umstand, dass man sein Wissen erweitern kann, ohne dafür zusätzliche empirische Erfahrungen machen zu müssen. Man kann Urteile treffen, die wissenserweiternd sind, ohne dass wir Daten aus der empirischen Welt brauchen.

BOEHM Wir haben uns daran gewöhnt, Kants Verwerfung analytischer Urteile als tautologisch einfach als gegeben hinzunehmen, aber diese Verwerfung setzt bereits etwas voraus, das er erst viel später im Buch begründen wird, wenn er den ontologischen Gottesbeweis widerlegt: dass Existenz keine Eigenschaft oder das Prädikat einer Sache ist. Darin bündelt sich wirklich der Antagonismus zwischen Kant und Gott oder vielmehr zwischen Kant und dem Versuch, Gottes Existenz zu beweisen. Wenn Existenz eine Eigenschaft von Sachen ist und Gottes Existenz bewiesen werden kann, dann kann man aus analytischen Urteilen faktische Wahrheiten gewinnen. Synthetische Urteile a priori wären dann als Modell für die Philosophie irrelevant. Heine hatte recht damit, dass die *Kritik der reinen Vernunft* das Schwert war, mit dem Gott getötet wurde. Aber wenn man einen König oder einen Gott angreift, dann muss man ihn töten. Wenn Gott nicht tot ist, gibt es keine *Kritik der reinen Vernunft*. Das setzt das Argument, das Kant gegen den ontologischen Gottesbeweis vorbringt, unter schwersten Druck – Gottes Gespenst sucht die *Kritik der reinen Vernunft* heim.

Das ontologische Argument

KEHLMANN Das ontologische Argument ist bis heute der einzige intellektuell wirklich beeindruckende Gottesbeweis. Und Kants Widerlegung ist auch nicht unumstritten, Hegel zum Beispiel hielt den theologischen Beweis für haltbar, und Kurt Gödel, der größte Logiker des zwanzigsten Jahrhunderts, schrieb eine Formalisierung dieses Beweises.
BOEHM Die Frage ist, wie man die Idee angreift, dass aus dem Gedanken, dass Gott das vollkommenste Wesen ist, folgt, dass Gott existiert. Du hast vorhin so etwas gesagt wie: »Gott existiert, weil ich ihn denken kann.« Eine Möglichkeit, das anzugreifen, wäre infrage zu stellen, ob du das kannst. Vielleicht ist der Gedanke »das größte Wesen« inkohärent, sodass du ihn eben nicht denken kannst. Wie etwa der Gedanke »die größte Zahl«. Im Guten wie im Schlechten können wir uns alles Mögliche vorstellen, was wir streng genommen nicht denken können. Kant allerdings glaubt sehr wohl, dass man das größte Wesen denken kann, er macht davon auch reichlich Gebrauch … Die andere Möglichkeit besteht darin, die Vorstellung anzugreifen, dass Existenz ein Vermögen oder ein Prädikat ist.

KEHLMANN Und diesen Punkt wird Kant angreifen.

BOEHM Wenn wir sagen, der Ball ist rund, der Tisch ist blau, verbinden wir ein Ding mit einem Prädikat oder einer Eigenschaft. Genauso ist es, wenn wir sagen, Gott ist gut oder allwissend. Rund zu sein ist eine Eigenschaft, die der Ball als ein Ding in diesem Fall hat; dasselbe heißt es für Gott, gut oder allwissend zu sein. Die Frage ist, ob Existenz, wenn man sagt »der Ball existiert« oder »Gott existiert«, in derselben Weise funktioniert wie »rund« oder »blau«. Das ontologische Argument setzt voraus, dass es eine Vollkommenheit ist, zu existieren. Und man denkt sich Gott als das vollkommenste Wesen. Die Vorstellung, dass Gott nicht existiert, läuft auf die Vorstellung hinaus, dass Gott, dem vollkommensten Wesen, eine Vollkommenheit fehlt.

KEHLMANN Das Argument funktioniert tatsächlich, wenn es denn funktioniert, *nur* mit der Perfektion. Man hat im Mittelalter schon über Anselm von Canterbury mit dem Argument gespottet, dass man so auch die Existenz der schönsten Insel beweisen kann. Eine Insel, die nicht existierte, wäre nicht die schönste, also muss eine Insel, die ich mir als die schönste Insel vorstelle, notwendig auch existieren. Aber das stimmt natürlich nicht. Zu existieren macht eine Insel nicht schöner, aber nicht zu existieren, macht Gott weniger vollkommen. Also, es funktioniert wirklich nur – wenn es denn funktioniert – mit dem Prädikat der Vollkommenheit und daher nur mit Gott.

BOEHM *Wenn* Existenz ein Prädikat *ist* …

KEHLMANN Genau. Das ist die Frage.

BOEHM Wenn Kant zeigen kann, dass Existenz keine Eigenschaft ist, dann kann »existiert« in keiner Definition enthalten sein, auch nicht in der Gottes. Und dann gibt es keinen Widerspruch in dem Gedanken, dass Gott, das vollkommenste Wesen, nicht existiert. Machen wir wieder den Vergleich mit Dreiecken. Dreiecke haben definitionsgemäß drei Seiten. Daraus folgt: *Wenn* ein Dreieck existiert, hat es drei Seiten. Wenn Kant recht hat mit der Behauptung, dass Existenz kein reales Prädikat ist, dann würde der Gedanke, dass Gott das vollkommenste Wesen ist und deshalb existiert, definitionsgemäß bedeuten: *Wenn* Gott existiert, dann existiert das vollkommenste Wesen … Wir sind dann zurück bei dem kleinen Wörtchen »wenn«, der Antiklimax leerer Tautologien.

KEHLMANN Schelling hat es perfekt getroffen, als er schrieb: Wenn Gott existiert, existiert er notwendig. Ähnlich Schopenhauer, wenn er darüber spricht, dass es eine regelrecht erschütternde Vorstellung wäre, sich einen Gott vorzustellen, der sagt: »Ich habe die ganze Welt erschaffen, aber wieso gibt es eigentlich mich?« Hier wird also die Idee eines nicht notwendigen Gottes zu Ende gedacht, und sie führt tatsächlich, nun ja, vielleicht nicht in ein Paradox, aber doch zu sehr verwirrenden Folgerungen.

Der Henker Gottes?

BOEHM Die Frage ist also, was Kant dazu bringt, den Gedanken zurückzuweisen, dass Existenz eine Eigenschaft eines Gegenstands ist. Und wie stark sein Argument ist … Die Argumentation findet sich in der *Kritik* in dem berühmten sogenannten »Hundert Taler«-Absatz und besagt, dass »Sein« kein »reales Prädikat« ist, um das sich der Begriff eines Dings ergänzen ließe, sondern die Setzung, dass das, was in dem Begriff enthalten ist, existiert.

»Der Satz: *Gott ist allmächtig,* enthält zwei Begriffe, die ihre Objekte haben: Gott und Allmacht; das Wörtchen: *ist,* ist nicht noch ein Prädikat obenein [...]. Nehme ich nun das Subjekt (Gott) mit allen seinen Prädikaten (worunter auch die Allmacht gehört) zusammen und sage: *Gott ist,* oder es ist ein Gott, so setze ich kein neues Prädikat zum Begriffe von Gott, sondern nur das Subjekt an sich selbst mit allen seinen Prädikaten [...]. Beide müssen genau einerlei enthalten, und es kann daher zu dem Begriffe, der bloß die Möglichkeit ausdrückt, darum daß ich dessen Gegenstand als schlechthin gegeben (durch den Ausdruck: er ist) denke, nichts weiter hinzukommen. Und so enthält das Wirkliche nichts mehr als das bloß Mögliche. Hundert wirkliche Taler enthalten nicht das Mindeste mehr als hundert mögliche. Denn da diese den Begriff, jene aber den Gegenstand und dessen Position an sich selbst bedeuten, so würde, im Fall dieser mehr enthielte als jener, mein Begriff nicht den ganzen Gegenstand ausdrücken und also auch nicht der angemessene Begriff von ihm sein. Aber in meinem Vermögenszustande ist mehr bei hundert wirklichen Talern, als bei dem bloßen Begriffe derselben (d.i. ihrer Möglichkeit). Denn der Gegenstand ist bei der Wirklichkeit nicht bloß in meinem Begriffe analytisch enthalten, sondern kommt zu meinem Begriffe [...] synthetisch hinzu [...].

Denke ich mir nun ein Wesen als die höchste Realität (ohne Mangel), so bleibt noch immer die Frage, ob es existiere, oder nicht.«[45]

Kurz gesagt geht die Argumentation also wie folgt: Wir können uns etwas vorstellen, das bloß möglich ist. Das heißt, es kann existieren, tut es aber nicht. Man kann über dieses lediglich mögliche Ding im Prinzip alles wissen, was es darüber zu wissen gibt – es gibt keinen Grund, warum man nicht alle seine Eigenschaften kennen sollte. Doch Existenz wäre keine von ihnen. Warum nicht? Weil es ein bloß mögliches Ding ist. Wäre seine Existenz Bestandteil seiner Definition, dann wäre es nicht bloß möglich. Es wäre wirklich – es würde existieren.

Stellen wir uns nun vor, dass jenes bloß mögliche Ding auf einmal Existenz annimmt. Es ist nicht mehr nur möglich, sondern wirklich. Kant behauptet: Selbst dann ist Existenz kein Prädikat oder eine Eigenschaft des Dings. Und warum nicht? Weil, wenn sie es wäre, die Definition des *wirklich existierenden* Dings und die Definition des *bloß möglichen* Dings nicht mehr dieselben wären. Das bloß mögliche und das wirkliche Ding sind sich vielleicht ähnlich, aber sie sind nicht dasselbe Ding. Wir sind aber davon ausgegangen, dass wir von einem bloß möglichen Ding sprechen – und zu sagen, dass etwas möglich ist, heißt zu sagen, dass es existieren *könnte*.

Man kann es auch anders formulieren. Wenn Existenz ein Prädikat ist, dann kann nichts, was nicht existiert, jemals Existenz annehmen. Man kann es als möglich bezeichnen, wenn es einem gefällt, aber es kann definitionsgemäß nicht existieren: Die Existenz ist kein Teil von ihm, und sie »hinzuzufügen« würde das Ding bereits zu einem anderen machen. Hingegen existiert sozusagen all das, was existiert. Seine Existenz ist eine Tautologie, und es kann seine Existenz nicht verlieren. Wir haben aber ursprünglich von etwas gesprochen, das ein »lediglich *mögliches*« Ding ist – also von etwas, das nicht existiert, aber existieren könnte. Die Vorstellung, dass Existenz ein Prädikat oder eine Eigenschaft ist, würde dem widersprechen.

So weit Kants Argumentation. Ihre Schlussfolgerung lautet, dass Existenz als ein Prädikat zu denken widersprüchlich ist – aber jetzt pass auf, das wird oft übersehen –, widersprüchlich aber nur, wenn man den Begriff der Möglichkeit voraussetzt. Also dass Dinge, Ereignisse, Zustände, die nicht existieren, existieren *könnten*.

Ein starker Determinist wie etwa Spinoza wischt diese Argumentation im Grunde einfach vom Tisch. Für einen starken Deterministen wie Spinoza bleibt das ontologische Argument von diesem Einwand erst einmal unberührt. Seine Position ist ja genau, dass es keinen Unterschied zwischen Möglichkeit und Wirklichkeit gibt – dass alles notwendigerweise aus der notwendigen Existenz Gottes folgt … Was auch immer nicht existiert, ist unmöglich, was immer existiert, existiert definitionsgemäß. Deshalb hat Kant uns eigentlich gezeigt – und das ist keine geringe Errungenschaft –, dass man, wenn man Existenz für ein Prädikat hält, den Unterschied zwischen Möglichkeit und Wirklichkeit beseitigt. Und dass man dadurch die Freiheit verringert, Entschuldigung: nicht verringert, sondern abgeschafft hat. Wenn du bereit oder fähig bist, diese Kröte zu schlucken und den Unterschied zwischen Möglichkeit und Wirklichkeit, zwischen Freiheit und Notwendigkeit zu bestreiten, dann bleibt das ontologische Argument tragfähig. Kant sagt es nicht ausdrücklich, aber ich frage mich, ob er sich dessen bewusst ist, dass seine Widerlegung des ontologischen Gottesbeweises mit der Prämisse der menschlichen Freiheit beginnt. Nur *wenn* oder *weil* wir frei sind, können wir nicht wissen, dass Gott existiert.

KEHLMANN Hier sind wir im Zentrum des antimetaphysischen Kant. Hier ist er wirklich der Henker Gottes. Hier ist der Ort, wo die Revolution stattfindet, wo Kant die geistige Welt auf immer verändert. Eine bestimmte Form des dogmatischen religiösen Denkens ist danach eigentlich nicht mehr möglich.

BOEHM Das ist die tiefere Wahrheit hinter Heines Lesart von Kant als robespierreschem Terroristen und radikalem

Revolutionär. Es geht nicht nur darum, dass die *Kritik* Gott getötet hat. Die menschliche Freiheit tötet Gott, oder Gott wird die menschliche Freiheit töten.

Noch einmal anders ausgedrückt: Der ontologische Gottesbeweis bricht zusammen, wenn wir Freiheit voraussetzen. Wir setzen Möglichkeit voraus, weil wir Freiheit voraussetzen. Fügen wir jetzt hinzu: Die Freiheit offenbart sich uns in der moralischen Verantwortung – in unserer Verpflichtung, so zu handeln, wie wir sollten, und dem Eingeständnis, dass die Welt so, wie sie ist, nicht sein sollte. Wenn die Welt in keiner anderen Weise möglich gewesen wäre, dann hätte sie auch nicht anders sein sollen … Nicht nur die menschliche Freiheit, auch die menschliche Verantwortung hat Gott getötet. Und um genau zu sein: Sie hat nicht Gott getötet, weil Kant an Gott glaubt, und nicht nur für den alten Lampe. Vielmehr haben die Freiheit und die Autorität des Sollens Gottes Autorität getötet. Sonst hätte Gottes Autorität das Sollen getötet.

KEHLMANN Richtig, denn Gottes Existenz wird ja nicht widerlegt! Es wird vielmehr gezeigt, dass man Gott nicht beweisen kann. Ebenso wie in Kants Ethik Gott nicht widerlegt wird, sondern es wird gezeigt, dass er unnötig ist. Also sowohl epistemologisch als auch moralisch wird Gott als gewisse Autorität, nicht als Entität vernichtet. Die Frage, ob Gott noch irgendwo dort oben sitzt und auf uns herabsieht, berührt Kant gar nicht. Der Deismus eines Voltaire geht ja davon aus, dass Gott tatsächlich einfach zusieht und sich nach dem ursprünglichen Schöpfungsakt nicht mehr einmischt. Diese Möglichkeit wird von Kant zunächst gelassen ignoriert, sie ist in diesem Zusammenhang auch gar nicht wichtig. Wie gesagt, sie wird erst wichtig bei der Frage »Was darf ich hoffen?«.

BOEHM Was, nebenbei bemerkt, schließlich wieder für das

Handeln und die Aufklärung wichtig werden wird, weil Hoffnung mit Fortschritt zusammenhängt …

KEHLMANN Aber sie ist weder relevant, um die Welt zu erklären, noch um zu sagen, wie wir handeln sollen.

BOEHM In diesem Zusammenhang ist die Spiegelbildlichkeit zwischen Kant und Spinoza interessant. Wir haben gesehen, wie wir mit Kant aus der Freiheit oder dem Sollen heraus die Möglichkeit annehmen und das ontologische Argument zurückweisen. Bei Spinoza ist es genau umgekehrt: Man beginnt mit Gott, der Causa sui, leitet daraus das Wissen um Gottes Existenz ab und aus dieser wiederum die Moral. Deshalb heißt ein Buch, das mit der Definition der Causa sui beginnt, *Ethik*.

KEHLMANN *Causa sui* ist also die extreme Kurzfassung des ontologischen Arguments auf zwei Worte gebracht.

BOEHM Stimmt, nur ist es so kurz, dass ich es nicht mal als ontologisches *Argument* bezeichnen würde. Ein Argument würde Spinozas Absicht hier fast beleidigen, weil man für etwas argumentiert, das sein muss, das nicht offensichtlich ist. Es wird durch Deduktion erkannt, diskursiv verstanden, indirekt, aus einem abstrakten Begriff gezogen. Ich glaube, Spinoza wäre aufgeschlossen für den Gedanken, dass eine Causa Sui es uns ermöglichen sollte, Gottes Existenz unmittelbarer zu erkennen – nicht durch einen Begriff und ein Argument, sondern fast schon durch einen Namen. Man kann sich Causa sui als Gottes Eigennamen denken, der bereits impliziert, dass man Gottes Existenz sieht. Causa sui ist für Spinoza, ich vermute bewusst, obwohl er das nicht so sagt, ein Philosophen-Jahwe. Und an dieser Einsicht kann man auch die Kraft der geometrischen Methode ermessen. Da Gott per definitionem existiert, da Existenz durch Begriffe erkannt wird, lässt sich die Metaphysik mittels Axiomen, Definitionen und Lehrsätzen deduzieren.

KEHLMANN Die Schwäche von Spinozas Methode, metaphysische Wahrheiten mit der Methode der Mathematik abzuleiten, *more geometrico*, wie es Spinoza nennt – die Schwäche dieser Methode ist, dass Spinoza falsch versteht, wie mathematische Wahrheiten gewonnen werden. Weil er eben meint, mathematische Wahrheiten seien einfach analytische Ableitungen aus gegebenen Definitionen. Spinoza sieht eben nicht, dass es ein synthetisches Urteil a priori gibt.
BOEHM Spinozas Position mag stärker sein, als du meinst. Der Grund ist folgender: Wenn Existenz ein Prädikat ist, dann hat Spinoza wahrscheinlich recht mit der Annahme, dass man Causa sui sagen und das Wissen um Gottes Existenz aus ihr gewinnen kann. Er kann dann auch auf plausible Weise die gesamte Metaphysik analytisch aus dem Begriff Gottes ableiten und als Gottes bloße Eigenschaften entfalten. Wenn das möglich ist, ist die Aussage, dass die Mathematik synthetisch a priori ist, erschüttert. Wir können dann darüber diskutieren, ob die Mathematik synthetisch ist oder nicht, aber die Mathematik wird für Spinoza keine angemessene Denkweise über die Realität mehr sein – weil die Mathematik eine Wissenschaft des Vielfachen und der Unterscheidung ist, während die Realität vereinheitlicht ist. Ich sage nicht einmal »eins ist« – es ist unklar, ob Spinoza überhaupt diese eine Zahl zulassen würde, wenn er eine Vielfachheit bestreitet. Wenn dem so ist, dann ist die Synthetizität der Mathematik lediglich ein Ausdruck unseres inadäquaten Denkens. Und dann wäre eine analytische Darstellung des Denkens adäquat.
KEHLMANN Aber würdest du, denn darüber gibt es ja bis heute keine vollständige Einigkeit, würdest du sagen, dass Kant neben den anderen Beweisen Gottes, die er, da sind wir uns wohl einig, völlig stringent widerlegt … Würdest du

sagen, dass auch das ontologische Argument nach Kant als widerlegt gelten kann, oder hat es vielleicht doch noch ein gewisses Feuer, eine gewisse Überlebenskraft?

BOEHM Feuer hat der Beweis auf jeden Fall, ob er überlebt oder nicht. Für mich ähnlich wie Spinoza. Es ist erhaben, ich glaube, das ist der richtige Ausdruck: Die Auseinandersetzung mit, ja die Meditation über das großartigste mögliche Wesen gleicht dem Blick in den bestirnten Himmel, aber im Denken. Übrigens ist das eine gewaltige philosophische Frage, weil die ganze moderne Logik im Wesentlichen davon ausgeht, dass Existenz kein Prädikat ist. Es gibt keinen Gottlob Frege, keinen Ludwig Wittgenstein, keinen Bertrand Russell ohne die Verneinung, dass Existenz ein Prädikat ist. Das ist eine Prämisse, in der sich die analytische und die kontinentale Tradition tendenziell einig sind. Aber die Widerlegung ist wackelig. Das Gespenst ist da. Ich würde sagen, dass wir zwei konsistente Positionen vor Augen haben, denen es nicht gelingt, sich gegenseitig zu widerlegen. Bei der einen nimmst du Freiheit an, und die Verneinung des ontologischen Gottesbeweises ist bereits eingebaut. Bei der anderen nimmst du die Abwesenheit von Freiheit an und machst dir die ontologische Argumentation damit schon zu eigen. Für welche dieser beiden Positionen man sich entscheidet, lässt sich aus keiner dieser Philosophien selbst heraus begründen – nicht ohne Zirkelschluss. Hoffentlich ist das ein Zeichen dafür, dass die Entscheidung selbst nicht von einer Erkenntnis oder von Beweisen abhängt, sondern von unserer eigenen Freiheit.

Der fünfte Teil

Die Schönheit und Kant

KEHLMANN Vielleicht muss man ein wenig ausholen, wie Kant überhaupt dazu kommt, ein ästhetisches Werk zu schreiben. Ästhetik ist hier im modernen Sinn von Kunstbeschreibung gemeint. Denn Kant verwendet ja den Begriff Ästhetik auch in einem älteren Sinn, wenn er von transzendentaler Ästhetik spricht, da heißt es einfach Wahrnehmung. Korrigier mich bitte, wenn ich das falsch darstelle, aber Kant ist an sich nicht besonders an Kunst interessiert. Er merkt im Zuge seiner Arbeit an einer Theorie des menschlichen Erkennens, dass ein Gebiet noch offen ist. Dieses teilt sich in zwei Bereiche. Beides hat zu tun mit dem, was er Zweckmäßigkeit nennt. Wir finden in der Kunst von Menschen gemachte Gegenstände vor, die so organisch gefügt sind, als wären sie von selbst entstanden. Man wundert sich darüber, dass ein Mensch sie gemacht haben soll. Während wir auf der anderen Seite in der Natur das Phänomen finden, dass lebende Organismen erscheinen, als seien sie geplant und entworfen, also eigentlich geschaffen. Und diesen Sonderfällen muss Kant nachgehen. Er findet in der Kunst eine merkwürdige Urteilsstruktur, die sonst nirgendwo auftritt: dass ein Urteil nämlich sowohl einzeln ist als auch allgemein zutreffen soll. Wenn wir finden, dass ein Werk schön ist, treffen wir ein Urteil über ein einzelnes Ding, aber gleichzeitig legen wir diesem Urteil den Anspruch auf Allgemeinheit bei. Wenn uns das Essen schmeckt, und wenn wir die Einzigen sind, denen es so geht, dann stört uns das nicht weiter, aber angesichts eines Kunstwerks fordern, wünschen, wollen wir dringend, dass jeder andere mit uns übereinstimmt. Auch wenn uns die Erfahrung lehrt, dass das meist nicht so ist, haben wir das Gefühl, es müsste eigentlich so sein. Und so verfasst Kant sein wohl merkwürdigstes Werk, die *Kritik der Urteilskraft,* und weil darin sehr viel Unterschiedliches zusammenkommt und sich zu einer Einheit fügt, geschieht es, dass der eigentlich primär nicht besonders kunstinteressierte Professor Immanuel Kant das wichtigste Werk der Kunsttheorie überhaupt schreibt.

BOEHM Diese Aussage möchte ich unterstreichen. Das ist eine schöne Beobachtung …

KEHLMANN Ich würde noch einen Schritt weitergehen. Ich behaupte, sehr viele zeitgenössische Diskussionen im Bereich der Kunst und Kultur wären sofort überflüssig, wenn die Beteiligten nur die *Kritik der Urteilskraft* genau lesen würden. Kant gelingt hier etwas, was ihm vermutlich in der Moral auch gelungen ist: Er *löst* ein Problemfeld. Es bleiben natürlich immer noch Fragen übrig, aber für mich hat Kant in der *Kritik der Urteilskraft* die wichtigsten Fragen der Kunsttheorie gelöst.

BOEHM Aber »gelöst« nicht in dem Sinne, in dem Wittgenstein das Wort im *Tractatus* gebraucht – einem schmalen Buch, das behauptet: Ich habe das Problem der Philosophie gelöst, ich habe die Philosophie aufgelöst, wir brauchen nicht mehr über sie zu *sprechen,* sondern können sie mit Stillschweigen übergehen …

KEHLMANN Im Gegenteil! Er sagt ja, es gehört zur Kunst, dass wir ein unendliches Gespräch über sie führen.

BOEHM Im Gegensatz zur Metaphysik vielleicht, die Kant als einen »Kampfplatz« betrachtet, der abgeräumt werden muss. Nach Kant kann die Ästhetik als unendliches Gespräch beginnen …

Es stimmt, dass sich Kant nicht besonders für Kunst zu interessieren scheint. Und es ist bemerkenswert, dass es ihm trotzdem gelungen ist, das Problem der Ästhetik zu lösen. Vielleicht muss man es sogar noch weiter fassen – nicht nur die Kunst, auch die Idee der Schönheit im Allgemeinen stand einfach nicht im Mittelpunkt von Kants Denken. Er war auch nicht sonderlich romantisch in Bezug auf die Schönheit der Natur, obwohl dieses Sujet offiziell die zentrale Rolle in seiner Ästhetik spielt – viel mehr als die Kunst. Kant war einerseits an der Idee der Wahrheit und andererseits an der Idee des Guten interessiert. Weniger an der des Schönen. Und dennoch wurde das Problem des Schönen von Kant nicht nur gelöst, sondern gleichsam erfunden. Und wenn nicht erfunden, so doch als zentrales philosophisches Problem wiederentdeckt. Vielleicht ist das ein Grund, warum er dieses Feld so gewinnbringend bearbeiten kann – die Frage drängt sich ihm auf, fast gegen seine Absichten, als das natürliche, notwendige nächste Element seiner philosophischen Revolution. In gewisser Weise als das Element, das die Revolution vervollständigen muss. Platon war an der Schönheit interessiert, Leibniz nicht wirklich. Descartes auch nicht, so wenig wie Spinoza. Wir müssen zur Kenntnis nehmen, dass die Frage der Schönheit erst wieder *möglich* wird, nachdem diese frühneuzeitlichen metaphysischen Systeme an der Wurzel abgeschnitten waren. Und sie wird nicht nur möglich, sondern auch notwendig, weil sie die Antwort auf die neuen Fragen enthält, die auftauchen, sobald die Metaphysik von ihrer Wurzel getrennt ist. Vor Kant besteht kein Interesse an der Frage der Schönheit, jedenfalls kein großes. Oder, nun ja, so wie ich dich kenne, denkst du bereits an den Denker, der die Ästhetik in Wirklichkeit vor Kants kopernikanischer Wende erfunden hat, nämlich Alexander Gottlieb Baumgarten.

KEHLMANN Und Shaftesbury in England, der den Begriff des Erhabenen in die Debatte einbringt. Das alles sind wichtige Ansätze, aber nichts davon hat das profunde Gewicht von dem, was Kant unternimmt.

Was ist schön?

BOEHM Es gibt eine ganze Liste: Burke wäre zu nennen, weil er Kant beeinflusst hat, und, wenn man darüber nachdenkt, Kant selbst! Der frühe Kant, bevor er mit der kopernikanischen Wende zu »Kant« wurde, schrieb über das Schöne und das Erhabene … Nichts davon hatte das Gewicht von Kants kritischen Schriften zur Ästhetik, weil er das Schöne noch nicht als ein von Haus aus philosophisches Problem erkannt hatte, vielleicht auch nicht erkennen konnte. Wenn überhaupt, dann als eine Thematik, *über* die die Philosophie etwas zu sagen hat. Eine der Fragen, die zu stellen sich lohnt, lautet somit: Warum entdeckt Kant das Schöne unmittelbar nach der kopernikanischen Wende als ein inhärent philosophisches Problem?

KEHLMANN Er äußert sich dazu ausführlich schon in der Einleitung.

BOEHM Tatsächlich schrieb er zwei Einleitungen – eine kurze, die veröffentlicht wurde, und eine lange, die erst später gedruckt wurde. Das ist deshalb erwähnenswert, weil diese Unentschiedenheit bezüglich der Einleitung zeigt, dass er mit der Thematik zu kämpfen hatte – warum es plötzlich nötig wurde, über das Schöne zu sprechen; warum die frühneuzeitlichen Denker vor seiner Wende es vernachlässigen konnten. Und die Antwortet auf diese Frage lautet, dass sie unsere Erkenntnis auf eine einzige Quelle beschränkten. Was nahezulegen schien, dass Schönheit nicht mehr sei als ein angenehmer psychologistischer Schein. Hätte man einen leibnizschen Rationalisten gefragt, was Schönheit ist und wie sie entsteht, wäre seine Antwort gewesen, dass sie eine »klare, aber verworrene« Wahrnehmung darstellt. Was als schön erfahren wird, ist im Grunde etwas, das man lebhaft wahrnimmt, aber nicht deutlich, das heißt durch sein Wesen oder seine Definition erkennt. Das erzeugt ein Interesse – ein bestimmtes Erstaunen oder Wohlgefallen. Der Punkt ist aber, dass sich dieses Wohlgefallen auf etwas reduzieren lässt. Grundsätzlich lässt sich die Sache durch ihre Definition oder Essenz erkennen. Schönheit lässt sich auf Wahrheit reduzieren, und sie zu erleben bedeutet in diesem Sinne nicht viel mehr als eine psychologische Information über den, der sie erlebt.

So viel zu den Rationalisten. Wenn man dasselbe einen Empiristen gefragt hätte …

KEHLMANN Ja, aber der Empirist würde wahrscheinlich sagen …

BOEHM … dass das Schöne auf jeden Fall immer subjektiv ist.

KEHLMANN Ja, und er würde sagen, es ist damit vergleichbar, wenn einem mein Essen schmeckt – es gefällt den Sinnen.

BOEHM Wie Karsten Harries in seinen Seminaren über die *Kritik der Urteilskraft* gern sagt: Ein gutes Steak wird immer besser sein als gute Kunst.

KEHLMANN Und man hört das heute tatsächlich öfter, dass zum Beispiel von guten Köchen gesagt wird, sie wären Künstler. Und da muss man natürlich mit Kant sagen: Nein, das sind sie nicht, denn das können sie nicht sein!

Eine Frage der Freiheit

BOEHM Was mich an dieser Tendenz stört, sind nicht so sehr die Köche, die über ihr Essen als Kunst sprechen, sondern die Kunstkritikerinnen und Künstler, die über ihre Kunst so sprechen, als ergäbe die Rede dieser Köche von ihrem Essen als Kunst Sinn. Damit will ich die wunderbaren Dinge, die man mit Essen machen kann, gar nicht bestreiten. Aber die Kultur, in der wir von Essen als Kunst sprechen, ist in Wirklichkeit keine, in der wir von *Essen als Kunst* sprechen – sondern eine, in der wir von *Kunst als Essen* sprechen.

Jedenfalls haben sowohl die Rationalisten als auch die Empiristen die Erfahrung des Schönen reduziert – entweder auf begriffliches Denken (die Rationalisten) oder auf sinnliches Wohlgefallen (die Empiristen). Nachdem Kant aber geltend gemacht hatte, dass sich das Erkenntnisvermögen aus zwei irreduzibel verschiedenen Quellen der Erkenntnis speist – Begriffen und Anschauungen, also dem Intellekt und der Anschauung –, ließ sich das Zusammenspiel zwischen ihnen und die durch dieses Zusammenspiel gewonnene Erfahrung nicht mehr auf irgendetwas reduzieren. Es wurde *autonom*: Dieses Zusammenspiel folgte nun seinen eigenen Gesetzen, die weder solche der Sinne noch solche der begrifflichen Erkenntnis waren. Und die Autonomie des Schönen im Unterschied zum Wahren und zum Guten kam zusammen mit der Autonomie der Kunst zum Vorschein.

Das ist ein Aspekt. Der zweite Aspekt betrifft ein zentrales Wort in der von dir erwähnten Einleitung: »Kluft«. Die kopernikanische Wende schuf eine Kluft zwischen dem, was Kant das Reich der Natur und dem, was er das Reich der Freiheit nennt. Kant machte die Freiheit möglich, indem er das Wissen über die Natur begrenzte. Die Natur funktioniert nach deterministischen Gesetzen wie der Kausalität, aber dieses deterministische Bild zeigt uns noch nicht alles. Denn es gibt ja das Reich der Freiheit, das nicht dem Kausalgesetz, sondern dem moralischen Gesetz unterliegt – dem kategorischen Imperativ, der vorschreibt, was sein sollte. Die Frage ist: Wie verbindet man beides? Wie kann freies Handeln in der Welt erscheinen? Warum sollte man glauben, dass es in der Welt einen Fortschritt zum Besseren gibt, wenn man nach moralischen Gesetzen handelt? Das ist das Problem der Hoffnung. Ohne eine Lösung für dieses Problem führt die Kluft in Kants großem Humanismus zu Melancholie.

Die *Kritik der praktischen Vernunft* endet mit dieser Feststellung. Ich glaube, dass dies für Kant eine Entdeckung war, die ihn dazu brachte, eine dritte Kritik zu schreiben – davor hatte er wahrscheinlich geglaubt, mit nur zweien sei sein Geschäft getan, einer zur theoretischen Vernunft (der Wahrheit) und einer zur praktischen Vernunft (dem Guten). Einerseits, sagt er, ist es unsere kategorische Pflicht, das »höchste Gut« zu verwirklichen. Das ist ein überfrachteter Begriff, formulieren wir es deshalb etwas bescheidener: Wir können nur dann unsere Pflicht tun, wenn wir hoffen dürfen, dass wir dadurch die Welt in die Richtung verändern, wie sie sein sollte. Soll heißen: Wir können nicht anders, als auf Fortschritt zu hoffen – ebenfalls ein überfrachteter Begriff –, darauf zu hoffen, dass durch *unser* Handeln ein Fortschritt erzielt wird. Auf der anderen Seite ist die Naturkausalität völlig blind für diese Überlegung. Sie vollzieht sich durch blinde Kausalität, nicht durch unsere moralischen Ziele. Handelnde menschliche Wesen sind nicht »Ursache der Welt und der Natur selbst«.[46] Ich habe eben Melancholie gesagt – ohne eine Lösung hierfür führt Kants Humanismus zu Verzweiflung.

Die Auflösung dieser Antinomie besteht in nichts anderem als dem berühmt-berüchtigten moralischen Beweis der Existenz Gottes. Man kann theoretisch nicht wissen, dass Gott existiert, man kann aber, nein, man muss seine Existenz moralisch postulieren.

Um das Moralgesetz ernst zu nehmen, muss man unterstellen, dass die Naturgesetze durch »eine der moralischen Gesinnung gemäße« »oberste Ursache der Natur« geschaffen wurden.[47] Die Annahme der Existenz Gottes ist »unzertrennlich« mit dem Handeln nach unserer Pflicht verbunden, »d.i. es ist moralisch notwendig, das Dasein Gottes anzunehmen«.[48]

KEHLMANN Das ist natürlich die Wendung, über die Heinrich Heine sich später lustig macht.

BOEHM Und das Problem ist, dass Heine nicht *ganz* unrecht hatte – vielleicht akzeptiert man diesen Beweis, wenn man bereits ein Gläubiger ist, der einen Gott benötigt. Für den Rest von uns kann der Grund, Hoffnung zu haben, schwerlich darin bestehen, dass wir wirklich einen Grund brauchen. Wenn das menschliche Handeln von einem solchen leeren Postulat abhängt, werden wir verzweifeln. Ich meine übrigens, dass diese Verzweiflung unsere heutige Lage in der Tat charakterisiert: Sie ist, so könnte man sagen, der Grund, warum wir uns nicht zum Universalismus bekennen. Die Frage ist, welche Erfahrung mit der Natur die Überzeugung stützen kann, dass unser freies, moralisches Handeln Bedeutung hat. Dass die Welt wirklich von einer obersten Ursache der Natur mit einer der »moralischen Gesinnung gemäßen« Disposition geschaffen wurde. Welche Naturerfahrung kann dich in deinen Gründen zur Hoffnung bestärken? Den moralischen Beweis für Gottes Existenz so stützen, dass er überzeugender wirkt als die Antwort für Lampe?

Das ist die große Frage, auf die die *Kritik der Urteilskraft* eine Antwort geben soll. Wenn Kant von einer Kluft spricht, dann ist es die, die durch die Trennung von Natur und Freiheit zur Verzweiflung führt. Und wenn der alte Lampe oder Heine unzufrieden mit Kants »Beweis« blieben, dann lädt die *Kritik der Urteilskraft* sie dazu ein, die Schönheit – in der Natur und der Kunst – als Zeichen in den Blick zu nehmen, dass sie hoffen dürfen. Dass zweckmäßiges Handeln etwas sein kann …

KEHLMANN Wieder ein Punkt in seiner impliziten Auseinandersetzung mit der spinozistischen Weltsicht. In Spinozas Kosmos kann keine Freiheit erscheinen, denn da ist die Welt, was sie ist. Aber nun sehen wir ja, sagt Kant, eine Zweckmäßigkeit in der Welt, die über reine Kausalität hinausgeht. Die Welt wirkt auf uns, als hätte sie ein planender, freier Geist erschaffen, und gleichzeitig finden wir keine Unterbrechung der strengen Kausalkette. Mit diesem Paradox müssen wir irgendwie umgehen.

BOEHM Spinoza steht Kant permanent vor Augen. Tatsächlich nutzt er Spinoza in der *Kritik der Urteilskraft* als Beispiel dafür, wie man ohne eine Brücke über jene Kluft der melancholischen Verzweiflung anheimfällt:

»Wir können also einen rechtschaffenen Mann (wie etwa den Spinoza) annehmen, der sich fest überredet hält: es sei kein Gott […]; wie wird er seine eigene innere Zweckbestimmung durch das moralische Gesetz, welches er tätig verehrt, beurteilen? […] [V]on der Natur kann er zwar hin und wieder einen zufälligen Beitritt, niemals aber eine gesetzmäßige und nach beständigen Regeln […] eintreffende Zusammenstimmung zu dem Zwecke erwarten, welchen zu bewirken er sich doch verbunden und angetrieben fühlt. […] [D]ie Rechtschaffenen, die er außer sich noch antrifft, werden, unangesehen aller ihrer Würdigkeit, glücklich zu sein, dennoch durch die Natur, die darauf nicht achtet, allen Übeln des Mangels, der Krankheiten und des unzeitigen Todes, gleich den übrigen Tieren der Erde, unterworfen sein und es auch immer bleiben, bis ein weites Grab sie insgesamt (redlich oder unredlich, das gilt hier gleichviel) verschlingt, und sie, die da glauben konnten, Endzweck der Schöpfung zu sein, in den Schlund des zwecklosen Chaos der Materie zurück wirft, aus dem sie gezogen waren. – Den Zweck also, den dieser Wohlgesinnte in Befolgung der moralischen Gesetze vor Augen hatte und haben sollte, müßte er allerdings, als unmöglich, aufgeben […].«[49]

Wie du gesagt hast, ist Spinoza der wichtigste Denker der Aufklärung, der die Idee der Zweckmäßigkeit, der Teleologie, angegriffen hat. In dem berühmten Anhang am Ende des ersten Teils der *Ethik* beseitigt er sie komplett. Es ist interessant, sich klarzumachen, worin sein Argument besteht. Würde man Spinoza nach einer Erklärung in einem Satz fragen, warum Teleologie strikt unmöglich ist, dann würde sie lauten, dass alles in Gott ist *und dass Gott frei* ist. Im Gegensatz dazu, wie wir Freiheit oft wahrnehmen – als Fähigkeit, zu einem Zweck oder auf ein Ziel hin zu handeln –, denkt Spinoza, teleologisches Handeln widerspreche der Freiheit. Zu einem Zweck zu handeln heißt, von außen bestimmt zu sein … Gott oder die Natur und alles, was ihr inhärent ist, existieren kraft ihrer Natur – das ist das ontologische Argument – und nicht *zu* etwas anderem. Sie richten sich nicht *nach* irgendetwas anderem, sondern existieren, weil sie sind, was sie sind – in diesem Sinne: *frei*. Bis zu einem gewissen Punkt denkt Kant ähnlich über die Natur wie Spinoza – sie ist vollständig durch blinde Kausalgesetze bestimmt, nicht durch Zwecke. Aber über die Freiheit denkt er nicht wie Spinoza. Er wird zeigen müssen, dass wir die Natur auch als frei geschaffen verstehen können, ohne dass wir dabei gegen ihre wissenschaftliche Bestimmung verstoßen. Ich meine, Freiheit als eine Absicht, nicht nur ein blindes Naturgeschehen, muss möglich bleiben.

Das interesselose Wohlgefallen

KEHLMANN In der Kunst hingegen liegt eindeutig Teleologie vor. Wir haben ganz offensichtlich einen Schöpfer, der das Werk nach seinen Zwecken und Absichten geformt hat.
BOEHM In dem Maße, in dem das stimmt, sieht Kant darin sogar ein Problem für die Kunst. Das ist etwas sehr Tiefgründiges, das ich, um ehrlich zu sein, noch nicht ganz verstanden habe. Ich glaube, dass es weiterer Erforschung bedarf. Hier ist ein faszinierender Punkt. Ich habe gesagt, dass es für Spinoza keine Freiheit sein kann, *zu* einem Zweck zu handeln, weil man dann durch diesen bestimmt ist. Kant sieht das tatsächlich genauso! Deswegen soll der kategorische Imperativ zeigen, dass zielgerichtetes Handeln nicht als Handeln *zu* einem Zweck, sondern als *Setzung* des Zwecks möglich ist. Es ist de facto ein Versuch, an der Idee des zielgerichteten Handelns festzuhalten, obwohl er Spinoza zustimmt, dass das Handeln zu einem Zweck ein Zeichen von Unfreiheit ist. Das ist wichtig, weil wir dasselbe an Kants Verhältnis zur Schönheit und speziell zur Kunst sehen. Schönheit wird für Kant nicht erlebt, wenn wir einen Zweck in der Natur sehen. Sie wird erlebt, wenn wir Zweckmäßigkeit ohne Zweck sehen. Du erlebst, dass ein Zweck eingerichtet sein kann, bist aber durch keinen Zweck bestimmt. Deshalb bevorzugt Kant natürliche Schönheit vor künstlerischer Schönheit: Er glaubt, wie du gesagt hast, dass letzt-

lich immer klar ist, dass die Schönheit der Kunst einen Schöpfer hat, der das Werk mit einem bestimmten bewussten Zweck erschaffen musste. In der Natur kann man eine teleologische Ordnung erfahren, ohne je einen Schöpfer oder einen Zweck zu erkennen.

KEHLMANN Und das ist mit der Kunst genauso?

BOEHM Kant wäre nur mit deinem »genauso« nicht einverstanden. Er würde sagen: Ein gelungenes Kunstwerk kann den Anschein erwecken, Zweckmäßigkeit ohne Zweck auszudrücken, vor allem, wenn es das Werk eines wahren Genies ist, das fast nicht der Schöpfer des Werks ist, sondern nur das Medium, das es erschafft, ohne sich der Absichten des Werks bewusst zu sein. Aber selbst das größte Genie ist nicht blind für seine eigenen kreativen Absichten. Man kann sich das anhand eines literarischen Werks klarmachen: Wenn ich es auf das reduzieren kann, was seine Autorin sagen wollte, was sie aussagen wollte, dann hat es seinen ästhetischen Wert verloren. Wir alle kennen die Art Deutung, die so an ein Werk herangeht – ein starkes Kunstwerk ist eines, bei dem eine solche Deutung nie gelingt. Kant glaubte, dass kein Kunstwerk völlig gegen diese Gefahr gefeit ist. Und deshalb ist zumindest offiziell das Kunstschöne für Kant nicht so wichtig wie das Naturschöne.

KEHLMANN Er findet zu der viel zitierten Formel vom »interesselosen Wohlgefallen«. Und interesselos heißt natürlich nicht, dass es uns egal ist, ganz im Gegenteil, sondern es heißt, wir haben kein persönliches Interesse an dem Objekt, wir wollen nichts von ihm, wir wollen nichts damit anfangen, wir wollen es nur wahrnehmen.

BOEHM Ich möchte sozusagen mit der Muse, die ich male, nicht schlafen.

KEHLMANN Und natürlich kann man auch Interesse am Bild dieser Muse haben, entweder als Pornografie oder auch in kommerzieller Hinsicht, zum Beispiel wenn man Galerist ist und damit Geld verdient. Aber dieses Wohlgefallen ist nicht das ästhetische. Das ist ja fast schon banal. Aber von hier aus kommt Kant zu komplexeren Erwägungen.

BOEHM Um technischer über das »interesselose Wohlgefallen« zu sprechen als meine Anmerkung zur Muse: Es geht nicht um die *Existenz* einer Sache, sondern um die Sache selbst. Denken wir nur noch einmal an das Beispiel der hundert Taler aus der Widerlegung des ontologischen Gottesbeweises. Kant sagt: Die Vorstellung von hundert existierenden Talern und die Vorstellung von hundert nichtexistierenden Talern ist ein und dieselbe. »Hundert wirkliche Taler enthalten nicht das mindeste mehr, als hundert mögliche.« Für mein Bankkonto, für mein Interesse ist der Unterschied zwischen nichts und hundert so wie der Unterschied zwischen nichts und eins, also unendlich groß. Ein Interesse an hundert Talern zu haben heißt, ein Interesse an ihrer Existenz zu haben. Man sieht hier unter anderem, warum das Hundert-Taler-Beispiel so brillant ist. Kant wählte das Beispiel Geld, weil es die Bedeutung von Existenz so genau herausstellt. Im Falle des Geldes bist du rein an der Existenz der Sache interessiert und gar nicht an der Sache selbst. Einen Gegenstand als schön zu erleben heißt, das entgegengesetzte Verhältnis zu ihm und zu seinem *Wert* zu haben. Der Wert liegt im Gegenstand selbst, nicht in seiner Existenz.

KEHLMANN Wenn wir es zum Beispiel mit einem Werk der Sprache zu tun haben oder einem Werk, das nicht bloß ornamental ist, sondern tatsächlich etwas darstellt, dann haben wir es mit einem Phänomen zu tun, das er die »anhängende Schönheit« nennt. Das bedeutet: Hinsichtlich des Kunstwerks an sich haben wir kein Interesse. Aber das Kunstwerk stellt ja auch etwas dar, und die Menschen und ihre Ideen, um die es darin geht, denen können wir als vernünftige Wesen nicht mit völliger Interesselosigkeit gegenüberstehen. Das heißt, gegenüber realen Kunstwerken, wenn sie nicht bloß ornamental sind, nähern wir uns mit einer komplizierten Gefühlsmischung. Da ist es nicht so rein und ordentlich wie bei der schönen Natur. Also unterhalb des interesselosen Wohlgefallens gegenüber dem Gesamtwerk gibt es darin doch auch viel zu bedenken, zu überlegen, zu diskutieren.

BOEHM Ich würde aber trotzdem sagen – du nicht auch? –, dass ein Kunstwerk uns dazu in die Lage versetzt, ein instrumentelles Verhältnis des Wissens zu diesen Objekten zu überwinden – wir wissen, was die Sache ist, und können sie entsprechend benutzen. Soweit wir uns *direkt* auf die Objekte beziehen, die in dem Kunstwerk dargestellt werden, wissen wir, was sie sind und was wir mit ihnen anfangen können. Das ist nicht Kunst. Wenn wir uns im Rahmen eines Kunstkontexts auf sie beziehen, können wir diese Objekte auch »interesselos« betrachten, also nicht instrumentell.

KEHLMANN Oh ja! Das Werk ist zweckmäßig gefügt, aber wir haben keine Zwecke, die wir damit verbinden. Wenn wir eine Fernsehserie sehen, einen Roman lesen oder Musik hören, und wir haben das Gefühl, der Mensch, der das gemacht hat, wollte damit schlicht und einfach Geld verdienen – dann mindert das tatsächlich unsere Wertschätzung des Werkes. Wir sind das so sehr gewohnt, dass wir kaum noch darüber nachdenken, aber im Grunde ist das gar nicht selbstverständlich. Von einem Koch würden wir nicht geringer denken, nur weil es ihm ums Geld geht. Es ist wirklich so, dass zu unserem Verständnis von Kunst dieser Eindruck von Zweckfreiheit gehört.

Genie und der Tod des Autors

BOEHM Eine Frage, die mitten in einige der schwierigsten Debatten unserer Zeit führt, ist die, ob »Interesselosigkeit« und »Zweckmäßigkeit ohne Zweck« überhaupt möglich oder als Standards auch nur wünschenswert sind. Und der Zusammenhang, in dem Kant formuliert, wie ernsthaft sein Anspruch ist, ist meines Erachtens die Theorie des Genies, die mit dem Tod des Autors zusammenhängt.
KEHLMANN Dazu muss man sagen, kulturgeschichtlich ist Kant einer der Ersten, die diesen Begriff im modernen Sinn verwenden. Unsere Vorstellung davon, was ein Genie ist, ist sehr wesentlich von Kant geprägt.
BOEHM Ja und nein, denke ich. Seine Analyse wirkte daran mit, dem Begriff des Genies zu einer zentralen Stellung zu verhelfen. Und ein Grund, warum er für die Erklärung dieses Phänomens so wichtig war, besteht darin, dass er, wie schon gesagt, die Bedeutung von Schönheit und Kunst als irreduzibel entdeckt hat. Das aber hieß, dass er über die Möglichkeit ihrer Hervorbringung in neuen Begriffen nachdenken musste. Wie ist künstlerische Schöpfung überhaupt möglich? Trotzdem ist die Vorstellung, mit der »wir« oder zumindest unsere Kultur von Genies spricht, leider nicht nur anders als die von Kant, sondern entgegengesetzt.

Für Kant ist Genie »die angeborne Gemütsanlage (ingenium), *durch welche* die Natur der Kunst die Regel gibt«.[50] Wenn es so etwas wie schöne Kunst gibt – die Erschaffung eines Werks, das »Zweckmäßigkeit ohne Zweck« an den Tag legt –, dann kann es nicht durch eingeführte Konzepte hervorgebracht werden, die der Künstlerin *oder* ihrem Publikum bekannt sind oder von ihnen verstanden werden. Ein Kunstwerk, das mittels vorhandener bewusster Begriffe verständlich wäre, kann das nicht leisten – es wird seinen Zweck verraten. Damit wird übrigens eine Verbindung zwischen der Idee einer »Zweckmäßigkeit ohne Zweck« und einem weiteren Terminus gezogen: Originalität oder Neuheit. Ein Werk, das sich nicht verstehen lässt, indem man dieser oder jener Regel folgt (Kants Wendung), ist etwas Neues – es lässt sich nicht verstehen, indem man es auf etwas reduziert, was ihm vorausging. Wenn es schöne Kunst gibt, muss sie folglich *originell* sein. Wenn sie Bedeutung hat, dann nicht, weil sie anhand dessen verstanden wird, was ihr voranging, sondern weil sie ein Vorbild oder Beispiel für das sein kann, was ihr folgt. Ein solches Beispiel oder Modell wird dann als »Zweckmäßigkeit ohne Zweck« erlebt. Und da es sich nicht anhand vorhandener Begriffe verstehen oder erschaffen lässt, kann es genau genommen auch nicht von dem Künstler selbst verstanden werden. Kants Theorie des Genies ist wahrscheinlich die erste und tiefgründigste Formulierung der These vom Tod des Autors. Kunst kann für Kant nur entstehen, wenn die Autorin tot ist.

KEHLMANN Als Individuum sozusagen. Als interessiertes Einzelindividuum.

BOEHM Ja, ein interessiertes Einzelindividuum kann keine »Zweckmäßigkeit ohne Zweck« hervorbringen, und das Individuum, soweit wir vom bewussten Individuum sprechen, ist vermutlich immer interessiert. Für Kant waren Genies diejenigen, die wirklich über sich hinaus als Medien, als Träger von Ideen dienen konnten. Ihre Schöpferkraft, ihre Originalität hat nichts mit ihrer eigenen Subjektivität zu tun. Da sie das Werk selbst nicht durch Begriffe verstehen können, besitzen sie keine *Autorität* in Bezug auf seine Bedeutung. Was zugleich heißt, dass sie als Individuen streng genommen nicht seine Autoren sind. Das ist das genaue Gegenteil von der Art und Weise, wie das Genie in unserer

Kultur verstanden wird. Kunst wird oft auf die Faszination reduziert, die wir für den individuellen Autor empfinden. Daniel Kehlmann ist ein Genie! Picasso ist ein Genie!

KEHLMANN Das Gegenteil von dem, was Kant beabsichtigt hat. Das ist neunzehntes Jahrhundert: Man ersetzt die Auseinandersetzung mit dem Werk durch einen Kult des Schöpfers.

BOEHM Als Roland Barthes die These vom Tod des Autors verkündete, erklärte er, warum sich die voraufklärerischen Kulturen Schreiben oder künstlerisches Schaffen als einen Moment vorstellen konnten, der »unser Subjekt ausrinnen, das Schwarzweiß, das jede Identität, angefangen bei der des schreibenden Körpers, verlorengehen läßt«. Und in einer bekannten, allzu simplen antiaufklärerischen Tirade, von der sich selbst einige der besten französischen Autoren in der Mitte des 20. Jahrhunderts blind machen ließen, beklagt er, dass der Positivismus der Aufklärungsbewegung »den Glanz des Individuums oder, wie es vornehmer heißt, der ›menschlichen Person‹ entdeckt hat«.[51] Zu Recht bringt er den Kult des »Genies« mit dieser Entwicklung in Verbindung. Er übersieht aber völlig, dass bereits Kants Theorie des Genies ein Versuch war, diesen Positivismus zu überwinden und eine philosophische Begründung des *notwendigen* Tods des Autors vorzulegen: warum das Individuum nicht das Agens ist und sein kann, das ein Kunstwerk erschafft, sondern nur ein Medium, das etwas zum Ausdruck bringt, was über die ...

KEHLMANN Eine andere Tendenz, die vor Kants Philosophie nicht bestehen würde, wäre die sogenannte Konzeptkunst. Neulich sah ich in der Albertina ein Werk von Andreas Slominski, das aus zwei an die Wand geworfenen Eiern bestand. Als ich aber nachfragte, wurde mir gesagt, dass Slominski sie natürlich nicht selbst geworfen hatte. Der

Sammler, der das Werk erworben hatte, hatte das Recht erworben, zwei Eier an die Wand zu werfen und dem Resultat den Titel des Slominski-Werks zu geben. Wenn er es anderswo ausstellt, kann er dort wieder zwei Eier an die Wand werfen. Im Sinne von Kants Philosophie handelt es sich hier um Raumdekoration, aber nicht um Kunst. Und zwar *nicht* deshalb, weil zwei Eier an der Wand keine Kunst wären, sondern weil das Werk nach Kant eben nicht unabhängig davon sein kann, wer die Eier dort platziert hat und mit welchen Absichten.

BOEHM Es besteht ein logischer Zusammenhang zwischen der Tatsache, dass dieses Werk auf die schiere Autorität des Autors – seinen Namen – reduziert ist, und der Tatsache, dass es dadurch auf Geld reduziert ist. Der Tatsache, dass man nur zu zahlen braucht, um die Autorität über das Werk zu erwerben, sie aber mit dem Namen des Autors zu verbinden. Auf tiefste Weise korrespondiert dieser logische Zusammenhang mit Kants Widerlegung des ontologischen Gottesbeweises durch das Hundert-Taler-Beispiel. Dieses Beispiel war nicht willkürlich gewählt: Das Beispiel des Geldes brachte in reinster Form die Idee eines Gegenstands zum Ausdruck, der absolut keinen Wert an sich hat, dessen *Existenz* aber sehr wohl einen hat. Wenn die Kunst ein »interesseloses Wohlgefallen« verkörpern kann, dann liegt der Wert im Ding selbst, nicht in seiner Existenz. Und die Erschaffung eines Werks dieser Art ist nur möglich als Erschaffung einer »Zweckmäßigkeit ohne Zweck«. Was wiederum nur möglich ist, wenn die Erschaffung jenseits der Autorität der Autorin erfolgt … Sobald das Werk wieder auf die *Autorität* des Autors reduziert wird, wird sie auf die *Absicht* dieses Individuums reduziert, und wir können uns die Kunst nur noch in Begriffen von Absichten und Interessen denken. Ihre bloße Existenz wird dann zum Thema, nicht, was der Kunstgegenstand ist. Das ist die Logik, die zu einer solchen übertragbaren Raumdekoration führt. Barthes hatte recht, als er sagte, es sei keine Überraschung, dass das Schreiben durch den »Positivismus, diese Kurzfassung und Vollendung der kapitalistischen Ideologie«, auf die Autoren reduziert worden sei.[52] Man muss kein Marxist sein, um das zu sagen; nur verstehen, warum Kant ausgerechnet einhundert Taler wählte, um zu erklären, dass Existenz kein Prädikat ist.

KEHLMANN Und es ist auch wichtig, dass natürlich Kant das Genie wiederum nicht als Prophet sieht. Es ist nicht Gott, der durch das Genie spricht.

BOEHM Es wird dich überraschen, aber ich bin nicht ganz damit einverstanden, dass ein Genie kein Prophet ist. Es hängt davon ab, was wir unter einem Propheten verstehen. Wenn wir von einem naiven Verständnis eines Propheten als jemand ausgehen, der beispielsweise die Zukunft vorhersagt, dann nein. Es ist ebenfalls wichtig, dass ein Genie kein Prophet ist, wenn wir davon ausgehen, dass Propheten mit Gott sprechen, einem weißen Mann mit einem Bart, der auf einer Wolke sitzt und den Propheten sagt …

KEHLMANN Aber das Genie drückt die innere Zweckmäßigkeit der Welt aus?

BOEHM Für Kant gibt »die Natur der Kunst die Regel« durch das Genie. Die Regel ist hier die Zweckmäßigkeit, die das Kunstwerk aufweist. Die Natur ist hier interessanterweise das genaue Gegenteil von dem, was Kant normalerweise Natur nennt, nämlich nicht die mechanistisch determinierte Welt, wie sie von der Wissenschaft erklärt wird, sondern das, was Kant schließlich als das »Übersinnliche« bezeichnet. In gewisser Weise lautet die Antwort also Ja. Um das Verhältnis Genie/Prophet zu verstehen, müssen wir zu Spinoza zurückkehren. Ganz zu Anfang des *Theologisch-politischen Traktats*, dem Startschuss der Radikalaufklärung, wie manche sie heute nennen, definiert er, was Propheten sind, und behauptet, dass es sie nicht geben kann. Er sagt, dass Prophetie die Fähigkeit ist, Wissen von Gott zu beziehen. Propheten sind diejenigen, die diese Botschaft übermitteln – an jene, die dieses Wissen nicht *selbst* erwerben können. Das Problem der Prophetie entsteht als Problem der Autorität. Die von den Propheten vermittelte Wahrheit wird unter Berufung auf die Propheten akzeptiert, weil ihr Publikum sie nicht selbst erkennen kann. Das zeigt uns zugleich den ursprünglichen Gegensatz zwischen Prophetie und Aufklärung, verstanden als »Mut, sich seines eigenen Verstandes zu bedienen«. In gewissem Sinne ist die Aufklärung nichts anderes als die Ablehnung der Prophetie.

Nur schau dir dann an, was aus der spinozistischen Ablehnung der Prophetie im *Theologisch-Politischen Traktat* wird. Die erste unmittelbare Folge besteht darin, dass der biblische Wortlaut von einem prophetischen Text, dessen Verfasser lediglich als Medium jenseits ihrer selbst fungierten, auf einen Text reduziert wird, der von seinen menschlichen Autoren stammt. Die Bedeutung des biblischen Textes zu studieren, hieß für Spinoza, die *Absichten* seiner menschlichen Autoren zu erforschen, indem man ihre Psychologie, ihre Politik, ihr historisches Umfeld untersucht. Das ist der historische Moment, in dem der Autor zum Leben erwachte. Der Moment, in dem die Bewegung der Aufklärung in der Tat, wie Barthes sagte, mit der Vorstellung aufräumte, der Autor sei tot. Soweit ich weiß, dachte er nicht an Spinozas Attacke auf die biblische Prophetie als diesen Moment, und wenn das stimmt, dann ist es ein großer blinder Fleck.

Aber schau dir jetzt wieder das Genie bei Kant an. Das Genie verfügt über die Fähigkeit, Werke zu erschaffen, die Zweckmäßigkeit ohne Zweck an den Tag legen, indem es originelle – das heißt neuartige, neue – Maßstäbe der Beurteilung setzt. Die Bedeutung seines Werks als originell hängt sozusagen von seinem Tod als Autor ab. Wie gesagt, ist Kants Lehre vom Genie seine sehr technische Erklärung dafür, warum die Autorin sterben muss – und kann –, um ein Kunstwerk hervorzubringen. Und am entscheidendsten ist, dass sich das Problem der Autorität dadurch komplett verlagert hat: Die Propheten *wissen* nicht etwas, das sie dann einem Publikum mitteilen, welches es selbst nicht wissen kann. Sie tun genau das Gegenteil: Die originellen Werke, die sie produzieren, die neuen Beispiele und Urteilsmaßstäbe, die sie vorstellen, hinterfragen das Wissen und fordern zum Nachdenken auf. Das ist es, was Kunst tut; sie streut Sand in die Räder der Begriffsschemata, mit denen wir für gewöhnlich durch die Welt gehen. Sie fordert uns zum Denken heraus, indem sie die Begriffe nimmt, die bereits gut verdaut sind, die uns glauben lassen, dass wir ihren Zweck und ihre Verwendung (nicht ihre Zweckmäßigkeit) schon gut kennen, und sie problematisiert. Eine auf diese Weise verstandene Prophetie ist kein Gegensatz zur Aufklärung, sondern eine ihrer Voraussetzungen.

Die ästhetische Idee

KEHLMANN Aufklärung natürlich nicht im Sinne der historischen Bewegung, sondern im Sinne eines individuellen Bemühens.

BOEHM Vielleicht weder noch. Ich will sagen, ja, gewiss nicht im Sinne der historischen Bewegung, aber auch nicht bloß in dem des individuellen Bemühens. Eher im Sinne des

Aufklärungsethos, das individuell sein kann, aber letztlich als öffentlich gedacht werden muss. Schau, ich würde sagen, dass Kants Lehre vom Genie in der *Kritik der Urteilskraft* wirklich als Weiterentwicklung seines anfänglichen Denkens in »Was ist Aufklärung?« gelesen werden muss. Und in jenem Aufsatz sprach er ja von Aufklärung als dem Ethos des Selbstdenkens. Kant argumentiert in diesem Essay, dass wir Menschen gewissermaßen eine Neigung zum Rückfall haben: Selbst dann, wenn wir unseren Verstand gebrauchen, neigen wir dazu, bequem in tote Metaphern und vorgegebene Algorithmen zurückzufallen, die wir »mechanisch« anwenden. Und er sagt wirklich, dass die einzige Möglichkeit, diese Tendenz in der Öffentlichkeit zu überwinden, darin besteht, dass einige Individuen von »Geist« diesen Geist des Selberdenkens in der Öffentlichkeit verbreiten. In diesem Sinne ist Genie zur Aufklärung notwendig, in einer frühen Form bereits in »Was ist Aufklärung?«, weil die Menschen es angesichts ihrer Neigung, in eine mechanische Anwendung toter Algorithmen zurückzufallen, *nur* in Verbindung mit dem Genie schaffen können, selbst zu denken.

Aus demselben Grund ist die These vom Tod des Autors notwendig für die Aufklärung. Eine von Kants bekanntesten Konzeptionen der Aufklärung lautet, dass Aufklärung in einer scharfen Trennung zwischen privatem und öffentlichem Denken besteht. Mitunter wird gesagt, seine Vorstellung von privat und öffentlich sei gerade das Gegenteil von unserer: Unter privat versteht Kant alle unsere offiziellen Rollen – wenn ich *privat* spreche, heißt das, dass ich als Professor spreche, ja als Direktor eines philosophischen Instituts, als Bürger meines Landes und auch in meiner Rolle als Vater. Für andere mag es in ihrer Tätigkeit als Richterinnen sein – was auch immer. Das ist der Privatbereich, weil er subjektiv ist und man in diesem Bereich nicht für sich selbst denkt. Man ist in seinem Denken vielmehr von seiner Rolle bestimmt. Nach dieser Lesart heißt für Kant *öffentliches* Denken, für sich selbst zu denken, wir würden das privates Denken nennen: als *Individuum*. Als nur du, deiner Rolle entkleidet, wie du als Person sprechen würdest, deren Recht, *sich selbst* auszudrücken, garantiert ist. Aber hierin liegt ein Fehler, der wirklich korrigiert werden muss. Für Kant sind sowohl unsere offiziellen Rollen als auch unser privates Sein privat. Unsere individuelle Perspektive ist nicht öffentlich, und die Neigung, zu glauben, dass er mit öffentlich das meint, was wir individuelle Perspektive nennen, ist nur ein Zeichen unserer gegenwärtigen Unfähigkeit, die Idee öffentlichen Denkens überhaupt ernst zu nehmen. Öffentliches Denken ist das Ideal eines Denkens jenseits der Rolle, die subjektiv auf unseren Beruf oder unsere Position, aber auch auf unsere individuelle Person bezogen ist – wir sind aufgefordert, über unsere Identität hinaus zu denken. Die Frage, ob ein solcher Moment möglich ist, wird wieder in der Idee vom Tod des Autors aufgenommen; wie Barthes sagt, ist der Moment des Schreibens einer, der »unser Subjekt ausrinnen« und »jede Identität [...] verlorengehen läßt«. Barthes' »Der Tod des Autors« und seine frühe Formulierung in Kants Lehre vom Genie sind notwendige Bedingungen aufklärerischen Denkens – nunmehr spezifischer als die Idee öffentlichen Denkens. Natürlich hat Barthes mit seiner These etwas ganz anderes im Sinn gehabt. Aber wie Kant einmal – über Platon – gesagt hat, können wir einen Autor oft besser verstehen als er sich selbst ...

KEHLMANN Und das kann in der Kunst in sehr reichen, unterschiedlichen Weisen geschehen. Kant führt hier einen sehr hilfreichen Begriff ein, den der ästhetischen Idee. Und wie schon gesagt hat das Wort »Idee« ja eine ganz spezifische Bedeutung bei Kant. Eine Idee ist etwas, das die Vernunft notwendigerweise unternimmt, aber nicht erfüllen kann, wie zum Beispiel Gott und Welt.

BOEHM Ideen sind Repräsentationen von Vollkommenheiten, die in der Erfahrung nie anzutreffen sind.

KEHLMANN Und bei der ästhetischen Idee ist es ebenso: Man wird nicht fertig damit. Die ästhetische Idee im Kunstwerk gibt uns etwas, das wir nicht ganz verstehen, eine Frage, mit deren Bedenken wir nicht fertig werden.

BOEHM Nicht fertig werden *können*.

KEHLMANN Genau!

BOEHM Es ist unendlich in dem Sinne, dass du das Werk nie von seiner Zweckmäßigkeit ohne Zweck auf einen verständlichen Begriff oder Zweck zurückführen kannst. Sobald du ein Werk auf diese Weise zurückführen und völlig verstehen kannst, hat es sich als Kunstwerk überholt. Beachte den Ausdruck »Denken« – wie im aufklärerischen Selbstdenken, meine ich, ein Denken, das nie aufhören wird. Und wenn es ein solches Werk gibt, in dem Maße, in dem ein solches Werk existiert, wird es so zum Klassiker.

Ist Ästhetik Politik?

KEHLMANN Man wird nicht fertig damit, über Kunstwerke nachzudenken und über sie zu diskutieren. Es gehört essenziell zur Kunst, dass man sich über sie unterhält. Kant benutzt den Ausdruck des Gemeinsinns, *sensus communis*. Laut Hannah Arendt versteckt sich hier im Herzen von Kants Ästhetik eine sozialpolitische Theorie. In der Erfahrung von Kunst, in der Wahrnehmung von Kunst erleben wir, dass wir alle als Menschen über diese Ebene verfügen, auf der wir uns verstehen und auf der wir übereinstimmen können.

BOEHM »Alle als Menschen« – man möchte es hoffen ... An diesem Punkt stellt sich wieder die Frage nach dem Verhältnis von Universalismus und Rassismus, die Frage nach dem Universalismus und dem Westen, oder? Als wir von der synthetischen Einheit der Apperzeption sprachen, die für Wissen verantwortlich ist, war das Problem: Bewusstsein und Realität bestimmen sich wechselseitig. *All* jene, mit denen wir die Welt teilen, *all* jene, mit denen wir in derselben Realität leben, haben auch dieselben Kategorien wie wir, weil die Welt, die wir miteinander teilen, überhaupt erst durch diese Kategorien konstituiert wird. Wenn dieses »all jene« aber für einen Universalismus stehen sollte, wird es fragwürdig, wie wir gesehen haben, weil es durch eine Erfahrung in Form wissenschaftlicher Erkenntnis bestimmt war. Die Kategorien, die die Welt konstituieren, waren die Kategorien, die Wissenschaft möglich machen. Insbesondere eine Wissenschaft, wie sie die westliche aufgeklärte Kultur versteht. Sie schließt somit aus unserer Welt und aus der Gemeinschaft der bewussten Wesen in ihr – also von der Zugehörigkeit zu »all jenen« – diejenigen aus, deren Erfahrung auf einem anderen Konzept von Wissen beruht. Im Zusammenhang des Schönen findet sich nun eine ganz andere Art von Bewusstsein: die ästhetische Erfahrung, die im *sensus communis* gründet – alle Menschen sollen dazu fähig sein, in der Beurteilung des Schönen übereinzustimmen. Und dieser Anspruch grenzt zumindest nicht von vornherein schon an sich manche, sagen wir, Nichteuropäer aus dem »all jene« aus, weil die ästhetische Erfahrung von etwas lebt, das Kant reflektierende Urteilskraft nennt – eine Form von Urteil, die mit dem Besonderen beginnt und einen allgemeinen Begriff dafür findet. Wir verfügen dabei nicht über einen vorgängigen allgemeinen Begriff, wie im Wissen erzeugenden bestimmenden Urteil, sondern finden ihn am Ende. Mich erinnert das an etwas, das Foucault einmal zu seiner Debatte mit Rorty gesagt hat:

»R. Rorty macht darauf aufmerksam, dass ich mich in [meinen] Analysen auf kein ›Wir‹ berufe – auf keines dieser ›Wir‹, aus denen der Konsensus, die Werte und die Traditionalität den Rahmen eines Denkens bilden und die Bedingungen definieren, unter denen es bestätigt werden kann. Doch das Problem besteht gerade darin herauszufinden, ob es wirklich angebracht ist, sich innerhalb eines ›Wir‹ zu platzieren, um die Prinzipien, die man anerkennt, und die Werte, die man akzeptiert, geltend zu machen; oder ob man nicht mit der Ausarbeitung der Frage die zukünftige Ausbildung eines ›Wir‹ möglich machen muss. Das ›Wir‹ scheint mir somit der Frage nicht vorausgehen zu dürfen; es kann bloß das Ergebnis – und das zwangsläufig vorläufige Ergebnis – der Frage sein, so wie sie sich in den neuen Ausdrücken stellt, in denen man sie formuliert.[53]

Das »Wir« scheint somit nicht der Frage vorausgehen zu dürfen. Das habe ich meinem Buch *Radikaler Universalismus* als Motto vorangestellt. Diese Antwort auf Rorty ist in einem tiefen Sinne kantianisch. Foucault ist ja eine Art Kantianer, ich glaube nicht, dass er sich große Mühe geben würde, das zu bestreiten. Rorty wollte, dass das »Wir«, der »Konsens« der Ausgangspunkt jener Bedingungen ist, unter denen das Denken geltend gemacht werden kann. Das ist eine Variante des Themas einer erkenntniskonstitutiven transzendentalen Einheit der Apperzeption, die, auch wenn sie detranszendentalisiert ist, eine grundsätzliche ausschließende Funktion hat. Sie schließt all jene aus, die nicht zum »Wir« gehören – präzise bestimmt als diejenigen, die den vorab bestehenden Bedingungen unterliegen (auch wenn diese »nur« historisch vorbestimmt sind), unter denen Gedanken, Normen, Wahrheiten geltend gemacht werden. Der Zusammenhang zwischen reflektierender Urteilskraft und Sensus communis hingegen liefert die Erklärung, wie das »Wir« tatsächlich erst am Ende stehen kann, nie am Anfang. Die Lehre vom Genie, wie wir sie erläutert haben, zeigt, warum das »Wir«, auch wenn es erst am Ende steht, immer vorübergehend und offen bleibt – weil der Autor, der Sitz der Identität, tot ist, weil die reflektierende Urteilskraft von einer Zweckmäßigkeit abhängt, die sich nie unter einen Begriff bringen lässt.

Und ja, genau wie du gesagt hast, glaube ich, dass Arendt in dieser Vorstellung eine ganze politische Theorie aufspürt. Im Großen und Ganzen aus Gründen, die den gerade genannten nicht unähnlich sind. Hinzufügen möchte ich: Da diese Vorstellung die Entdeckung der Ästhetik als einer irreduziblen, autonomen Sphäre war, war sie zugleich die Entdeckung des Politischen als einer irreduziblen, autonomen Sphäre. Denk es dir so: Die Sphäre des Politischen wird nicht auf Wissen reduziert, wie beispielsweise bei Platon. Sie wird auch nicht auf Macht reduziert, wie etwa bei Hobbes. Die erste verlangt nach einem Philosophenkönig, da ja die Wahrheit der höchste Souverän ist. Und die andere, der Liberalismus der Furcht, wie wir die Politik nennen könnten, die Wahrheit durch Macht ersetzt, verlangt nach einem Leviathan … Mit der Idee einer *Kritik der Urteilskraft* wird eine Sphäre menschlichen Denkens eröffnet, die nicht auf die Idee der Autorität des Wahren mit ihren politischen Konsequenzen oder auf die Autorität der Macht zu reduzieren ist.

KEHLMANN Oder des Kunstkritikers.

BOEHM Klar, obwohl man fast meinen könnte, der Kunstkritiker würde buchstäblich zum Philosophenkönig … Die

Aufgabe besteht darin, universelle Gültigkeit zu erreichen …

KEHLMANN Diese universelle Gültigkeit ist eine Forderung, die jedes einzelne Kunstwerk an uns stellt. Kant ist Realist genug, um zu wissen, dass es in der Praxis oft nicht so abläuft. Und doch finden wir ja bei den klassischen Werken ganz gut Übereinstimmung. Ich habe noch wenige Leute getroffen, die Bach für einen schlechten Komponisten halten.

Musik und Weltwille

BOEHM Wobei das interessant ist, weil Kant die Musik nicht als etwas dachte, das …

KEHLMANN Davon hat er wirklich gar nichts verstanden.

BOEHM Wohl wahr. Nicht nur das, aber er dachte Musik wirklich nicht als ein … Es ist interessant, dass wir aus irgendeinem Grund, wenn wir ein Beispiel für ein Kunstwerk geben müssen, das nach Übereinstimmung verlangt, auf die Musik zurückgreifen.

KEHLMANN Ich hätte auch »Hamlet« sagen können, aber es stimmt schon, Musik ist besonders universal. Das liegt vielleicht daran, dass Musik nicht mit Ideen vermischt ist. Man würde sich aber wünschen, Kant hätte mehr über Musik gesagt.

BOEHM Wir haben ja einen Kantianer, der das gleichsam an seiner Stelle gemacht hat, und das ist bekanntlich Schopenhauer. Der es gewissermaßen verstanden hat und …

KEHLMANN Ich glaube, das ist richtig. Schopenhauer hat die Musik gelöst. Kant löst die Kunst und Schopenhauer die Musik.

BOEHM Auch ich glaube, dass Schopenhauer das richtig gesehen hat, und zwar als Kantianer. Er hat die Bedeutung der Musik als Kantianer richtig verstanden, weil er sie als eine Form von Kunst verstand, die diese Art Forderung an uns erheben kann …

KEHLMANN Er braucht dafür aber doch seine Theorie des Weltwillens. Aber vielleicht braucht man die gar nicht. Es reicht vielleicht, den Menschen als wollendes Subjekt zu sehen, dann stellt die Musik ebendiesen Willen auf eine Weise dar, die unmittelbarer ist als jede andere Kunstform.

BOEHM Ah, nein, das ist eine wichtige Einschränkung. Das Problem mit der Theorie des Willens ist, dass sie für Schopenhauer eine Theorie über das Ding an sich ist. Der Gedanke, dass die Musik es unmittelbar zum Ausdruck bringt, kann also für Kantianer ein Fauxpas sein. Offen gesagt, glaube ich, dass das der Zusammenhang ist, in dem Schopenhauers Rede vom Ding an sich wenigstens eine Chance haben könnte. Er sagt manchmal, wir könnten uns selbst von innen heraus kennen, durch einen inneren Sinn, und das *ist* meines Erachtens ein Fauxpas. Auf der anderen Seite kann die Vorstellung, dass unsere ästhetische Reaktion uns den Willen unmittelbar fühlen lässt … Aber das führt uns zu weit weg.

Es gab einen kleinen Punkt, Daniel, den du erwähnt und noch nicht ausgeführt hast, den ich nur noch einmal hervorheben wollte. Es stimmt, dass wir oft nicht einer Meinung über Kunstwerke sind, wenngleich es auch stimmt, dass wir uns alle auf Bach einigen können. Und ich glaube, dass sich das, was Kant sagt, in unserer Erfahrung bestätigt: dass es nicht notwendig ist, dass wir uns über Kunstwerke *einig* sind, dass wir aber *Übereinstimmung* fordern.

KEHLMANN Das hatte ich ja gesagt! Die Übereinstimmung wird nur selten, etwa bei Bach oder Shakespeare, wirklich erreicht, aber sie wird immer gefordert, auch bei kleinen oder zweitklassigen Werken. Ich kann mich nie damit zufriedengeben, dass ich ein Werk gelungen oder misslungen finde, du aber das anders siehst …

BOEHM Ja, du hast das gesagt, ich fand es aber wichtig, es zu betonen … Wir fordern einfach keine Übereinstimmung beim Essen, ich mag Koriander, du vielleicht nicht. Ich habe den Eindruck, dass die Deutschen scharfes Essen nicht so mögen wie ich. Und das ist alles völlig in Ordnung, ich beurteile dich nicht danach, sehe es höchstens als praktische Frage, wenn ich etwas für dich koche.

Kann man Kunst allein auf einer einsamen Insel genießen?

KEHLMANN Und hier weist Kant auf eine Paradoxie hin – oder sollte man sagen, eine Antinomie? Wenn du jetzt zu mir sagst, du hast gerade ein ungeheuer beeindruckendes Buch gelesen, so sage ich nicht, »gut, Omri gefällt es, also ist es ein gutes Buch«, sondern ich möchte selbst urteilen. Gleichzeitig, wenn ich das Urteil treffe, es ist schön, gelungen, gut, dann fordere oder wenigstens wünsche ich die Zustimmung auch von dir.

BOEHM Auf der einen Seite fordere ich die Zustimmung aller, auf der anderen Seite gehe ich nicht davon aus, dass ich aufgrund dieser angemahnten Zustimmung auf dein Urteil vertrauen kann. Ich vermute, würden wir von einer faktischen universellen Übereinstimmung sprechen, dann wäre das ein Widerspruch. Und der Grund, warum das nur eine Antinomie ist, ist darin zu sehen, dass wir von einer

Forderung nach Zustimmung sprechen – und uns fragen, woher diese Forderung kommt. Weiß du was, vielleicht fordere ich universelle Zustimmung, weil ich meinem eigenen Urteil auch nicht traue. Jedenfalls nicht ganz – das ist ein Ausdruck der Tatsache, dass sich meine Erfahrung nicht auf Wissen reduzieren lässt. Du hast bereits erwähnt, dass wir Kunstwerke nicht auf einer einsamen Insel genießen würden. Ich glaube, dass das wesentlich für das ist, was wir hier erörtern. Die Forderung nach Übereinstimmung ist nicht etwas über die Erfahrung des Schönen Hinausgehendes, sondern wohnt ihr selbst inne. Es ist möglich, dass ich mir ein Kunstwerk anschaue und sage, »oh, schön!«. Aber um die Schönheit des Werks wirklich zu genießen, ich will sagen: um wirklich eine ästhetische Reaktion auf es zu entwickeln, muss ich es mit anderen teilen können. Und mit teilen meine ich nicht, dass man einfach nebeneinandersteht und sagt, »ich mag es«, und dann zu hören bekommt, »ich mag es auch«. Ich glaube, es war mein Kollege Jay Bernstein, der einmal gesagt hat: »Das Schlimmste, was du über Kunst sagen kannst, ist ›ich mag es‹« – weil das ein Zeichen dafür ist, dass du nicht mehr zu sagen hast. »Ich mag es« ist das Symbol dafür, dass du *keine* universelle Zustimmung forderst … Man sollte über Kunst sagen, »*du* magst es«, solltest es jedenfalls! Und in dem Moment, in dem man etwas so Unmögliches sagt, muss man offensichtlich unmittelbar eine Begründung anbieten können, was man gerade nicht tut, wenn man »ich« sagt … (Wo wir gerade dabei sind: Dies legt einen Kommentar à la Žižek darüber nahe, warum unsere Kultur des Mögens oder »Likens« auf Twitter/X, Facebook, Instagram genau darin den Zusammenbruch des gemeinsamen Lebens, des Gemeinwesens, zum Ausdruck bringt.) Jedenfalls erfordert womöglich selbst die Uneinigkeit über dieses oder jenes Kunstwerk eine Diskussion, und die Fähigkeit, eine solche Diskussion ernsthaft zu führen, beweist bereits, dass das jeweilige Werk ein gelungenes Kunstwerk ist. Ich glaube nicht, dass ein solches Gespräch streng zu trennen ist von der Erfahrung des Werks als schön. Und nun schau, was das Werk bewirkt hat! Es hat zum Denken aufgefordert und ein Publikum zusammengebracht, eine Öffentlichkeit in einem Sinne geschaffen, der sich von dem in »Was ist Aufklärung?« nicht unterscheidet.

KEHLMANN Und das ist ein wichtiger Punkt in unserem Zeitalter der Identitätspolitik. Kant ist ja auch Realist. Er weiß, dass wir es in der Praxis auch über kulturelle Unterschiede oft schwer haben, Kunstwerke zu beurteilen, die aus einem uns fremden Kontext kommen. Aber er besteht darauf: Jedes Kunstwerk trägt die Forderung mit sich, dass wir zumindest meinen, wir müssten uns darüber verständigen können. Wenn ein Mensch fähig ist, ein ästhetisches Urteil zu treffen, können wir uns mit ihm auch verständigen. Man muss das ästhetische Urteilen schon auch üben, sagt Kant. Wer nie Kunst gesehen hat, wird wohl im ersten Moment auch vor der »Mona Lisa« mit Ratlosigkeit stehen. Aber niemand ist ganz und gar unfähig dazu.

BOEHM Ich bin mir nicht sicher, ob wir es hier unbedingt mit der Frage der Identitätspolitik zu tun haben. Auf jeden Fall meine ich, dass der Begriff der »Fähigkeit« wichtig ist, von dem du sprichst. Derselbe Begriff liegt dem Verhältnis des Menschen zum kategorischen Imperativ zugrunde: Was uns zu Menschen und zum Gegenstand absoluter Würde macht, ist nicht, dass wir tatsächlich gemäß dem kategorischen Imperativ handeln. Es ist unsere Fähigkeit, es zu tun.

KEHLMANN Er sagt ja, vielleicht hat es noch nie jemand gemacht.

BOEHM Ich kann mich im Augenblick nicht erinnern, ob er das auch in Bezug auf das ästhetische Urteil gesagt hat. Er sagt es in Bezug auf die Moral, und wenn er es nicht über die Kunst oder Natur gesagt hat, dann hätte er es tun sollen, würde ich behaupten. Das Gelingen ästhetischer Urteile und künstlerischer Produktion ist hoch zu veranschlagen – ist ein hohes Gut –, sollte aber am besten als notwendige Bedingung solchen Gelingens formuliert werden. Zu beweisen, dass es solches Gelingen wirklich gibt, ist etwas anderes. Und aus demselben Grund ist die Behauptung, dass diese oder jene Person oder Kultur nicht in dieser oder jener Weise urteilt, noch nicht das, was bei Kant herabsetzend ist. Herabsetzend ist die Behauptung, dass sie dazu unfähig ist. Das zieht den Stachel noch nicht ganz heraus – es löst die Rassismusproblematik im engen Verständnis. Nicht die des Eurozentrismus, weil sich die Frage immer noch stellen kann, welche Kulturen angesichts ihrer »Kulturstufe« über die Fähigkeit verfügen, auf eine bestimmte Weise zu urteilen, und welche nicht.

Tolstoi ist der Tolstoi der Zulus

KEHLMANN Es gibt ja diese etwas, nun ja, vielleicht eher sehr rassistische Frage von Saul Bellow: »*Who is the Tolstoy of the Zulus?*« (Wer ist der Tolstoi der Zulus?)
BOEHM *Oh boy*, das hat er gefragt?! Das wusste ich nicht. Vielleicht ist es aber nicht gar so überraschend.
KEHLMANN Und darauf gibt es eine wunderbare Antwort von Ralph Wiley: »*Tolstoy is the Tolstoy of the Zulus. Unless you find a profit in fencing off universal properties of mankind into exclusive tribal ownership.*« (Tolstoi ist der Tolstoi der Zulus. Es sei denn, Sie halten es für einen Gewinn, univer-

selle Eigenschaften der Menschheit in ein exklusives Stammeseigentum einzuzäunen.)

BOEHM Klar, ich unterschreibe das sofort. Und ich bin froh, dass sie das mit Tolstoi machen und nicht mit Dostojewski, was vermutlich eine ganz andere Frage gewesen wäre. Aber leider … Schau, ich halte das für eine wunderbare Antwort, und sie ist nicht nur wunderbar, sondern wahr. Zumindest ist sie ein Teil der Wahrheit. Ich fürchte aber, dass Saul Bellow, ein Autor, den ich eigentlich bewundere, eine rassistische Frage stellt und dass er sich leider in diesem rassistischen Aspekt mit seinen »Identitätskritikern« überschneidet. Weil sie beide nämlich Wileys Antwort zurückweisen würden. Sie wollen den Tolstoi *der Zulus*.

KEHLMANN Ja, interessanterweise ist Wileys Antwort inzwischen auch schon wieder eine, die Kontroversen auslösen könnte.

BOEHM Das sollte sie auch! Jedenfalls falls sie als letztes Wort gemeint war …

KEHLMANN Aber es ist eine Antwort voll im Sinne Kants.

BOEHM Nicht ganz, denke ich. Oder vielleicht hätte Kant selbst das wahrscheinlich gesagt, aber hoffentlich erfordert es seine Philosophie nicht, dass dies das letzte Wort ist. Die Idee ist nicht, großzügig den Zulus zu erlauben, sich Tolstoi als den ihren »anzueignen«. Sondern zu fragen, welche Erfahrungen ästhetischer Großartigkeit die Zulus machen, die wir uns aneignen können sollten. Woran manche Sorte Kritiker immer noch Anstoß nehmen können, wenn sie kategorisch gegen »kulturelle Aneignung« sind.

Mich erinnert das gerade an ein Interview mit Edward Said, das Ari Shavit, ein bekannter israelischer Journalist, für die Zeitung *Haaretz* geführt hat. Shavit befragt Said über seine Erfahrung und sein Denken als Palästinenser, über sein Exil. Nachdem er Saids Antwort gehört hat, sagt er etwas wie: Nun, das scheint mir gut in den Schriften aufgehoben zu sein, die wir von den exilierten jüdischen Intellektuellen kennen. Und Said, der meines Erachtens an Adorno gedacht hat, sagt ihm: Aber natürlich, »ich bin der letzte jüdische Intellektuelle«.

Nun, ich hoffe, dass er sich streng genommen geirrt hat. Aber bis zu einem gewissen Grad hatte er recht, selbst mit diesem irritierenden kleinen Wort »letzte«. Er schreibt aus der Sicht eines Intellektuellen im Exil mit einer bestimmten Erfahrung, die sonst die Juden gemacht haben und die er sich in vielerlei Hinsicht als die seine angeeignet hat. Und den Juden, die nunmehr über einen souveränen Staat verfügen, der auf die eine oder andere Weise Saids Exil verursacht hat, geht diese Erfahrung ab. Er sagt »letzte«, weil sie ihnen abgeht, ob sie in Israel leben oder nicht. Maxim Biller erwähnt gelegentlich gern, dass die Existenz des jüdischen Staates entscheidend für sein Schreiben ist – aufgrund der Tatsache, dass er jederzeit ein Flugzeug besteigen und nach Israel gehen kann. Ich glaube, damit hat er vollkommen recht, und damit definiert er die Tatsache, dass die jüdische *Exilerfahrung beendet* ist. In dem Wissen zu schreiben, dass man jederzeit in den *eigenen* Nationalstaat ziehen kann, definiert recht genau das Gegenteil des Exils, das für Tausende von Jahren eine grundlegende Erfahrung war, die sich auf das jüdische Denken ausgewirkt hat. Heute schreiben wir aus der Perspektive eines Exils, das wir nicht mehr haben, sozusagen verloren haben. Das ist eine neue und fruchtbare Erfahrung für uns. Said hingegen kann sich diese Tradition als ein Autor im Exil aneignen. Für einen Palästinenser ist das jedoch eine neue Erfahrung. Die Annahme ist, dass jene Tradition universell war und seine Perspektive jetzt auch universell ist. Und letzten Endes ist es die Tätigkeit, die das »Wir« ans Ende der Diskussion stellen kann, weil der Autor tot ist. Das berührt unmittelbar, worüber wir sprechen, aber auf sehr konkrete Weise, weil Said einer der Gründerväter des Postkolonialismus ist, der Verfasser von *Orientalismus* – mit der ganzen Bedeutung, die das für die politischen Debatten über den Universalismus, über Palästina, über Afrika und über die Klage mancher Kreise über kulturelle Aneignung hat. Umgekehrt ist der Grund, warum Tolstoi den Zulus gehört, ebenfalls, dass der Autor tot ist. Tolstois Texte – das ist der Punkt, an dem das Exil nicht nur für die Form, sondern auch inhaltlich wichtig war – drehen sich nicht nur um seine Herkunft. Nicht nur um die Sprache, in der er sie schrieb. Nicht um seine psychologischen Perspektiven oder was russische Denker zu seiner Zeit dachten. Um all das geht es, aber auch um mehr – Tolstoi war ein Genie, er schuf Kunst und berührte in diesem Sinne etwas, das universell ist. Die Fähigkeit, das zu tun, ist genau das, worum es heute zentral im Streit um die »Identität« zu gehen scheint.

Was ist Kunst – und was nicht?

KEHLMANN Natürlich schließt die *Kritik der Urteilskraft* in für uns manchmal unbequemer Weise auch so manches aus dem Bereich der Kunst aus. Slominskis Eier an der Wand zum Beispiel. Oder reine Unterhaltung, die keine ästhetischen Ideen aufwirft, also keine unendliche Diskussion ermöglicht. Die ist dann eben auch tatsächlich keine Kunst. Oder etwas rein Didaktisches, das sich ordentlich in Begriffe auflösen lässt. Kurz, wenn die alte und langweilige Frage »Was will uns der Autor sagen?« erschöpfend zu beantworten ist, dann ist das Werk nach Kants Kriterien auch keine Kunst.

BOEHM Ja, das ist so, und nach meinem Gefühl fällt ziemlich viel von dem, was heute produziert wird, unter diese Kategorie. Vielleicht war das schon immer so, vielleicht besagt es auch etwas über unsere Kultur, weil so viel von dem, was wir sehen, zunächst sicherstellen muss, dass die Autorin die richtigen Absichten verfolgt und dass diese nicht missverstanden werden können. Das bringt die Gefahr mit sich, eine Kultur zu erschaffen, die auf Kunst ein bisschen zu sehr reagiert, wie Eichmann auf *Lolita*, sozusagen. Ein Werk, das sich auf die Absicht seines Verfassers reduzieren lässt, kann kein Klassiker werden – vielleicht können wir das Problem so besser verstehen. Wenn die Absicht eine gute ist, dann ist es so lange relevant, wie die gute Absicht relevant ist – Kunst wird damit auf wohlmeinende Propaganda reduziert. Und die Sorge ist, dass wir nicht mehr bereit sind, Kunst zu akzeptieren, die das nicht tut; ja, dass Kunst, die danach strebt, gerade das nicht zu tun, sondern eine bestimmte universelle Perspektive zu erreichen und aus diesem Grund auch klassisch werden kann, gar nicht mehr geschaffen werden soll.

KEHLMANN Die *Kritik der Urteilskraft* legt uns durchaus einen gewissen Rigorismus nahe. Das ist eigentlich jener Rigorismus, der dann jener der klassisch modernen Avantgarde wird und der sich einige Zeit danach in postmoderne Beliebigkeit auflöst: Jetzt ist alles Kunst, was einen renommierten Galeristen und Sponsoren findet. Man könnte aber durchaus mit Kants Buch bewaffnet durchs Museum gehen, auf Werke zeigen und sagen: »Das ist keine Kunst!« Und doch, letztlich gibt es auch hier nie ein abschließendes Kriterium. Es ist immer eine Diskussion möglich, und darum geht es.

BOEHM Ich glaube, das ist das Entscheidende. Ich kann mir problemlos den pedantischen Kantianer vorstellen, der die *Kritik der Urteilskraft* als Bibel nimmt, die erklärt, warum dies oder jenes keine Kunst ist. Aber die Reduktion des Kantianers auf eine solche Sichtweise gleicht ein wenig – ich sage nicht, dass du das getan hast! – der Reduktion Kants auf seine Spaziergänge. Schließlich könnte ja, wenn du herumläufst und rufst, »das ist keine Kunst!«, jemand ankommen und dir wütend entgegnen, »doch!«. In diesem Moment könnte zweierlei passieren. Entweder die wütende Person sagt, »wer sind Sie, um das zu beurteilen?«, was die passiv-aggressive Variante von »ich mag es« wäre. Und dann ist das Gespräch beendet. Und in gewisser Weise – obwohl dieser Teil meiner Argumentation zirkulär ist, ich weiß – in gewisser Weise wäre die Behauptung, dass das keine Kunst sei, genau dadurch bewiesen, weil es nichts mehr zu sagen gab. Aber vielleicht ist die wütende Person dich überhaupt nur deshalb angegangen, weil er oder sie dich wirklich davon überzeugen musste, dass es sich doch um Kunst handelt. Und ob ihr das gelingt oder nicht, ist nicht der Punkt; der Punkt ist, dass sie sich performativ womöglich bereits zu der Annahme bekannt hat, dass die Kunst deine Zustimmung verlangt … Natürlich nur in der Annahme, dass sie dich wirklich überzeugen wollte, dass es sich um ein Kunstwerk handelte, und nicht, dass du nett zu seinem Urheber oder seiner Urheberin sein solltest. In diesem Fall könntest du fragen, welches die Bedingungen sind, unter denen diese universelle Forderung Sinn ergibt? Wie sollen diese Bedingungen als Kriterien zur Beurteilung dieses oder jenes Kunstwerks angewandt werden? Und im Übrigen gehe ich davon aus, dass deine Urteilskriterien nicht stabil sind, weil das ästhetische Urteil reflektierend ist. Im bestmöglichen Szenario wirst du überzeugt werden, dass du falschgelegen hast und es doch Kunst war …

KEHLMANN »Wer bist du, um darüber zu urteilen?« ist ein unkantischer Zugang, weil die Antwort darauf lauten muss: »Ich bin ein Mensch. Das bin ich, um darüber zu urteilen.«
BOEHM Aber damit gehst du an der eigentlichen Frage vorbei, Daniel! Ich stimme dir ja zu, aber wir müssen vorsichtig sein. »Ich bin ein Mensch« ist auf jeden Fall die Antwort, Kants Antwort und meine auch, aber genau das muss natürlich die Frage sein, über die wir debattieren. Das Argument wäre: »Mensch« ist ja eine abstrakte Kategorie. Du bist weiß, du bist erfolgreich, du hast deine gesellschaftliche Stellung, du bist … such es dir aus … und die stolze Feststellung »Ich bin ein Mensch« kommt aus der privilegierten Perspektive, die ihre Macht, ihr Recht zu urteilen durch Abstraktion ausdrückt. Das wäre jedenfalls das Argument. Wie du weißt, glaube ich, dass sich die heutigen Kritikerinnen, wenn sie unsere Menschlichkeit bestreiten, nicht gegen die Aufklärung wenden, sondern sich ihr verschreiben – ihren positivistischsten Elementen verschreiben statt der Gegenbewegung gegen sie. Aber wir haben es hier mit einer ernsthaften Beweislast zu tun.
KEHLMANN Allerdings, natürlich ist das letztlich, wie wir schon besprochen haben, keine einfache Tatsache, sondern es ist eine Aspiration. Also noch mal die schöne Zeile von Jura Soyfer: »Ihr nennt uns Menschen? Wartet noch damit!« Ich muss mich also korrigieren, die beste Antwort wäre nicht »Ich bin ein Mensch«, sondern: »Ich wäre gern ein Mensch. Ich arbeite daran.«
BOEHM Ich glaube, wir haben gerade das Motto für unser Buch gefunden. Oder? Es bringt das Thema auf den Punkt, nämlich die kantische Frage »Was ist der Mensch?«. Um den Humanismus zu verteidigen, muss diese Frage gestellt und beantwortet werden. Aber um den Humanismus auch wirklich zu verteidigen, darf die Antwort nicht an der Frage vor-

beigehen. Alles hier – die transzendentale Einheit der Apperzeption, der Sensus communis, das ästhetische Urteil, die Widerlegung des ontologischen Gottesbeweises, die Freiheit und der kategorische Imperativ, der aus ihr folgt … – all das ist die Antwort auf die Frage »Was ist der Mensch?«, aber während wir diese Antwort als eine *moralische* statt einer biologischen formulieren, dürfen wir nicht einfach voraussetzen, dass dieser Begriff schon für einen konkreten Fall steht. Umso weniger, als wir den Begriff »Mensch« extrem anspruchsvoll gemacht haben. Es gibt einen im Hebräischen geläufigen Satz aus der Mischna: »Wo es keine Menschen gibt, versuche, ein Mensch zu sein.« Wenn die Mischna sagt, dass du versuchen sollst, menschlich zu sein, dann geht sie nicht davon aus, dass du es bist. Und sie weiß bereits, dass es eine Errungenschaft ist, ein Mensch zu sein. Man versteht die Menschheit am besten nicht als Tatsache, was wir sind, sondern als Aufgabe. Humanismus kann nur eine Praxis sein.

KEHLMANN Wir wissen auch nicht, ob Kunst existiert.

BOEHM Ich kann in keiner Weise sagen, dass es jemals ein Kunstwerk gegeben hat, das Kants Maßstäben für ein Kunstwerk genügt. Und ich weiß nicht, ob ich ein Mensch bin, der über die Fähigkeit verfügt, das zu beurteilen, aber ich kann so tun, als ob, mich bemühen.

KEHLMANN Und wenn im Augenblick so viel davon die Rede ist, dass bald die Fernsehserien und die Musikstücke von AI geschrieben werden, könnte man aus der kantischen Sicht hinzufügen: Um alles, was von AI geschrieben werden kann, wäre es auch nicht schade. Weil das, was Kunst ist, eben genau das ist, was ein Algorithmus nicht hervorbringen kann. Was uns ein Algorithmus an Arbeit wegnehmen kann, mag natürlich ökonomisch relevant sein, auch bedauerlich aus der Sicht aller, die ihren Lebensunterhalt verlieren, aber künstlerisch ist es per definitionem verzichtbar.

BOEHM Vielleicht nicht nur aus ökonomischer Perspektive bedauerlich, sondern auch aus jener der, sagen wir, menschlichen Interaktion in einem bedeutungsvolleren Sinne. Trotzdem, ja, aus der Perspektive der Kunst ist das kein Thema. Vielleicht ist die interessante Frage deshalb nicht, was uns weggenommen würde, sobald die KI solche Dinge leisten kann, sondern was uns bereits weggenommen worden ist, wenn wir davon ausgehen, dass die KI durch die Ausübung dieser Tätigkeiten die Menschheit ersetzen wird. Yuval Noah Harari ist ein interessantes Beispiel. Er wirft sein ganzes Gewicht in die Waagschale, um davor zu warnen, dass die KI Menschen ersetzen könnte. Als Autor aber ist er eines der auffälligsten Beispiele dafür, Menschen auf Homo sapiens zu reduzieren – von einer moralischen auf eine biologische Kategorie. Ich glaube nicht, dass er auch nur einen Moment daran gedacht hat, dass Maschinen mit Sicherheit den Homo sapiens ersetzen werden, dass die Frage aber lautet, ob der Mensch überhaupt ein Homo sapiens ist.

KEHLMANN Du hast ja vorhin, als wir über den Künstler als Propheten sprachen, gesagt, dass die Menschen die meiste Zeit über eben nicht denken. Sie tun genau das, was »Large Language Models« auch tun, die mechanische Reproduktion von Sprache. Die AI zeigt uns im Grunde nur, wie viel von dem, was wir für intellektuelle Tätigkeit gehalten haben, immer schon solch eine automatisierte Erzeugung von Sätzen war, sozusagen im Halbschlaf vollzogen, aber nicht denkend und nicht schöpferisch. So wird es dann eben auch in der kommerziellen Literatur und im Film sein, und als Kantianer könnte man gelassen sagen: Warum nicht!

BOEHM Das geht vielleicht zu weit. Die Einstellung »Warum nicht!« folgt dann nicht aus dem Gedanken, dass solche

»posthumanen« Entwicklungen verstörend sind, sondern aus dem Verdacht, dass sie bereits geschehen sind und für selbstverständlich gehalten werden. Besser als »Warum nicht!« trifft es vielleicht »Wo warst du?!«, und die Frage wäre dann: In welchem Verhältnis steht die KI zu der Möglichkeit, unsere bestehende, wie soll man sie nennen, posthumane, ahumane Kultur zu kritisieren oder zu korrigieren? Erschwert oder verunmöglicht sie eine solche Kritik? Befördert sie vielleicht auch eine solche Kritik, weil sie ihre Notwendigkeit verdeutlicht?

Oder vielleicht, Entschuldigung, du hast natürlich recht mit dem »Warum nicht!« in Bezug auf eine ganze Menge von Tätigkeiten wie Design und Raumdekoration – da könnte Kant fragen, warum nicht, und auch das vielleicht aufgrund der Annahme, dass beides tatsächlich Stil und Charakter hätte ausdrücken *können,* aber mechanisch geworden ist. Die Leute bedienen sich einer Raumdekorateurin, um sich einzurichten – Kant würde sagen, warum soll man *das* nicht schon mit KI machen, so wie einen Großteil der Möbel und der Architektur.

Sieh mal, die Frage der Kunst war schon immer mit der Frage des Menschen verwandt. Der Grund dafür ist, dass die Frage des Verhältnisses zur Kunst und die Frage des Verhältnisses zum Menschen ähnlich sind – kann man etwas als Selbstzweck, als wertvoll an sich, als Zweck statt als Mittel betrachten? Und kann man sich den Menschen als das Wesen denken, das etwas tut, weil es an sich wichtig ist? Die Reduktion der Kunst und des Menschen auf ein Modell wie die KI, das nichts mit dem Denken von Selbstzwecken zu tun hat, ist kein neues Phänomen.

KEHLMANN Ich würde sogar argumentieren, diese Reduktion fand immer schon statt. Wir finden sie vermutlich schon in der Antike. Wo immer Menschen – Menschen im biologischen Sinn – tätig sind, sind sie die meiste Zeit auf Autopilot geschaltet. Oder meinst du etwas anderes?

BOEHM Nein, ich glaube, das ist eine wichtige Korrektur, weil die Unterscheidung, die wir früher getroffen haben, eine sehr feine sein muss. Die Menschen waren immer auf Autopilot geschaltet und werden es vielleicht immer sein. Vielleicht ist das an sich nicht einmal ein Problem, das Problem ist, auf welchen Feldern sie es sind und ob sie alle über die Fähigkeit verfügen, den Autopiloten immer wieder auszuschalten, wenn es nötig ist, und selbst zu fliegen. Und es geht nicht nur um den Autopiloten, sondern auch um die damit zusammenhängende Tatsache, dass Menschen immer dazu geneigt haben, ein instrumentelles Verhältnis zur Welt einzunehmen – die Natur, die Dinge, die Menschen als nützlich für sich anzusehen. Das ist definitiv nicht etwas, was vom aufklärerischen Denken oder der Bewegung der Aufklärung erfunden wurde, genauso wenig wie von der westlichen Kultur. Die Frage ist, ob die Entwicklungen, Technologien und Ideologien des aufklärerischen Denkens oder der Aufklärungsbewegung es zu einer allgegenwärtigen und schädlichen Seinsweise gemacht haben. Die Entwicklung der ästhetischen Urteilskraft als einer interesselosen war ein Versuch, diese Denkweise zu überwinden. Ich betrachte den Apfel, bin aber nicht an ihm interessiert in dem Sinne, dass ich an seiner Verwendung interessiert bin. Man kann sich dasselbe über Menschen fragen – bist du an dieser Person interessiert oder an ihrer Verwendung? –, dann kommt die Versklavung, von anderen und sich selbst, ins Spiel.

Es gibt keine identitäre Kunst

KEHLMANN Und das ist der erzieherische Effekt von Kunst.

BOEHM Erzieherisch, ja, in der stärksten politischen Bedeutung des Wortes. Kunst ist dann am politischsten, wenn sie nicht diese oder jene politisch korrekte Botschaft in ihrem Inhalt vermittelt, sondern wenn sie das instrumentelle Verhältnis zur Welt in ihrer bloßen Form aufbricht. Die Fähigkeit, Dinge als wertvoll an sich zu erfahren, bedeutet, dass man ein interesseloses Verhältnis zu ihnen einnimmt, und ein solches interesseloses Verhältnis ist die größte Herausforderung oder Grenze für jede gegebene politische Struktur, und gewiss für unsere westliche. Gleichzeitig ist dies aber auch die Formulierung des Universalismus – denn die interesselose Perspektive ist, wie der Tod des Autors, die einzige Möglichkeit, sich eine »Perspektive von nirgendwo« als Idee auch nur vorzustellen, als Idee, die eher eine Antinomie als einen strikten Widerspruch in sich darstellt. Wir sehen wirklich über die Generationen hinweg solche Versuche, die instrumentelle Reduktion zu überwinden. Und ich glaube, dass wir mit Kant eine der belastbarsten und überzeugendsten Begründungen der Fähigkeit bekommen, daran in einer Welt festzuhalten, nennen wir sie unsere Welt, die den Versuch fast schon aufgegeben hat. Schlimmer noch, einer Welt, die nicht nur den Versuch aufgegeben hat, sondern bereits so tut, als sei der Versuch selbst genau das, was immer falsch an unserer Kultur gewesen ist. Als sei der Versuch, dies zu tun, das, was uns zu Kolonialisten macht, was uns gewalttätig macht, was uns zu Rassisten macht und so weiter. Deshalb muss Kant verteidigt werden.

Der sechste Teil

Kritik der Urteilskraft und die Frage nach dem Schöpfer

KEHLMANN Im zweiten Teil der *Kritik der Urteilskraft* geht es um die Teleologie, also um das, was man mit einem heute sehr umstrittenen Begriff »intelligent design« nennen kann. Es geht um die Frage: Legt die Welt uns nahe, dass ein weiser Schöpfer sie hervorgebracht hat? Und hier gibt Kant wieder eine seiner schönen Als-ob-Antworten.

BOEHM Das führt uns zurück zu der Kluft, mit der die *Kritik der Urteilskraft* beginnt, oder zu dem Versuch, eine bestimmte Art von Erfahrung nachzuweisen, die eine Grundlage für das unbefriedigende Postulat von der Existenz Gottes bieten könnte. Kants moralischer Beweis für die Existenz Gottes stellt seine Antwort auf jenes verzweifelte Dilemma dar: Einerseits wurde die Freiheit durch die Trennung von der Natur ermöglicht und verlangt kategorisch von uns, dass wir das höchste Gut verwirklichen. Andererseits können wir angesichts der Abtrennung der Freiheit von einer mechanistisch determinierten Natur einen Fortschritt zum höchsten Gut nicht für möglich halten. Das ist die Frage, die sich das Buch stellt, nicht nur in dem zwar bekannten, aber wenig gelesenen Teil über die Teleologie, sondern meiner Meinung nach auch in dem Teil über das Schöne.

Vielleicht ist ein Wort zur Erläuterung des höchsten Gutes angebracht. Das erscheint womöglich als ein hochtrabender Begriff, der das Problem der Kluft, das Problem Gottes von unseren eigenen Interessen trennt. Wer arbeitet heute schon mit der Vorstellung, wir müssten das »höchste Gut« befördern? Das ist nicht mal utopisch, sondern klingt geradezu eschatologisch. Für Kant besteht das höchste Gut in der angemessenen Entsprechung von Tugend und Glück. Das höchste Gut ist kein Zustand, in dem jede/r glücklich ist. Es ist vielmehr einer, in dem jede/r so glücklich ist, wie sie oder er des Glückes *würdig* ist. Einfach gesagt, beschreibt das höchste Gut keinen Zustand, in dem Eichmann glücklich wäre. Man versucht, eine Weltlage herbeizuführen, in der tugendhafte Menschen nicht leiden müssen. Gewiss wird man dazu einen Zustand befördern wollen, in dem tugendhafte Personen nicht *wegen* ihrer Tugend leiden … Weißt du was, das ist wie in der Hiobsgeschichte, die zu Kants liebsten Bibelerzählungen gehörte. Man übersieht oft, dass das Problem für Hiob nicht nur darin besteht, dass er *trotz* seiner Tugend leidet. Er leidet *wegen* ihr. Erinnerst du dich? Die Geschichte beginnt damit, dass Gott vor Satan mit seinem tugendhaften Diener Hiob prahlt, was angesichts der einleuchtenden Bedenken Satans zu einer Prüfung führt: Gott erlaubt Satan, Hiob leiden zu lassen, und so prüfen sie, ob er trotz aller Schicksalsschläge an seinem Glauben festhält. Als Hiob schließlich von Gott die Offenbarung der *Gründe* für seine Leiden fordert, kommt Gottes dramatische Antwort aus einem Sturm, und sie lautet im Kern: Wer bist du, um eine Antwort von mir zu verlangen? Wo warst du, als ich den bestirnten Himmel schuf, den Himmel und die Erde? Ich bin, der ich bin … Das alles ist quälend schmerzhaft zu lesen, denn auch wenn Hiob den Grund für sein Leiden nicht kennt, kennt Gott ihn, und wir kennen ihn auch: Er leidet, *weil* er tugendhaft ist; er leidet, weil Gott mit seiner Tugend geprahlt hat und das zu einem kindischen Spiel mit dem Teufel geführt hat. Man könnte sagen, dass das Bestreben, das höchste Gut zu erreichen, das Gegenteil dieser Situation bezweckt: Tugendhafte Menschen sind glücklich, und zwar deshalb, *weil* sie tugendhaft sind … Wenn wir die Welt nicht als so erschaffen verstehen, dass sie unseren Absichten entgegenkommt, dann wird die Forderung der Moral uns erdrücken.

KEHLMANN Es gibt ein Gedicht vom jungen Schiller, »Resignation. Eine Phantasie«, in dem jemand zum Paradiestor kommt und sagt: »Empfange meinen Vollmachtbrief zum Glücke, / Ich bring ihn unerbrochen dir zurücke, / Mein Lauf ist aus. Ich weiß von keiner Seligkeit.« Mit anderen Worten, du kriegst nichts für deine Moralität, anständiges Verhalten wird nicht belohnt. Den jungen Schiller hat dieser Gedanke nach seiner Kant-Lektüre sehr beschäftigt. Das ist aber letztlich nicht das, was Kant propagiert.

BOEHM So könnte es scheinen, und vielleicht sah Heine es ähnlich, als er Kant mit der Geschichte über den alten Lampe verspottete – denn vielleicht könnte eine gewisse Art religiöser Spießigkeit verlangen, für ihre Moral belohnt zu werden. Das ist aber ganz und gar nicht Kants Gedanke: Der Zustand, in dem Menschen glücklich sind, weil sie tugendhaft sind, widerspricht nicht im Geringsten der Idee, dass tugendhaft sein heißt, das Richtige zu tun, weil es richtig ist, und nicht, um glücklich zu sein.

Wichtiger noch ist aber vielleicht, dass die Frage nicht erst aufgeworfen wird durch die maximalistische, utopische Idee der Hoffnung, durch Handeln das höchste Gut zu verwirklichen. Sie stellt sich schon durch die minimalistische Idee der Hoffnung, durch Handeln *überhaupt* einen Fortschritt zu erzielen. Wie lässt sich diese Hoffnung eigentlich begründen? Dieser Begriff, Hoffnung, ist natürlich belastet. Und um ihn angemessen zu verstehen, muss man ihn mit den Versuchen zu einer Theodizee vergleichen, die wir schon erwähnt haben. Da ist auf der einen Seite Leibniz und der Gedanke, dass unsere die »beste aller Welten« sei. Das ist nicht Hoffnung, sondern *dogmatischer Optimismus.* Es spielt keine Rolle, was man tut, es ist Teil der besten möglichen Welt. Auf der anderen Seite steht der *dogmatische Nihilismus* – wie der Spinozas. Hoffnung ersetzt beide Formen von Dogmatismus – den im *Candide* verspotteten Optimismus und den von Jacobi gefürchteten Nihilismus – zum einen durch die Annahme, dass die Verantwortung bei autonomen Lebewesen wie uns liegt, und zum anderen durch die Einsicht, dass autonome Lebewesen wie wir die Welt nicht erschaffen haben und die Verantwortung somit erdrückend ist … Wie schon gesagt, wenn die Antwort auf diese niederschmetternde Einsicht ein leeres Postulat ist, kann das nur zu Verzweiflung führen. Modern gesprochen, zu Melancholie. Entweder wir schrauben unsere Ziele herunter, weil wir davon ausgehen, dass wir nichts erreichen können. Oder wir glauben nicht mehr daran, dass moralisches politisches Handeln überhaupt möglich ist – wie in jenem Absatz, in dem Kant davon spricht, Spinoza müsse seine moralischen Verpflichtungen als »unmöglich« aufgeben. Ich glaube, der Grund liegt in dem Umstand, dass Kants Analyse der ästhetischen Urteile und der teleologischen Urteilskraft bis zu einem gewissen Grad akzeptiert ist, ihre Funktion aber – die Aufrechterhaltung von Hoffnung durch eine gewisse Form von Glauben – völlig unbemerkt bleibt. Deshalb interessiert sich die Leserschaft für den Teil zur ästhetischen Urteilskraft, weniger für den zur teleologischen – in Wahrheit aber behandeln beide Teile die Frage einer Hoffnung, die durch das Postulat der Existenz einer von ihr verschiedenen Ursache aller Natur als moralischer Urheber der Welt ermöglicht wird. Ein Anknüpfungspunkt hierfür sind vielleicht die wissenschaftlichen Debatten über diese vermeintlich nebensächliche Frage: Was macht die *Kritik der*

Urteilskraft zu einem Ganzen? Warum sollten der erste Teil, der vom Schönen handelt, und der zweite Teil, der sich mit Teleologie und *intelligent design* befasst, zusammenkommen? Auch Arendt hat sich zu dieser Frage geäußert, und von Einigkeit unter den Expertinnen kann keine Rede sein. Manche sagen, dass Buch sei einfach eine Ideensammlung.

KEHLMANN Ich gebe zu, das hat mich auch immer verwirrt.

BOEHM Warum passen die Teile zusammen? Es gibt viele mögliche Antworten. Eine ist eine Variante von etwas, was du vorhin gesagt hast – Kant war alt, die Natur gewann die Oberhand über ihn, und so reimte er sich alles zusammen. Nicht weil er senil war, sondern weil er fertig werden musste. Er musste die Fäden zusammenführen. Das ist eine Antwort, die man manchmal hört.

KEHLMANN Eine andere Antwort wäre die Zweckmäßigkeit. Obwohl wir natürlich seine Entstehung in allen Details kausal rekonstruieren können, ist ein Kunstwerk doch zweckmäßig auf eine Weise, die man begrifflich nicht völlig erklären kann. Ebenso verhält es sich mit der Natur, mit den Organismen.

BOEHM Ja, ästhetische und teleologische Urteile sind gleichermaßen Ausdruck der reflektierenden Urteilskraft. Man kann also sagen, die *Kritik der Urteilskraft* handelt von der reflektierenden Urteilskraft. Reflektierende Urteile sind solche, die nicht ein Besonderes durch einen allgemeinen Begriff bestimmen, sondern ohne vorherigen Begriff mit dem Besonderen beginnen und nach seinem Begriff suchen. Du siehst eine Zweckmäßigkeit, aber da du ihren Begriff nicht kennst, kennst du ihren Zweck nicht. Auf gut aristotelische Weise wird das Telos der Begriff oder das Wesen einer Sache sein. Aber wir wissen noch nichts von diesem Wesen, sehen vielmehr eine Sache, nur eine Sache, und erleben sie als etwas, das vielleicht durch einen Begriff erfasst werden kann, als ob es nach dem Begriff geschaffen worden wäre, den wir nicht kennen …

KEHLMANN Und sowohl in der Kunst als vermutlich auch in der Betrachtung der Natur wird man damit nie fertig. Ein unendlicher Prozess.

BOEHM Das stimmt.

KEHLMANN Man hat einen Gegenstand vor sich, aber wenn man versucht, das abstrakte Konzept zu entwickeln, das zu diesem Gegenstand geführt hat, kommt man damit zu keinem Ende. Es wäre eine buchstäblich unendliche Arbeit, durch »reverse engineering« das Konzept zu kreieren, das hinter dem Gegenstand steht.

Der vernünftige Entwurf der Welt

BOEHM Das ist eine Lesart der Beziehung zwischen den verschiedenen Teilen der *Kritik der Urteilskraft*. Beide haben es mit reflektierenden Urteilen zu tun. Es ist nicht falsch, das so zu sehen, aber unbefriedigend, weil es immer noch nicht ganz die Frage beantwortet: Wie schließt die Form reflektierender Urteile die berühmte Kluft? Wie begegnet sie, wenn sie es tut, der unmittelbar drohenden Verzweiflung? Ich glaube, die Antwort ist in etwas zu suchen, das Kant fast im Vorbeigehen in der *Kritik der reinen Vernunft* sagt, als er über das »physikotheologische« Argument für die Existenz Gottes spricht …

KEHLMANN Der physikotheologische Gottesbeweis, das ist das Argument, das sagt, schau dir die Welt an. Man sieht doch, dass hier jemand geplant hat und dass der Welt ein intelligenter, vernünftiger Entwurf zugrunde liegt.

BOEHM Im Kapitel über die Gottesbeweise benennt Kant drei als die einzig möglichen: den kosmologischen, den physikotheologischen und den ontologischen Beweis. Und er behauptet, dass alle drei als Beweise, die zu einem sicheren Wissen führen, scheitern, wenn erst einmal der ontologische widerlegt ist … Doch als er die physikotheologische Argumentation nachzeichnet, sagt er zwei Dinge, die uns helfen, die Funktion der *Kritik der Urteilskraft* als eines Ganzen zu verstehen. Erstens ermögliche die Physikotheologie zwar keinen Beweis, nachdem die ontologische Argumentation zurückgewiesen wurde, doch sie »verdient jederzeit mit Achtung genannt zu werden«, ist doch – im Unterschied zu den anderen Beweisen – »wider die Vernunftmäßigkeit und Nützlichkeit dieses Verfahrens nichts einzuwenden«, außer seinem Anspruch, *sicheres Wissen* bereitzustellen.[54] Zweitens liegt dem physikotheologischen Ansatz Kant zufolge eine »*bestimmte Erfahrung*«[55] der Welt zugrunde, die »uns einen so unermeßlichen Schauplatz von Mannigfaltigkeit, Ordnung, Zweckmäßigkeit und Schönheit [eröffnet]«. Und er fügt hinzu, dass bei allen »Kenntnissen«, die wir über die Welt erwerben können, deren »Wunder« so groß sind, dass »alle Sprache […] ihren Nachdruck« und »unsere Gedanken alle Begrenzung vermissen, so daß sich unser Urteil vom Ganzen in ein sprachloses, aber desto beredteres Erstaunen auflösen muß«.[56] In diesem Licht besehen kann man die *Kritik der Urteilskraft* in ihren beiden Teilen als Verteidigung der Physikotheologie lesen. Nicht nur Ordnung, auch *Schönheit* geht in die Erfahrung ein, auf die sich diese Argumentation stützt. Und diese Erfahrung ist die einer Zweckmäßigkeit ohne Zweck, die hier – noch ohne diesen Begriff – als reflektierende Urteilskraft beschrieben wird. Was Kant uns in der *Kritik der Urteilskraft* faktisch gibt, ist eine Begründung dieser Erfahrung und dieser Urteilsform:

Selbst wenn sie nicht zu Wissen führt, erhebt sie einen legitimen Anspruch auf universale Gültigkeit. Das würde besagtes leeres Postulat mit *Erfahrung* sättigen und diese Erfahrung zu einer allgemeinen machen – nie aber zu einem beweiskräftigen Wissen, was entscheidend ist.

KEHLMANN Und zwar deswegen nicht, weil er uns ja in der *Kritik der reinen Vernunft* gezeigt hat, dass die newtonsche Physik sozusagen unausweichlich ist, das heißt, die Welt ist vollständig kausal. Es gibt in der Kausalkette gar keinen Platz, wo Gott eingreifen könnte. Insofern sind die Schönheit und Teleologie der Welt kein Beweis, sondern – ja, was sind sie eigentlich? Ein Argument wohl, aber kein Beweis. Gott hat eigentlich gar keine Lücke, wo er eingreifen und formen könnte.

BOEHM Aber vielleicht gibt es am Ende doch eine Lücke, sonst müsste der Glaube ja irrational sein. Es gibt keine Lücke, was das Wissen betrifft, die Antinomien aber haben einen, sagen wir, Spielraum hinterlassen, als sie das Wissen beschränkten und die Vorstellung widerlegten, dass sich die Welt als eine vollständig kausale denken lässt. Bereits in der *Kritik der reinen Vernunft* nutzt Kant diesen Spielraum, um Raum für den Glauben zu gewinnen, wobei er den moralischen und den physikotheologischen Gottesbeweis erwähnt. Beide sind *subjektiv* hinreichend, *objektiv* aber unzureichend: »[S]o muß ich nicht einmal sagen: *es ist* moralisch gewiß, daß ein Gott sei etc., sondern: *ich bin* moralisch gewiß etc.«[57] Wenn ich darüber nachdenke, frage ich mich, ob er, nachdem er die *Kritik der Urteilskraft* geschrieben und die universelle Gültigkeit reflektierender Urteile begründet hat, diese letzte Feststellung ändern würde?

Gegen das *intelligent design*

KEHLMANN Hier unterscheidet sich Kant natürlich doch von den Vertretern der katholischen Kirche, die eine Theorie des *intelligent design* propagieren, weil diese tatsächlich Wissen verlangen. Sie sagen: Na klar beweist die unendlich komplexe Struktur der Lebewesen, dass Gott diese Lebewesen geplant und entworfen hat und dass es auch immer schon eine geplante Stufenleiter aufwärts zum Menschen gegeben hat. Kant sagt das aber genau nicht, er bleibt hier in seiner guten alten Ambivalenzhaltung. Das muss man klar aussprechen, damit es nicht so klingt, als wäre der Gottesmörder Kant plötzlich ein Vertreter der Bischofskonferenz geworden.

BOEHM Nicht nur sagt er das nicht, er würde es vehement bestreiten. Was du Ambivalenz nennst und was alles mit der Kultivierung einer Glaubenshaltung zu tun hat, ist in Wirklichkeit das Gegenteil von Religion. In der Religion geht es um Autorität, die Autorität Gottes, während der Glaube hier aus deren Abwesenheit entspringt: Du weißt, dass du verantwortlich bist, ganz unabhängig von Gott, und du darfst hoffen, dass Fortschritt möglich ist, wenn du moralisch handelst. Und du darfst das hoffen, weil du die Natur anschauen kannst …

KEHLMANN In der es ja auch Fortschritte gibt. Denn Zweckmäßigkeit heißt ja Fortschritt! Eine in der Zeit sich entfaltende Progression vom Unbelebten über einfache Lebensformen hin zum Menschen. Kant hatte natürlich noch keine Evolutionstheorie zur Verfügung …

BOEHM Er brauchte Darwin nicht, um zu wissen, wogegen er sich wandte. Spinoza kommt zweihundert Jahre vor Darwin. Philosophisch verstand man die Bedeutung des blinden

Mechanismus also schon, auch wenn sie wissenschaftlich noch nicht beschrieben war.

KEHLMANN Man hätte auch die Materialisten nehmen können. Bis zurück zu Lukrez. Kant sieht jedenfalls klar die Möglichkeit einer rein materialistischen Biologie, obwohl diese zu seiner Zeit noch gar nicht ausformuliert ist. Das wird dann erst Darwin tun. Aber er antwortet darauf schon im Vorhinein.

BOEHM Vergiss nicht die Stelle in der *Kritik der Urteilskraft*, wo er sagt, »es ist für Menschen ungereimt, auch nur [...] zu hoffen, daß noch etwa dereinst ein Newton aufstehen könne, der auch nur die Erzeugung eines Grashalms nach Naturgesetzen, die keine Absicht geordnet hat, begreiflich machen werde«.[58] Zeitgenössische Kritiker belächeln das gelegentlich, weil sie glauben, dass nicht sehr viel später, etwa siebzig Jahre, Darwin mit der Evolution zum Newton des Grashalms wurde. Das ist aber falsch, zumindest historisch, weil Darwin genau das nicht getan hat, was Kant für unmöglich erklärte. Die natürliche Auslese beginnt für Darwin mit der lebenden Zelle. Ob Wissenschaftler seither beanspruchen wollen, dass sie die Entstehung des Lebens aus lebloser Materie überzeugend erklärt haben, ist meines Wissens umstritten. Aber das ist hier nicht ganz das Thema. Es geht darum, dass Kant versteht, was die Reduktion des Lebens auf einen Mechanismus philosophisch bedeutet: ob es den Naturwissenschaften gelingen wird, es wissenschaftlich zu beschreiben, oder nicht. Und trotz dieses Umstands besteht er darauf, dass teleologische Erklärungen niemals Wissenschaft ergeben, niemals Wissenschaft ergeben *sollten*.

KEHLMANN Er sagt unmissverständlich, dass Teleologie in der Wissenschaft als solcher nichts verloren hat.

Der Grashalm und die Rettung der Zweckursache

KEHLMANN In gewisser Weise ist die Geschichte der neuzeitlichen Wissenschaft die Eliminierung von Aristoteles' »Causa finalis«, der Zweckursache. Auch Kant würde gegen diese Tendenz keinen Einspruch einlegen. Also auch die Rettung der *causa finalis* kann nicht darin liegen, dass man einfach die Stringenz der Kausalkette leugnet. Man könnte die *Kritik der Urteilskraft* als groß angelegte Rettung der *causa finalis* lesen, ohne dabei die moderne Wissenschaft aufzugeben.

BOEHM Das ist treffend und schön formuliert. In gewisser Weise hat das schon Leibniz versucht, denke ich, aber da Leibniz für Kant letztlich keine Option war, musste die Rettung der aristotelischen *causa finalis* als mit der Autorität der mechanistischen Wissenschaft vereinbar mit anderen Mitteln erfolgen. Es ist wichtig, zu verstehen, wie entscheidend diese Verteidigung sein kann, denn solange heutzutage die albernen Debatten über den Kreationismus und die Ablehnung der Evolutionstheorie etwa in religiösen amerikanischen Hochschulen politisch im Hintergrund mitschwingen, scheuen viele vor dem Nachdenken darüber zurück … Das kann in dieser Atmosphäre zu den abstrusesten und seltsamsten Vorwürfen führen. Plötzlich beschuldigen dich Leute, dass du, ich weiß nicht, irgendwas …

KEHLMANN Den Vorwurf musste sich ja sogar der große zeitgenössische Philosoph Thomas Nagel machen lassen, als er in *Mind and Cosmos* eine eigentlich kantische Position in dieser Frage vertreten hat. Er erwähnt Kant nicht, weil amerikanische Philosophen das generell selten tun, aber im Grunde ist *Mind and Cosmos* eine kantianische Abhandlung, und es wurde Nagel sofort vorgeworfen, er sei religiös geworden. Was natürlich Unsinn ist.

BOEHM Ich weiß nicht, ob es Unsinn ist. Oder weißt du, doch, es ist Unsinn, aber lass uns genauer sein und sehen, in welcher Hinsicht es Unsinn ist und in welcher nicht. Zunächst ist der Vorwurf als Vorwurf Unsinn. Die Frage ist, wie gut begründet ein Argument ist, nicht ob es »religiös« ist. Derjenige Kritiker, der einem Philosophen ankreidet, er unterstütze eine »religiöse« Position, beweist de facto in der Regel seine eigene Religiosität, nämlich seinen Dogmatismus. Die säkulare Moderne kann eine Form von Religion sein, ja doch, sie ist es. Aber dann müssen wir auch festhalten, Daniel, dass sich die Idee der *causa finalis* nach allem, was wir über Gott, Lampe, den Glauben und die Bedeutung der *Kritik der Urteilskraft* zu ihrer Stützung gesagt haben, nicht so einfach von der Physikotheologie trennen lässt. So zu tun, als ginge das – ob Nagel das tut, kann ich gerade nicht sagen –, hieße im Grunde, sich auf die Seite der säkularen Religion zu stellen, die den Glauben verabscheut. Die *causa finalis* zu verteidigen, auch und gerade als nicht in Konkurrenz zum Naturmechanismus stehend, ist keine Form postmetaphysischen Denkens mehr. Das ist die Herausforderung Kants an uns: Wir sind ihm in vielem so nahe und doch so fern, weil er immer noch versucht, eine metaphysische Perspektive zu verteidigen, die Fähigkeit, der Natur eine metaphysische Prämisse zu unterlegen – ohne gegen die Wissenschaft zu verstoßen.

KEHLMANN Damit würde Kant hundertprozentig übereinstimmen. Ein Wissenschaftler sollte sich nie auf Gott beziehen, um etwas zu erklären.

BOEHM Aber er würde unter keinen Umständen akzeptieren, dass man deshalb die Natur nicht mit einer Als-ob-Einstellung anschauen kann. Und es ist ein starkes Als-ob …

KEHLMANN Ja, es ist nicht einfach eine Metapher.
BOEHM Dieses Als-ob ist nicht dasselbe wie eine Fiktion, eine Unterscheidung, auf die schon Vaihinger Wert legte. Eine Als-ob-Einstellung heißt, die Wahrheit von etwas für entscheidend, aber unbekannt oder unerkennbar zu halten. Der Punkt ist, dass einige der wichtigsten Fragen für Menschen, einige der wichtigsten Interessen, die wir haben, einige der wichtigsten Nachfragen an die Vernunft von der Art sind, dass wir die Antwort auf sie nicht wissen können. Eine Als-ob-Position zu beziehen, ist das Gegenteil davon, diese Fragen zu beantworten – und der Illusion und Dialektik der Vernunft und Aufklärung anheimzufallen. Es ist aber auch das Gegenteil davon, eine postmetaphysische Position einzunehmen, das heißt, so zu tun, als habe man das Interesse an diesen metaphysischen Fragen verloren – das wäre jene Verzweiflung, die Kant gleich zu Beginn der *Kritik der reinen Vernunft* als »Indifferentismus« analysiert.[59] Kant versucht uns zu zeigen, wie man zwischen den Polen des postmetaphysischen Indifferentismus einerseits und der Dialektik andererseits philosophiert, und das ist auch die Herausforderung, vor die uns seine Aufklärung heute stellt – und wir haben bei Weitem noch nicht gelernt, wie man zwischen diesen Polen lebt.
KEHLMANN Und da sind wir doch wieder bei dieser typisch kantschen Denkbewegung: Es gibt keine eindeutige Auflösung. Wie wir oben schon zitiert haben: »Es ist nämlich ganz gewiß, daß wir die organisierten Wesen und deren innere Möglichkeit nach bloß mechanischen Prinzipien der Natur nicht einmal zureichend kennen lernen, viel weniger uns erklären können; und zwar so gewiß, daß man dreist sagen kann, es ist für Menschen ungereimt, auch nur einen solchen Anschlag zu fassen, oder zu hoffen, daß noch etwa dereinst ein Newton aufstehen könne, der auch nur die Er-

zeugung eines Grashalms nach Naturgesetzen, die keine Absicht geordnet hat, begreiflich machen werde: sondern man muß diese Einsicht den Menschen schlechterdings absprechen.«[60] Mit anderen Worten: Egal, wie viel wir wissen, wir betrachten Organismen immer so, *als ob* hinter ihnen ein Schöpfungsplan stünde. Aber beweist der Grashalm den Schöpfer? Wenn man Kant nun fragen würde, bitte erkläre mir, wie das zusammengehen soll, wie wäre denn der Schöpfer zu diesem Grashalm gekommen?, dann würde Kant wieder in seiner Ambivalenz verharren. Das Ungenügen mit der reinen Kausalkette bleibt, aber das gibt uns nicht das Recht, die Kausalkette einfach zu brechen.

BOEHM Das erinnert mich an etwas Wichtiges, was du gesagt hast und worauf ich noch zurückkommen wollte. Du hast gesagt, die Geschichte der neuzeitlichen Wissenschaft ließe sich als Geschichte der Eliminierung von Aristoteles' *causa finalis* verstehen – und dass Kant ein ambivalenteres Verhältnis dazu entwickelt. Das verdient noch eine Anmerkung. In Aristoteles' *Nikomachischer Ethik* findet sich eine These, die ich bereits erwähnt habe, als wir ausgerechnet über Eichmann und das radikale Böse sprachen, und sie ist auch hier von Bedeutung, um die Teleologie zu verstehen – und Kants Ambivalenz. Aristoteles sagt: Jede Handlung »scheint ein Gut zu erstreben«.[61] Damit definiert er im Grunde seinen Begriff von Teleologie. Wann immer wir etwas tun, tun wir es, *weil* wir es für gut halten. Das Gute ist das Motiv unserer Handlung – ihr Telos oder Ziel wird als gut angesehen, deshalb verfolgst du es, und auf diese Weise soll die *causa finalis* überhaupt zur Erklärung dienen können. Und diese Aussage soll angeblich auch von Gott oder der Natur gelten: Wenn sich die Natur teleologisch bewegt, ist sie vom Begriff des Guten motiviert, bewegt. Die Naturgesetze sind damit gewissermaßen moralisch durchsetzt.

Das Gute erscheint als das, was Kausalgesetze und womöglich das menschliche Handeln zusammen mit diesen Gesetzen determiniert. Wenn sich die moderne Naturwissenschaft von der aristotelischen *causa finalis* abwendet, wendet sie sich von der aristotelischen Vorstellung ab, dass Handlungen *um* eines bestimmten Gutes *willen* vollzogen werden können. Man sieht das wieder einmal am deutlichsten bei Spinoza. Die Natur ist nicht teleologisch, deshalb funktioniert sie nicht in irgendeinem wahren, objektiven Sinne einem Gut gemäß. Zudem sind Menschen ein immanenter Bestandteil der Natur und ihre Handlungen nichts weiter als Naturereignisse. Deshalb, und das ist sehr wichtig, handeln sie nicht, wie Aristoteles in der *Nikomachischen Ethik* annimmt. Sie handeln nicht, weil sie »ein Gut [...] erstreben«. So gesehen gipfelt Spinozas *Ethik* darin, die *Nikomachische Ethik* auf den Kopf zu stellen und darin bereits Nietzsches Umkehrung aller Werte vorwegzunehmen. Spinoza sagt, dass »wir etwas weder erstreben noch wollen, [...] weil wir es für gut halten; im Gegenteil, wir halten etwas für gut, weil wir es erstreben, wollen«.[62] Das Gute motiviert uns nicht, weil es das in einer mechanistischen Welt nicht kann ...

KEHLMANN Ja, wo steht Kant denn dann?

BOEHM Tja, an dieser Stelle wird es kompliziert und bedarf, wenn du mich fragst, immer noch weiterer Forschung. Der Anfang ist nicht kompliziert und, denke ich, gut verstanden: Kant arbeitet zweifellos darauf hin, die Idee zu retten, dass wir durch das Gute motiviert sein können. Er tut das, indem er Freiheit möglich macht und damit sozusagen einen Fuß in der Tür hat, um sicherzustellen, dass unser Handeln nicht nur durch mechanistische Kausalität bestimmt wird.

KEHLMANN Er würde wohl auch einräumen, dass das für die meiste Zeit nicht zutrifft. Die meiste Zeit sind wir tatsächlich in Spinozas Kausalität, womöglich sogar immer. Vielleicht aber doch nicht immer.

BOEHM Er würde – mit Ambivalenz – die Hoffnung erlauben, dass solches Handeln möglich ist und sogar mit den Naturgesetzen zusammengeht. So viel ist klar. Aber jetzt kommt der kompliziertere Teil. Kant stimmt nämlich mit Spinoza in etwas noch Grundlegenderem überein. Vergiss nicht, Spinoza lehnte die Naturteleologie ab, weil sie die Freiheit untergräbt: Es gibt keine Teleologie in der Natur, weil Gott die Natur ist und Gott frei ist. Das ist kontraintuitiv: Wir neigen zu der Überzeugung, dass Freiheit in der Freiheit besteht, die eigenen Ziele zu verfolgen, Spinoza aber weist das zurück und behauptet, Freiheit bestünde in der Macht, *nicht* mit einem Ziel zu handeln, da Ziele Handlungen von außen bestimmen. *Zu* einem Zweck zu handeln, weil man ihn für gut hält, heißt, von diesem Zweck bestimmt zu sein, statt kraft unserer eigenen Natur zu handeln – oder besser, zu sein. Wenn das wahr ist, dann ist ein absichtsvolles, teleologisches Handeln nie ein Handeln aus einem Beweggrund oder Grund, der der Handlung immanent wäre, und deshalb kann die Handlung nicht, sagen wir, autonom sein. Und ich benutze hier den kantischen Ausdruck, den Spinoza nicht verwendet, weil Kant hier tatsächlich Spinozas tiefe Einsicht akzeptiert –

KEHLMANN Eine Übereinstimmung hinsichtlich des Zweifels daran, ob Zweckursachen tatsächlich eine Realität sind. Außer natürlich in der Kunst. Dort besteht überhaupt keine Frage. Kunst zeigt uns ja tatsächlich eine Welt der Zweckursachen. In der Kunst gibt es immer einen Schöpfer, der alles gemacht hat.

BOEHM Es geht nicht nur darum, zu bezweifeln oder zu bestreiten, dass Zwecke real sind. Vielleicht – und deshalb ist das komplex und zeigt vielleicht eine tiefere Übereinstimmung –, vielleicht geht es um die Angst, dass sie real sind, denn wenn sie real sind, gegeben sind und wir zu diesen Zwecken handeln, unterminiert das unsere Freiheit, weil es impliziert, dass wir von außen bestimmt sind, wenn wir sie verfolgen. Spinoza bestritt – oder verkehrte ins Gegenteil – Aristoteles' Idee, dass wir für ein Gut handeln oder es begehren. Dagegen versuchte Kant, die aristotelische Vorstellung mit dem kategorischen Imperativ zu retten. Denn der kategorische Imperativ beginnt mit derselben Einsicht, nicht wahr? Dass zu einem Zweck zu handeln, weil man ihn für gut hält, uns von außen bestimmen würde. Kants Aufgabe ist es nun, zu zeigen, dass sich die Vernunft ihre eigenen Zwecke setzen kann, immanent sozusagen. Der Zweck sollte nie gegeben sein, sondern formal gesetzt werden, unabhängig von dieser oder jener speziellen Absicht. Ähnlich im Übrigen in der Ästhetik: Wir müssen es mit Zweck*mäßigkeit* zu tun haben, nicht mit einem Zweck. Ein gegebener Zweck würde die Freiheit aushöhlen. Wir können uns Kants Manöver hier als einen heroischen Versuch denken, die Idee zu retten, dass wir etwas tun, *weil* es gut ist – erstens gegen die Unmöglichkeit dieser Vorstellung in einer mechanistischen Welt und zweitens trotz der unmittelbaren Gefahr, die diese Idee, vielleicht überraschenderweise, für die Freiheit birgt.

Der siebte Teil

Ist Freiheit des Handelns möglich?

KEHLMANN Die Frage nach Kausalität und Freiheit führt uns natürlich wieder zur Ethik zurück. Du hast ja davon gesprochen, dass man nie mit Sicherheit voraussagen kann, wie ein Mensch handeln wird. Aber meine Frage wäre: Ist das wirklich so? Es gäbe ja in Kants Sinn auch eine schwächere Beschreibung von Freiheit. Wenn ich nicht aus meinen persönlichen Interessen handle, sondern aus der moralischen Erwägung heraus, also wie ich handeln muss, damit die Maxime meines Willens Grundlage einer allgemeinen Gesetzgebung sein könnte, so handle ich ja sehr wohl aus Freiheit, weil ich mich von den Zwängen meiner kleinen egozentrischen Interessen gelöst habe. Dann könnte aber immer noch jemand, der mich sehr gut kennt oder ein auf eine jetzt noch futuristische Art technischen Einblick in mein Nervensystem hat, eventuell voraussagen, wie ich handeln werde. Es wäre aber trotzdem ein Handeln aus Freiheit, weil eben hier der kategorische Imperativ für mich zum handlungsbestimmenden Kriterium wird. Oder bedeutet Freiheit tatsächlich, dass ich in gewisser Weise a-kausal handle, dass ich aus der strikten Kausalkette ausbreche und mit meiner Handlung eine neue Ereigniskette beginne? Das wäre natürlich die viel stärkere Version davon, was Freiheit ist.

BOEHM Es muss die stärkere Variante sein, fürchte ich. Wir sollten aber zunächst einmal zwischen der Person, sagen wir Freundin, die dich gut kennt und voraussagen kann, wie du handeln wirst, und der Wissenschaftlerin unterscheiden.

Die Freundin wird nicht ernsthaft ein Wissen im wissenschaftlichen Sinne beanspruchen. Ihre Vertrautheit mit deinem Charakter ist nicht von der Art, die deine Freiheit negiert. Sie schätzt ein, wie du aufgrund *deines* Charakters handeln wirst, wie *du* handeln wirst – sie kennt keine Kausalkette, die eine Handlung bestimmt, die ja noch nicht einmal eine Handlung wäre, sondern ein Ereignis, das dir widerfährt und das nur in einem uneigentlichen Sinne »deines« ist. Mit der Wissenschaftlerin verhält es sich natürlich anders. Wenn sie tatsächlich zur Voraussage deines Verhaltens in der Lage wäre, könnte sie dir nicht sagen, dass du nach dem kategorischen Imperativ handelst, sondern nur, dass du »entsprechend dem kategorischen Imperativ handelst«. Wir können uns den Unterschied klarmachen, indem wir uns in Erinnerung rufen, dass moralisch, also frei zu handeln heißt, das Richtige zu tun, *weil* es das Richtige ist. Wenn die Wissenschaftlerin durch Betrachtung einer Kausalkette sagen könnte, wie du in Übereinstimmung mit dem kategorischen Imperativ handeln wirst, dann wäre es genau das: Handeln in Übereinstimmung mit dem kategorischen Imperativ. Verursachung versus Korrelation, wenn du so willst, aber mit dem moralischen Gesetz – es muss der Grund sein, aus dem du handelst, es geht nicht um die Tatsache, dass du so handelst. Das erfordert eine Unterbrechung der Kausalkette. Das Vermögen – wie Kant es in einem starken Satz zur dritten Autonomie sagt, bei der es um Freiheit geht –, »einen Zustand [...] schlechthin anzufangen«.[63] Das ist in der Tat das, was Freiheit bei Kant voraussetzt.

Aber um die Anschlussfrage gleich vorwegzunehmen: Inwiefern ist das nicht völlig willkürlich? Kants Antwort wird lauten, dass Freiheit nicht nur willkürlich ist, denn dann wäre sie keine Freiheit, gar kein Handeln, sie muss also durch ein Gesetz geregelt werden. Und dieses Gesetz ist nicht der Satz vom zureichenden Grund, sondern der kategorische Imperativ. Ich denke, diese Auseinandersetzung ist eigentlich einleuchtend: *der kategorische Imperativ versus der Satz vom zureichenden Grund*. Auf der einen Seite hast du die Welt der Natur, wie sie durch den Satz vom zureichenden Grund bestimmt ist, doch wie wir bereits gesehen haben, muss das Verlangen nach einer zureichenden, durchgängigen, reduktiven Erklärung unbefriedigt bleiben. Und in dieser Lücke – die es ermöglicht, scharf zwischen Erklärung und Begründung zu unterscheiden – kannst du den kategorischen Imperativ denken, der nie zeigen wird, wie du oder deine Freundin handeln werden, der dir aber sagen wird, was du tun sollst. Und insofern du aus diesem Grundsatz handelst, ist die Handlung nicht willkürlich, obwohl sie frei ist.

KEHLMANN Wir haben es dann aber nicht mit einer Handlung *ohne* Ursache zu tun, oder? Freiheit ist nicht Handlung *ohne* Ursache, sondern Freiheit ist eine Handlung mit dem kategorischen Imperativ als Ursache.

BOEHM Die Frage wäre: Was ist hier eine Ursache? Ist eine Ursache eine Kausalursache oder ein Grund? Bei einer Kausalursache folgt, wenn A gegeben ist, B notwendig, auf blinde Weise. Ein Grund ist ein Beweggrund, *um* etwas zu tun. Moralisches oder freies Handeln geschieht nicht ohne Grund, muss aber so gedacht werden, dass es nicht durch eine Ursache bestimmt ist. Wir sollten im Übrigen festhalten, dass auch das Gegenteil gilt: Soweit Handlungen und Ereignisse durchgängig von Ursachen bestimmt sind, geschehen sie grundlos, weil Ursachen blind sind. Wenn man sich vorstellen könnte, dass die Dinge bis ins Letzte durch Ursachen bestimmt sind, wären sie in diesem Sinne willkürlich oder kontingent – nicht in dem Sinn, dass sie irgendwie anders sein könnten, sondern in dem, dass man sagen müsste, sie sind »einfach« geschehen.

KEHLMANN Da wären wir wieder bei der Eliminierung der Zweckursache. Die rein wissenschaftlich kausale Erklärung eliminiert den Zweck.

BOEHM Der interessante Befund in diesem Zusammenhang ist, dass der Begriff des *Grundes* viel komplexer ist als der der *Ursache*. Was wiederum unser Verständnis des Satzes vom zureichenden Grund verkompliziert, der nicht derselbe sein kann wie der Satz von der zureichenden Ursache, um es so zu sagen. Der Punkt ist: Wenn man einen zureichenden Grund fordert, das heißt alles nach einem einzigen Maßstab erklären will, dann reduziert man alles auf Kausalität. Ähnlich wie bei Spinoza werden Ursachen »bis ins Letzte« auf begriffliche Beziehungen reduziert, bis hin zum ontologischen Gottesbeweis, nach dem Gott definitionsgemäß existiert. Die Rede davon, dass irgendetwas *aus* einem Grund existiert oder geschieht, ist ausgeschlossen worden. Wenn du am Satz vom zureichenden Grund und der, nun ja, Hoffnung festhältst, dass du von Gründen *für* etwas sprechen kannst, kommt du um Leibniz nicht herum. Alles in der Welt wird dann vollständig determiniert sein, die eigentliche Erschaffung der Welt aber geschah *aus* einem Grund, nämlich Gottes Entscheidung für sie, weil sie die beste ist. Auch menschliches Handeln lässt sich dann so beschreiben, dass es *aus* einem Grund geschieht, weil jede Kausalerklärung in eine unendliche Schleife läuft, es kein »bis ins Letzte« gibt. Der zureichende Grund erfordert also, würde Leibniz sagen, neben der kausalen Beschreibung auch noch die Kausalität der Freiheit – das Handeln *für* irgendein Gut. Das Problem mit Leibniz' Verteidigung der Freiheit, würde Kant einwenden, besteht darin, dass sie, soweit die Argumentation für die Freiheit aus der Forderung nach einer vollständigen Erklärung oder einem zureichenden Grund hervorgeht, in Spinozismus zurückfällt. Erstens weil das

Postulat einer freien Ursache keine hinreichende Erklärung bietet; zweitens weil Spinoza diese Annahme nicht braucht – mit dem ontologischen Argument kann er alles bis ins Letzte durch blinde Ursachen erklären. Auf der anderen Seite verwirft Kant Spinoza aufgrund seiner Ausgangsprämisse – der ontologischen Argumentation, der Causa sui. Und so werden Gründe – nicht aufgrund des explanatorischen Erfordernisses zureichende Gründe, sondern aufgrund des *normativen* Sollens – und das Handeln *aus* Gründen als Kennzeichen der Freiheit möglich. Und das ist tatsächlich die einzige Möglichkeit, ein solches Handeln als nicht willkürlich zu denken. Es ist alles andere als willkürlich, und es auf Ursachen zu reduzieren, würde es in diesem Sinne blind machen, also willkürlich.

Der moralische Imperativ: Kant gegen Sartre

KEHLMANN Weil sich, meinst du, dieses Handeln aus Freiheit tatsächlich nur ereignet, wenn wir moralisch handeln? Die Gegenposition wäre ja der französische Existenzialismus. Bei Sartre kann sich Freiheit eben jederzeit in unbegründeten Handlungen äußern. Der »*acte gratuit*«: Man macht irgendwas ohne Grund, das ist die Freiheit. So aber ist es nicht bei Kant, oder? Für ihn bin ich immer determiniert, außer wenn ich *aus* Moralität handle.

BOEHM Ich muss gestehen, dass ich die Vorstellung, Freiheit ließe sich als *acte gratuit* denken, wenig überzeugend finde – und wenig verlockend. Der Gedanke, dass frei zu handeln darin besteht, etwas völlig Willkürliches und Sinnloses zu tun – und dann so zu tun, als finde man einen vermeintlichen Sinn in dieser Sinnlosigkeit –, erinnert mich an die Unterscheidung, die Kant im Zusammenhang mit dem Genie zwischen einem originellen, aber sinnvollen Akt und »originale[m] Unsinn« trifft, was ein Widerspruch in sich ist.[64] Unsinn ist weder originell noch frei. Diese Theorien der Freiheit waren, so meine ich, oft das Ergebnis der Verzweiflung, die aus der ernsthaften Schwierigkeit folgt, die Freiheit zu denken. Und das Problem mit der Verzweiflung ist, dass sie manchmal Ergebnisse zeitigt, die nicht nur traurig oder melancholisch, sondern erbärmlich sind. Und … Schau, ich will hier gar kein Klischeebild von Sartre oder einem existenzialistischen Freiheitsbegriff zeichnen. Aber *insoweit* frei zu handeln heißen soll, »willkürlich« zu handeln, fällt diese Position meines Erachtens rasch in sich zusammen.

KEHLMANN Während die simple Idee von Freiheit ja so aussieht, dass man imstande wäre, etwas *ohne Grund* zu tun. Das hat mich früher sehr beschäftigt und tut es manchmal immer noch. Ich denke dann, wenn das wahr ist, dann bin ich sofort in Lebensgefahr, sobald ich im dritten Stock eines Hauses bin. Wenn ich wirklich frei bin, kann ich ja jederzeit ohne den geringsten Grund aus dem Fenster springen – woher weiß ich denn jetzt gerade, dass ich das nicht in fünf Minuten einfach so, aus purer Freiheit, tun werde? Das ist kein Witz und, glaube ich, auch kein triviales Problem.

BOEHM Das ist kein triviales Problem, da stimme ich dir zu, ich bezweifle nur, dass ohne Grund frei bedeutet. Wenn Freiheit lediglich willkürliches Handeln ist, dann bedeutet die Gefahr – ich glaube, du beschreibst sie treffend in diesen Worten –, dass du etwas *völlig* ohne Grund tust, nicht, dass es ohne Ursache geschieht. Ein grundloser Akt, würde ich sagen, ist kein ursachenloser Akt – man denke nur an ein unbewusstes Begehren. Und nur zur Klarstellung spreche ich mich damit nicht gegen die Existenz eines unbewussten Begehrens oder gar gegen seine handlungsmotivierende Kraft aus, nur gegen die Vorstellung, dass *du einfach irgendetwas* tun und es dann für einen Ausdruck deiner Freiheit halten kannst. Es besteht hier eine Ähnlichkeit zwischen der existenzialistischen und der kapitalistischen Naivität in Bezug auf die Freiheit, denke ich, ohne unfair sein zu wollen. Der Kapitalist sagt: Freiheit ist die Freiheit der Wahl, die Fähigkeit, sich nach eigenem Wunsch zu entscheiden. Es sollte ziemlich klar sein, dass man, wenn Freiheit die Fähigkeit ist, sich nach eigenem Wunsch zu entscheiden, von seinem Wunsch bestimmt ist. Und die kapitalistische Antwort lautet wie die existenzialistische: Ich wünsche mir *nur,* was ich will. Dieser Wunsch oder die Entscheidung zwischen Alternativen ist mutmaßlich ein solcher existenzialistischer *acte gratuit.*

KEHLMANN Wenn wir das ganz ernst nehmen, kommen wir zu Buridans Esel, zu dem berühmten mittelalterlichen Paradox, dass ein Esel zwischen zwei gleich großen Heuhaufen in gleicher Entfernung rechts und links von ihm verhungern wird, weil keiner von beiden stärkere Anziehungskraft auf ihn ausübt als der andere. Auch das ist keine triviale Frage. Wenn die Anreize zwischen zwei Alternativen genau gleich sind, wieso sind wir dann trotzdem imstande, eine zu wählen? Denn wir wissen ja, dass wir das sind. Niemand verhungert zwischen zwei Heuhaufen, zwischen zwei Mahlzeiten. Die einfachste Antwort wäre natürlich, dass das wieder ein leeres Gedankenexperiment ist, das Umstände herstellt, die in der Wirklichkeit niemals herrschen. Denn die Anreize sind eben nie ganz gleich.

BOEHM Und können sogar nicht ganz gleich sein. So würde

es zumindest Leibniz sehen – zwei Dinge können nicht genau gleich sein, weil sie dann eines wären und nicht zwei. Aber um ehrlich zu sein, wenn die leibnizsche Identität des Ununterscheidbaren das Problem lösen soll, dann ist sie unbefriedigend, weil schon die unterschiedliche Position der beiden Heuhaufen im Raum genügen würde, um sie als zwei zu unterscheiden, auch wenn alle anderen Eigenschaften im Grunde identisch wären. Der Esel würde immer noch verhungern. Ich bezweifle daher, dass wir uns auf gewinnbringende Weise daran halten können, dass sich der Esel als grundloser freier Akt für eine Richtung entscheidet …

KEHLMANN Die beiden Alternativen sind eben nie völlig ununterscheidbar. Aber um ein Gedankenexperiment doch wieder aufzurufen, das ich eben noch abgelehnt habe: Ein Mensch steht vor der Wahl, eine Handlung aus Moral zu begehen, sagen wir zum Beispiel, auf etwas zu verzichten, an dem er sehr viel Interesse hat, das aber zu wählen unmoralisch wäre, und wir nehmen an, dass es tatsächlich möglich ist, dass Menschen aus Moral handeln. In diesem Fall würde kein noch so utopischer Gehirnscan es möglich machen, vorauszusagen, wie er handelt, also ob er moralisch handeln wird oder nicht, richtig?

BOEHM Richtig. Aber jemand anderes wird dir etwas anderes sagen können. Die Philosophin wird dir vielleicht sagen können, wie du handeln solltest, nicht, ob du es tun wirst. Das ist die Struktur der Freiheit, bei ihr geht es immer um die normative Vorschrift, das Sollen, nicht um die Beschreibung oder Erklärung. Die Unzufriedenheit mit der normativen Perspektive, das Bedürfnis, sie ständig auf die deskriptive zu reduzieren, ist Teil der Unfähigkeit, Freiheit zu denken. Ein anderer Ausdruck davon ist in meinen Augen, dass wir, wenn wir über Moral sprechen, über moralische Ausdrücke, oft auf Beschreibungen der Genese moralischer

Ausdrücke stoßen. Wie moralische Auffassungen von der Welt zustande gekommen sind.

KEHLMANN Die Genealogie der Moral.

BOEHM Wir übersehen, dass fast immer, wenn wir solche Genealogien von Normen oder Geschichten über ihre Hervorbringung schreiben, unsere Verpflichtung, sie zu befolgen, auf der Strecke bleibt. Nehmen wir diese Normen: Du sollst nicht lügen. Du sollst nicht töten. Du sollst nicht stehlen oder foltern. Oder abstrakter, »alle Menschen sind gleich geschaffen« … Man könnte sich fragen, wie kam es zu diesen Normen? Man kann eine Genealogie ihrer Entwicklung erarbeiten. Sie waren gut für die Gesellschaft. Sie waren im Interesse der Gesellschaft – wie auch immer. Sobald man solche Geschichten erzählt, hat man erklärt, warum wir über moralische Begriffe verfügen, und womöglich auch erklärt, warum – wenn diese Geschichten stimmen, wenn sie der *Grund* sind, aus dem wir diese Begriffe akzeptieren, ihre Rechtfertigung – wir uns trotzdem nicht auf diese Normen verpflichten. Denn die Geschichte wird hier immer in der dritten Person erzählt, als eine *Erklärung* des Begriffs – und die Rechtfertigung der Verpflichtung ist immer eine, nach der man in der ersten Person fragt: Warum soll *ich* diese Norm befolgen, auch wenn es nicht in *meinem* Interesse ist? Wenn die Geschichte in der dritten Person alles ist, was du bieten kannst, kannst du der Norm folgen oder auch nicht, denn eine Begründung für deine Verpflichtung wurde nicht gegeben. In Wirklichkeit ist die Genealogie eine verdeckte (oder auch nicht so verdeckte) Art und Weise, moralische Verantwortung abzuschaffen, indem man sie auf Kausalketten reduziert, die durch den zureichenden Grund bestimmt sind – nur dass dies hier nicht über Physik und Biologie, sondern über die Geschichtsschreibung erfolgt. Und der Gedanke, dass die Genealogie die einzige Methode sein könnte, um Normen zu begründen, ist in Wirklichkeit ein Ziehkind der naturalistischen Prämisse. Deshalb ist sie als Methode auch so eng mit dem Erz-Naturalisten Nietzsche verbunden … Kants Frage ist, welche Art von Geschichte man überhaupt über unsere Verpflichtungen erzählen könnte, die zwar unsere gegenwärtigen Verpflichtungen auf alle Fälle kritisieren könnte, aber dennoch – nicht dennoch, sondern *dadurch* – die Vorstellung aufrechterhalten würde, dass wir überhaupt Verpflichtungen haben.

Freiheit und der zureichende Grund

KEHLMANN Aber wie vereint man das mit dem Satz vom zureichenden Grund – kann man sagen, dass hier der moralisch handelnde Mensch tatsächlich nur aus einer *causa finalis* heraus und nicht zugleich auch aus einem zureichenden Kausalgrund handelt?
BOEHM Nur um sicherzugehen: vielleicht weder noch. Wir hatten es schon mit dieser subtilen Seite der *causa finalis* zu tun: dass sie der Freiheit ebenfalls zuwiderlaufen kann … Oder wenn *causa finalis,* dann so, wie dieser Grundsatz von Kant im kategorischen Imperativ formuliert wird. Kants ausdrücklichste Antwort auf diese Frage steht in der *Kritik der reinen Vernunft* im Abschnitt zur dritten Antinomie, die auch als Antinomie der Freiheit bekannt ist. Wie wir bereits festgestellt haben, versuchen alle Antinomien zu zeigen, dass die Welt als ein Objekt nicht existiert, weil das ein inkohärenter Gedanke ist. Es gibt verschiedene Formen, in die man diese Feststellung kleiden kann – eine war die Überlegung, dass sich zeigen lässt, dass die Welt in Raum und

Zeit sowohl endlich als auch unendlich wäre. Da dies aus der Prämisse folgt, dass die Welt existiert, muss diese Prämisse aufgegeben werden. Ich erwähne dies nur, weil Kant dasselbe mit der Freiheit macht: In der Annahme, dass die Welt existiert, versuchst du, die Freiheit zu erklären, und wirst sowohl ableiten können, dass es Freiheit gibt, als auch, dass es sie nicht gibt – beides ausgehend von der Annahme, dass alles erklärt werden muss. Erst beweist du, dass es Freiheit gibt. Du verweist darauf: Es gibt kontingente Ereignisse in der Welt, und um zustande zu kommen, müssen sie ihre Ursachen gehabt haben. Diese Ursachen sind aber ebenfalls kontingent, also müssen sie wiederum ihre Ursachen gehabt haben …

KEHLMANN Der Laplacesche Dämon. Jenes fiktive Wesen, das Ort und Impuls jedes einzelnen Teilchens im Universum kennt und daher genau weiß, was passieren wird.

BOEHM Nicht ganz: Du leitest von jedem kontingenten Ereignis dessen Ursache ab und die Ursache der Ursache … bis ins Unendliche, in einen Regress, der kein Ende kennt. Und weil er nie endet, könntest du sagen, dass es keinen zureichenden Grund für irgendetwas gibt. Angesichts dieses indefiniten Regresses würde der Laplacesche Dämon *nicht* alles wissen. Du bliebest immer unendlich weit von einer vollständigen Erklärung entfernt. Um eine vollständige Erklärung, einen zureichenden Grund überhaupt denken zu können, postulierst du also Freiheit: eine Ursache, die die Reihe beginnt, aber selbst keine Ursache hat. Die Freiheit ist eine notwendige Voraussetzung für eine vollständige Erklärung. Das ist der eine Strang der Antinomie.

Jetzt der andere Strang. Du setzt voraus, dass es Freiheit gibt, dass sie eine Ursache ist, die eine Reihe beginnt, ohne selbst durch eine Ursache bestimmt zu sein. Aber dann fragst du: Warum war diese Ursache überhaupt da? Und auf diese Frage kannst du natürlich keine kausale Antwort geben. Die Freiheit verstößt also gegen den Gedanken, dass sich alles erklären lässt. Du siehst: Die Voraussetzung, dass alles einen zureichenden Grund hat, erfordert Freiheit und widerspricht ihr. Die Freiheit wird als Bedingung vollständiger Erklärung sowohl bewiesen als auch widerlegt.

KEHLMANN Also, beide Sätze in dieser Antinomie sind falsch?

BOEHM Nein – beide Sätze sind wahr! In Raum und Zeit erweisen sich beide Sätze als falsch, das stimmt: Die Welt ist weder endlich noch unendlich. Das ist einfach nicht die richtige Weise, über die Welt zu sprechen. Mit Freiheit haben wir Freiheit und in gewisser Weise nicht ...

Was angegriffen worden ist, ist die Vorstellung, dass es eine vollständige Beschreibung der Welt als ein vollständiges Objekt geben kann. Man behält die Perspektive einer wissenschaftlich reduktiven Erklärung bei, einschließlich der Feststellung, dass es in ihr keine Freiheit gibt. Und aus dieser Perspektive kann man seine Biologie, Physik und, weißt du was, auch seine Genealogie und die marxistischen Geschichten über den Ursprung seiner Normen haben. Das sollte kein leerer Spott über »marxistische Geschichten« sein, oft sind sie so schlecht nicht, aber wie schon gesagt, unsere Verpflichtungen kommen in ihnen unter die Räder ... Gleichzeitig behält man auch die Perspektive bei, in der man versteht, dass man Freiheit denken kann – zuallererst die Freiheit zu denken, die von Gründen statt von Ursachen lebt. Aus dieser Perspektive wird man nicht in Begriffen zureichender Gründe und nicht ganz, wie wir gesehen haben, in Begriffen von *causa finalis* denken. Sondern in Form des kategorischen Imperativs. Das jedenfalls versucht Kant zu zeigen.

KEHLMANN Also wir sprechen hier von einem »Grund«. Nicht von einer »Ursache«!

BOEHM Genau! Sehr wichtig. Wunderbar! Absolut. Du hast absolut recht, das war jetzt eine wichtige Unterscheidung. Genau nicht »Vernunft«, sondern »Grund«, *reason*.

Der achte Teil

Der Mensch darf nie bloß ein Mittel sein, sondern immer ein Zweck

KEHLMANN Lass uns etwas weniger abstrakt werden. Was genau sind nun diese Formulierungen des kategorischen Imperativs, die Kant findet, die verschiedenen Weisen, um das moralische Gesetz auszudrücken? Es ist ja nicht so, dass der kategorische Imperativ keinerlei Fragen zurücklässt, ganz im Gegenteil. Also die beiden wichtigsten Formulierungen. Erstens: Handle so, dass die Maxime deines Willens stets Grundlage einer allgemeingültigen Gesetzgebung sein kann. Zweitens: Handle so, dass du den Menschen sowohl in deiner eigenen als auch in jeder anderen Person nie als Zweck, sondern als …

BOEHM … immer als Zweck.

KEHLMANN Natürlich! Entschuldige. … *immer* als Zweck und nie bloß als Mittel behandelst! Da entstehen natürlich Fragen. Die erste Frage, weil Kant hier, scheint mir, doch eine Voraussetzung macht, wenn er von den Maximen des Willens spricht, nämlich die, dass es immer eine Maxime des Willens gibt. Eine Maxime ist sozusagen eine Regel, die man sich selber setzt. Ich kann mir schon vorstellen, dass es bei Kant wirklich so war, dass er tatsächlich immer nach begrifflichen Kriterien vor jeder Handlung ein Urteil darüber gefällt hat, was er jetzt tun würde. Aber der Einwand wäre, machen das die Menschen sonst überhaupt? Hat man grundsätzlich immer eine Maxime des Willens, wenn man handelt? Oder ist das etwas, was man eigentlich eher nachträglich ableitet, wenn man danach gefragt wird? Also zum

Beispiel wenn man bei Rot über die Straße geht: Geht man einfach nur über die Straße, weil man hinüber will und es eilig hat, oder leitet man begrifflich ab: Ich entscheide hiermit, unter den gegebenen Umständen bei Rot über die Straße zu gehen? Das wäre die erste Frage. Hat man immer eine Maxime des Willens? Vernachlässigt so eine Weltsicht nicht, wie wichtig unbewusste Antriebe und Entscheidungen in unserem alltäglichen Handeln sind? Und dann die zweite Frage, die sich gewissermaßen von der anderen Seite her stellt: Was ist denn, wenn jemand völlig falsch urteilt? Also ein extremer Fall – ein faschistischer Massenmörder sagt: Ja, ich will, dass alle Juden getötet werden, und ich will, dass das allgemeines Gesetz wird. Was macht man damit? Denn man wird sich ja schwer davon überzeugen können, dass eine Tat dadurch schon zu einer moralischen Handlung wird, dass der Handelnde tatsächlich ein allgemeines Gesetz in diesem Sinne wünscht. Wo liegt da der Fehler?

BOEHM Was den ersten Punkt betrifft, so sollte man die Frage, ob wir immer nach Maximen des Willens handeln – was wir natürlich nicht tun! –, von der Frage trennen, ob wir dies überhaupt *manchmal* tun können, was hoffentlich bei einigen von uns der Fall ist. Offensichtlich trifft keiner von uns jede einzelne seiner Entscheidungen unter bewusster Anwendung des kategorischen Imperativs, und das sollten wir auch gar nicht. Ich glaube nicht, dass Kant sich das jemals erhofft hat – wenngleich ich weiß, dass einige seiner Gegner und sogar Freunde ihn manchmal so darstellen, vielleicht nicht ohne sein eigenes Zutun. Aber seine Vorstellung war nie, dass wir den kategorischen Imperativ wie einen Algorithmus im Kopf haben und uns, bevor wir die Straße überqueren oder Milch kaufen, immer fragen, ob wir diesen Akt als ein allgemeines Gesetz wollen können. Sieh mal, wir führen auf jeden Fall oft Handlungen aus, ohne an

Maximen zu denken, und wenn wir das nicht tun, womöglich sogar dann, wenn wir es tun, werden wir zum Beispiel von unserem Unbewussten bestimmt. Das wäre aber nur ein Ausdruck der Tatsache, dass nicht alle unsere Handlungen frei sind … Einige dieser Handlungen entsprechen dabei immer noch dem kategorischen Imperativ, obwohl sie unfrei sind, andere werden gegen ihn verstoßen. Der kategorische Imperativ ist bestenfalls ein *Versuch*, zu zeigen, dass ein Wille, ein autonomer Wille im Gegensatz zum Begehren, das nicht frei oder autonom ist, möglich ist. Es ist der Versuch, zu zeigen, wie freie Entscheidungen, von denen Kant meint, dass wir sie intuitiv von jenen Momenten kennen, in denen wir etwas tun, *weil* es das Richtige ist, von jenen Momenten, in denen wir *fühlen*, dass wir etwas tun, weil es unsere *Pflicht* ist, ein Gefühl, das er »Achtung« nennt – wie sich solche Momente sozusagen logisch darstellen. Und seine Antwort lautet, dass eine solche Pflicht genauso wenig aus unseren Interessen erwachsen könnte wie aus einem Befehl von außen – ob von Gott oder vom Staat –, denn eine Pflicht setzt Freiheit voraus, und keine Handlung, die Interessen verfolgt oder einem äußeren Befehl gehorcht, ist frei. Bestimmte ganz erhebliche Entscheidungen, wie beispielsweise die Entscheidung, wie man im Allgemeinen sein Leben ausrichten möchte, in Anerkennung dieser Pflicht zu treffen, heißt, eine Einstellung der Achtung vor der Menschheit zu pflegen. Und zwar ohne Kompromiss. Das würde bedeuten, dass auch dann, wenn wir auf Autopilot sind, die meisten unserer Handlungen zumindest mit der Freiheit konform sind – und wichtiger: dass wir, wenn es zu fundamentalen, schwierigen Entscheidungen kommt, offen für die Frage der Pflicht sein können, statt in Gleichgültigkeit ihr gegenüber zu verfallen, und insofern Freiheit ausdrücken.

Was die zweite Frage betrifft, so ist sie womöglich überdeterminiert. Jemand, der völlig falsch urteilt, ist in gewisser Weise interessanter, wenn er kein Massenmörder ist, insofern dieser hoffentlich offensichtlich gegen den kategorischen Imperativ verstößt. Ich denke, die Antwort muss lauten, dass jemand, der aus Achtung für die Menschlichkeit anderer und seiner selbst handelt, immer offen dafür wäre, dass man ihn korrigiert. Eine Handlung ist somit niemals frei – und wohl auch nie verallgemeinerbar! –, wenn sie aus einer fanatischen Überzeugung heraus begangen wird, die Kritik, Hinterfragung und so weiter ausschließt.

Was den Massenmörder anbelangt, wird die Antwort lauten müssen, dass man Massenmord nicht wollen kann – man kann ihn sich wünschen, aber tatsächlich nicht wollen, weil er nicht zu einem allgemeinen Prinzip des Handelns werden kann. Ich möchte etwas Wichtiges an deiner Formulierung betonen: dass wir eine Handlung ausführen, weil wir wollen, dass sie ein allgemeines Gesetz werde. Aber nichts wird dadurch verallgemeinerbar, dass wir es wollen. Umgekehrt: Was verallgemeinerbar sein kann und was nicht, bestimmt, was man wollen kann, in freier Weise, statt es sich bloß zu wünschen. Vielleicht ist es sinnvoll, einen Schritt zurückzugehen und ein Wort hierzu zu sagen.

Kant ist kein ethischer Realist in dem Sinne, dass er an objektive Tatsachen glauben würde, die gut sind. Eine gute Handlung ist nicht auf irgendein gutes Objekt gerichtet. Es ist vielmehr die Tatsache, dass etwas gewollt wird, die es gut macht. Auf den ersten Blick könnte man jetzt fragen: Und dieser Begriff von Universalismus soll kein Begriff von *Herrschaft* sein? Wie soll das nicht Ausdruck eines Willens zur Macht sein, wenn mein Wille bestimmt, was gut ist? Worin unterscheidet sich das von Spinozas Umkehrung der Werte – oder Nietzsches Willen zur Macht –, nach der, wie

Spinoza sagt, »wir etwas weder erstreben noch wollen, [...] weil wir es für gut halten; im Gegenteil, wir halten etwas für gut, weil wir es erstreben wollen«? Kants Antwort darauf: Wenn unser Wunsch angeblich das Gute bestimmt, dann bestimmen wir es in Wirklichkeit gar nicht – der Gegenstand unseres Wunsches tut es. Aber Freiheit kann gedacht werden, und eine Handlung ist frei, wenn sie nicht durch ihr Objekt bestimmt wird, sondern durch die Bedingungen freien Handelns selbst – die Tatsache, dass nicht einfach alles als allgemeines Gesetz gewollt werden kann. Aus Achtung vor der Menschheit zu wollen, ist sozusagen die einzige Art und Weise, zu wollen statt zu wünschen.

KEHLMANN Aber das heißt, man kommt nicht ohne die zweite Formulierung des kategorischen Imperativs aus, dass Menschen immer auch als Zweck, nie bloß als Mittel gesehen werden müssen.

BOEHM Kant wäre damit nicht einverstanden, weil er sagen würde, dass die unterschiedlichen Formulierungen des kategorischen Imperativs eigentlich identisch und nur zwei unterschiedliche Ausdrucksweisen für dasselbe Prinzip sind. Es wird sehr schnell ziemlich technisch, zu erklären, inwiefern die Menschheitsformel, die du gerade erwähnt hast, und die Formel des allgemeinen Gesetzes in Wirklichkeit zwei Formulierungen derselben Idee sind. Vielleicht lässt sich das am besten so ausdrücken: Weil die Bedingungen der Freiheit von der Verallgemeinerungsformel beschrieben werden und menschlich zu sein heißt, frei zu sein, ist ein Handeln aus Achtung vor der Freiheit nach der Formel des allgemeinen Gesetzes ein Handeln aus Achtung vor der Menschheit.

Warum der kategorische Imperativ auch für Engel gilt

KEHLMANN Wenn hier von Menschen die Rede ist, dann ist das natürlich nicht im biologischen Sinn, sondern im moralischen Sinn gemeint, den wir vorher besprochen haben. Menschen in diesem Sinne sind freie Wesen, oder vielleicht besser noch: zur Freiheit fähige Wesen. Das schließt auch Gott und die Engel und Gespenster und Bewohner anderer Galaxien und Stanislaw Lems denkenden Ozean aus *Solaris* ein, die wir im biologischen Sinne nicht Menschen nennen würden.

BOEHM Das stimmt, es schließt andere Wesen ein – andere Wesen als den Homo sapiens. Die Kategorien der Erkenntnis können sich je nach Art der Wesen unterscheiden, wenigstens ist das vorstellbar. Der kategorische Imperativ ist kategorisch, unmittelbar aus der Idee der Freiheit abgeleitet, weil jedes Subjekt auf ihn verpflichtet wäre – Götter und Engel inbegriffen. Wenn wir von Menschen sprechen, ist die Frage interessant, ob es irgendetwas für uns Spezifisches im kategorischen Imperativ gibt. Was macht noch den Unterschied zwischen uns und Göttern oder Engeln aus, wenn auch sie dem kategorischen Imperativ folgen müssen? Die Antwort ist, dass Gott und vermutlich auch die Engel ihn nicht als einen Imperativ empfinden würden. Der kategorische Imperativ ist ein Imperativ für uns, weil wir fähig sind, zu fallen … fähig, unsere Freiheit zu verlieren, deshalb müssen wir ein Prinzip aufstellen und uns an dieses Prinzip binden.

KEHLMANN Aber es wäre aller Wahrscheinlichkeit nach zum Beispiel für Außerirdische ähnlich wie für uns. Aliens sind ja vermutlich auch biologische Wesen.

BOEHM Stimmt. Wir können vermutlich sagen, dass, soweit wir uns das vorstellen können, alle Lebewesen auf den kategorischen Imperativ verpflichtet sind und dass, soweit wir uns das ausmalen können, alle endlichen Wesen ihn als einen Imperativ empfinden werden, weil Endlichkeit, in welcher Form auch immer, impliziert, dass man gewissermaßen unfrei sein kann. Das würde auch für Lems Ozean gelten … Der Unterschied zwischen endlichen Lebewesen und Gott, wenn es ihn gibt, besteht darin, dass Gott nur frei sein kann. Kant hat tatsächlich eine Lösung für das Euthyphron-Dilemma, das, grob gesagt, darin bestand: Ist das Gute gut, weil die Götter es wollen? Oder wollen die Götter es, weil es gut ist? Hier zeigt sich eine Spannung zwischen der Idee des Guten und der Freiheit, die akut wird, wenn man vom griechischen zum monotheistischen Denken übergeht, weil dort Gottes Wille keinerlei Beschränkungen unterliegen soll. Wenn Gottes Freiheit durch das Gute bestimmt ist, ist Gott nicht unendlich. Kant würde meines Erachtens sagen, dass dies ein falsches Problem oder Dilemma ist. Einem unendlichen, freien Wesen würde es nicht so scheinen, dass die Freiheit durch das Gute beschränkt ist, weil das Gute von der Freiheit selbst gesetzt wird, es ist kein Wunschgegenstand, und für ein unendliches freies Wesen wäre, im Unterschied zu einem endlichen Wesen, das zur Freiheit fähig ist, Autonomie natürlich. Das Richtige zu tun, würde nicht wie ein Imperativ wirken, der dem Willen etwas auferlegt.

Es gibt noch einen weiteren Aspekt, der mit diesem kleinen Wort »natürlich« ins Spiel kommt und den ich für wichtig halte. Es bezeichnet nicht nur den Unterschied zwischen Menschen und Göttern, sondern auch den zwischen der kantischen Philosophie und der Philosophie der Antike – oder jedenfalls der vormodernen Philosophie. Für Gott ist Freiheit wie eine Naturgegebenheit. Für uns ist Freiheit nach

Kant nicht etwas, was wir von Natur aus haben … Das unterscheidet uns von der Antike. Für jemanden wie Aristoteles oder Platon hieß das Richtige zu tun in gewisser Weise, das Natürliche zu tun. Das setzt eine ganze Konzeption dessen voraus, was es bedeutete, menschlich zu sein: Ein gut erzogener Mensch würde ganz *natürlich* das Gute tun.

KEHLMANN Kant würde das nicht zwangsläufig anders sehen.

BOEHM Doch, ich denke schon anders, und das ist der springende Punkt. Zwar stimmt es meiner Meinung nach, dass er versucht, in einer veränderten Welt an manchen antiken Bestrebungen festzuhalten – während einige seiner Zeitgenossen diese Bestrebungen angesichts eines veränderten Verständnisses der Wirklichkeit aufgegeben haben. Schau, die Vorstellung, dass wir auf natürliche Weise das Gute tun können und es als natürlich empfinden, wird aufgegeben werden müssen … Das ist eine interessante Konsequenz der Definition des Menschen in moralischen statt in biologischen Begriffen. Weder Freiheit noch Moral können für uns als etwas Natürliches erfahren werden … Am Ende der *Nikomachischen Ethik* stellt sich Aristoteles eine Frage: Wenn richtig erzogene Menschen *natürlich* das Gute tun, was ist dann mit denen, die nicht richtig erzogen sind? Was ist mit denen, die deshalb nicht von Natur aus – also frei zum Guten neigen. Er denkt dabei, das ist hier von Bedeutung, an Sklaven … und seine Antwort ist, dass diese Menschen nicht auf natürliche Weise werden handeln müssen … sondern nach dem Gesetz! Diese Menschen brauchen Gesetze, die ihnen sagen, wie zu handeln sei. Das Gute wird ihnen also von außen auferlegt.

Um Kants Ethik, seine Moraltheorie, ja eigentlich seinen Begriff von Menschheit und »Was ist Aufklärung?« zu verstehen, weißt du was? Um mehr oder weniger alles in Kants

Revolution zu verstehen, das ist nur wenig übertrieben, muss man die Wendung im Blick behalten, die sich aus Kants Auseinandersetzung mit dieser aristotelischen Vorstellung ergibt. Aufzuwachsen ist nicht etwas, das auf natürliche Weise oder in Übereinstimmung mit der Natur geschieht …

KEHLMANN *Gegen* die Natur sogar!

BOEHM Anders als bei Tieren ist das Heranreifen eines Menschen eine Leistung, die von uns abhängt – sie fällt in unsere Verantwortung. Das ist der Schlüssel zur Idee der Aufklärung. Im Unterschied zu Tieren, die von Natur aus nicht anders können, als reif zu werden – es sei denn, sie werden durch äußere Umstände daran gehindert –, ist Reife für uns kein *natürlicher Zustand*. Im Gegensatz zum vormodernen Verständnis von Menschlichkeit, demzufolge wir auf natürlichem Wege heranreifen, ist der Gedanke hier, dass es uns auch misslingen kann, reif zu werden. Es ist kein natürlicher Vorgang. Und aus demselben Grund kann ein Scheitern der Reife selbst auferlegt sein, nicht, wie wenn es bei Tieren geschieht, Folge eines äußeren Hindernisses. Das Ergebnis ist jedenfalls, dass auch der Grad an Reife, den wir erlangen, nicht natürlich für uns ist. Wir erfahren ihn als unnatürlich. Das wiederum verändert völlig die Art und Weise, wie wir die Beziehung zwischen Aufklärung und Recht denken. Bei Aristoteles brauchte es das Gesetz für diejenigen, die nicht von Natur aus frei sind, also was er unter Sklaven versteht. Bei Kant brauchen die Wesen, die von Natur aus nicht frei sind und nicht frei sein können – weil die Natur selbst es nicht ist –, das Gesetz, um reif zu werden. Das Gesetz aber muss als ein Ausdruck der Freiheit gedacht werden, nicht der Natur. Und wir denken uns das Gesetz auch als den Sitz der Autonomie – wir können es uns selbst geben und sind deshalb als Menschen keine Sklaven. Weißt du was? Alles bei Kant dreht sich darum, diese Auffassung zu begründen – wenn das eine Übertreibung ist, dann keine große.

KEHLMANN Es stellen sich aber weiterhin konkrete Fragen, weil es ja nicht immer so leicht ist, den kategorischen Imperativ anzuwenden. Oder ich will das lieber als Frage formulieren: Können nicht doch Fälle entstehen, bei denen man ein bisschen unsicher ist, wie nun die richtige Anwendung des kategorischen Imperativs wäre? Es gibt ein berüchtigtes Beispiel …

BOEHM Die Antwort ist immer: Nein. Kann ich etwas Bestimmtes tun? Nein. Dann bist du auf der sicheren Seite.

Darf man aus Menschenliebe lügen?

KEHLMANN Ja, das stimmt wohl. Aber es gibt ein berüchtigtes Beispiel, das Kant selbst zur Sprache bringt, spät erst, in einem Alterswerk. Und hier kommen natürlich die Probleme. Sobald man mit Fallbeispielen zu tun hat, ist man in der Kasuistik gelandet. Und das berüchtigtste …

BOEHM Das kommt in keinem der beiden. Nicht in der *Metaphysik der Sitten* und auch nicht in der *Kritik der praktischen Vernunft*.

KEHLMANN Ach, ist das gar nicht in der *Metaphysik der Sitten* …? Wo steht das denn noch schnell?

BOEHM Wenn ich richtig verstehe, worauf du hinauswillst, spricht du von einem eigenständigen Essay, den Kant unmittelbar vor …

KEHLMANN Ah! Ja, genau. Das vermeintliche Recht …

BOEHM »Über ein vermeintes Recht aus Menschenliebe zu lügen«.

KEHLMANN Und da kommt nun dieses Beispiel, das immer zitiert wird, wenn jemand etwas gegen Kants Moralphilosophie sagen möchte. Einer versteckt jemanden, der von einem Mörder gesucht wird.

BOEHM Schön, dass du sagst, »einer« versteckt »jemanden«, weil die Leute heute, wenn sie dieses Beispiel bringen, es so darstellen: Du versteckst einen Juden vor den Nazis, und die Gestapo klopft an deine Tür. In gewisser Weise zeigt dir das schon, dass der Einwand nicht so schlagend ist, weil er der zusätzlichen »Unterstützung« bedarf, aus dem Versteckten einen Juden und aus der Polizei die Gestapo zu machen.

KEHLMANN Kants Gedankenexperiment ist einfach: Man versteckt jemanden, der von einem Mörder verfolgt wird. Der Mörder klopft an die Tür, man öffnet, der Mörder fragt: »Haben Sie diesen Mann versteckt?« Darf man jetzt lügen? Kant sagt: Nein. Man darf niemals lügen. Kann er da recht haben?

BOEHM Es ist kompliziert. Komplizierter, als die Leute es gern hätten, glaube ich. Da du selbst über den senilen Kant geschrieben hast, lohnt sich der Hinweis, dass einige sogar versucht haben, ihm aus der Patsche dieses Arguments zu helfen, indem sie anführten, er sei schon senil gewesen, als er dies schrieb. Es gibt eine amüsante Geschichte, die diese Behauptung stützt. Schau, der Aufsatz entstand als Antwort und als Polemik gegen einen anderen Aufsatz von einem französischen Denker, ich glaube, Benjamin Constant. Constant hatte sich in einem Essay gegen einen »deutschen Philosophen« gewandt, der behauptet hatte, dass selbst dann, wenn ein Mörder auf der Suche nach deinem Nachbarn, den du versteckst, an deine Tür käme, du die »Pflicht« hättest, ihm die Wahrheit zu sagen. Constant macht sich über diesen »deutschen Philosophen« lustig und versucht, das Beispiel als Reductio ad absurdum von dessen Position darzustellen. Constant zufolge ist es vielleicht eine Pflicht, die Wahrheit zu sagen, aber nur im Verhältnis zum »Recht auf Wahrheit«, das die Person hat oder nicht hat, die vor dir steht. Nun, Kant scheint dieses Argument als sehr persönlichen Angriff aufgenommen zu haben und schrieb eine verärgerte Antwort, in der er vehement die Auffassung verteidigte, dass man in der Tat nicht lügen darf. Erst später stellte sich heraus, dass er zuvor nie für irgendetwas Derartiges argumentiert hatte. Constant bezog sich auf einen anderen deutschen Philosophen, war es Michaelis? Auch wenn das also nicht ganz ein »Wurst und Sterne«-Moment war, haben manche nahegelegt, dass Kant womöglich schon senil war. Der ganze Rahmen ist eine Komödie der Irrungen, nicht der beste Ausgangspunkt für eine tiefschürfende philosophische Diskussion. Oder weißt du was, vielleicht auch nicht der schlechteste. Ich glaube, man macht es sich viel zu leicht, wenn man Kants Position auf diese Weise abbügelt. Und wir sollten damit beginnen, seine Position von Anfang an zu analysieren.

Als Erstes sollten wir die Varianten aus der Gleichung herausnehmen, in denen ein Vertreter der Polizei oder Geheimpolizei eines totalitären Regimes vor der Tür steht. Man sattelt das gern drauf, ob mit Nazis oder nicht. Es ist aber wichtig, das wegzulassen, weil wir erst nach dem Lügen im Allgemeinen fragen wollen. Diese angebliche Verpflichtung zur Gesetzestreue und zu einem, nun ja, angeblichen Rechtsstaatsprinzip sollte aus der Gleichung herausgenommen werden …

KEHLMANN Dazu werden wir kommen, wenn ich dich nach John Brown frage.

BOEHM Gut. Und es ist doch interessant, dass der Kant, der die Lüge gegenüber dem Mörder an der Tür nicht erlauben würde, es womöglich zulässt, dass man das Gesetz in die eigene Hand nimmt ... Wenn ich darüber nachdenke, wird es uns zum Kern der Sache bringen, wenn wir verstehen, warum beides absolut miteinander zu vereinbaren ist. Wir kommen noch darauf zurück, denn die Fragen der Revolution und der Lüge hängen überraschend miteinander zusammen.

Aber um am Anfang zu beginnen: Kant geht davon aus, dass lügen nie zu einer Handlungsmaxime verallgemeinert werden kann, und deshalb ist es niemals erlaubt. Der Grund, warum es nicht verallgemeinerbar ist, und das ist ein klassisches Beispiel, besteht darin, dass deine Fähigkeit zu lügen, also die Absicht zu haben, jemanden mit deiner Lüge hinters Licht zu führen, von der Institution, die Wahrheit zu sagen, abhängt. Nur in einem Kontext, in dem die Menschen die Wahrheit sagen und zu hören erwarten, kann man hoffen, jemanden zu täuschen, indem man lügt. Wenn die Menschen immer lügen, hat das Lügen überhaupt keinen Sinn. Gleichzeitig, falls man das erwähnen muss, würde es die Aufrichtigkeit nicht untergraben, wenn jeder immer die Wahrheit sagen würde. Das ist ein einfaches, fast allzu einfaches Beispiel dafür, wie das Prinzip des allgemeinen Gesetzes funktioniert. Aber an diesem übervereinfachten Beispiel gibt es etwas, das noch grundlegender für Kant ist. Die Institution, die Wahrheit zu sagen, wie ich das genannt habe, ist die Grundlage der Vernunft. Wenn man das Lügen verallgemeinert, würde *nicht* nur das Lügen unmöglich werden; die Vernunft selbst wird unmöglich. Der Gedanke, die Vorstellung, dass die Menschen zu überlegen anfangen, wem gegenüber und wann sie eine »Verpflichtung zur Wahrheit« haben, entsetzt Kant als eine Situation, die die Vernunft untergräbt. Constants Argument war, dass diese Verpflichtung nur im Kontext eines Rechts auf Wahrheit entsteht, für Kant jedoch ist diese Verpflichtung faktisch *vor* dem Recht angesiedelt. Und da Rechte nur im Kontext der Vernunft möglich sind, und zwar einer Vernunft, die sozusagen aus der Wahrheit und der Verpflichtung zu ihr kommt, ist ohne die kategorische Verpflichtung zur Aufrichtigkeit gar keine Rede von Rechten möglich. »Die Lüge also, bloß als vorsätzlich unwahre Deklaration gegen einen andern Menschen definiert, [...] schadet [...] der Menschheit überhaupt, indem sie die Rechtsquelle unbrauchbar macht.«[65] Wenn man eine politische Philosophie des Gesellschaftsvertrags verfolgt, wird die Möglichkeit des Vertrags untergraben, sofern man nicht auf die Verpflichtung zur Wahrheit vertrauen kann.

Und es gibt noch einen weiteren Aspekt. Es handelt sich um eine Eigenschaft des kategorischen Imperativs, die man wohl oder übel, ich würde sagen, wohl *und* übel, in Rechnung stellen muss. Man hat keine Pflicht zur Wahrheit oder zur Lüge gegenüber dem Mörder an der Tür, sondern eine abstrakte kategorische Pflicht zur Wahrheit. Deshalb spielt es wirklich keine große Rolle, wen man vor sich hat. Dasselbe gilt in Bezug auf den Nachbarn oder Freund, dem man hilft. Man hat eine Verpflichtung, wenn man eine hat, weniger *ihnen* gegenüber, nicht der konkreten Person gegenüber. Die Verpflichtung, das Richtige zu tun, ist abstrakt und dreht sich nicht darum, wer man selbst ist und wer die anderen sind. Täte sie es, dann wäre die Handlung keine aus Verpflichtung auf den abstrakten kategorischen Imperativ.

KEHLMANN Für die rein moralische Beurteilung muss es vermutlich egal sein, ob das ein Freund ist oder jemand, den man kaum kennt, oder eventuell sogar ein Mensch, den man nicht leiden kann.

BOEHM Und deshalb sage ich, wohl *und* übel. Übel, weil das der Aspekt ist, in dem der kantische Humanismus, von dem wir gesprochen haben, sehr kalt wird. Bereits der Titel, den Kant seiner Schrift gab, zeigt ja sein süffisantes Lächeln über das vermeintliche Recht, das aus der schönen »Menschenliebe« folgt. Der Humanist wendet sich hier in vollem Bewusstsein gegen die Menschenliebe! Die Abstraktion, der absolute oder kategorische Charakter meiner Verpflichtungen geht Hand in Hand mit der Trennung der Handlung von meiner Anteilnahme an einer bestimmten Person. Meine Haltung wird nicht davon bestimmt, dass das meine Freundin ist, dass das jemand ist, den ich liebe. Sondern davon, was das Richtige ist, was ich tun sollte, dann bestimmt meine Pflicht meine Handlung. Das ist ein Merkmal des Universalismus – ich schulde der Person vor mir gar nichts deshalb, weil ich bin, wer ich bin, oder sie ist, wer sie ist.

Was denken wir nun über diese Argumentation? Ich bin nicht entsetzt darüber, dass Kant sagt, man sollte dem Mörder an der Tür die Wahrheit sagen. Dieselben Erwägungen, die ihn zu der Ansicht veranlassen, dass man nie lügen darf, sind die Gründe, warum ich einem Kant viel eher vertrauen würde als den netten Liberalen, die weniger rigoros, weniger kalt, viel flexibler sind – und all denen, die so beunruhigt über Kants Position sind –, wenn ich dieser versteckte Freund wäre, wenn ich ein Jude wäre, der sich vor der Gestapo versteckt. Diese flexiblen Leute, die sagen, du solltest deinen Freunden helfen und dich um deine Freunde kümmern; du solltest den Mörder an der Tür anlügen – das sind in der Regel die, die es mit ihren anderen Verpflichtungen auch nicht so genau nehmen. Es scheint richtig, den Mörder anzulügen, also lügst du den Mörder an. Aber allzu oft scheint es ihnen auch richtig zu sein, nicht zu helfen, zum Beispiel weil sie das einer Gefahr aussetzen könnte. Oder besser: ihre Familie. Und wer kann sagen, dass man eine Pflicht zu helfen hat, wenn man sich dadurch einer Gefahr aussetzt?! Es klingt vielleicht genauso obszön, dass man sich selbst und seine Familie in Gefahr bringen muss, um zu helfen, wie dass man niemals lügen darf. Um gar nicht von der liebevollen Anteilnahme an bestimmten Menschen statt an einem abstrakten Gesetz zu sprechen – angesichts der Feststellung, dass diejenigen, die am meisten der Anteilnahme bedürfen, oft genau diejenigen sind, an denen die Gesellschaft sehr wenig Anteil nimmt, wie etwa an den Juden zur Zeit der Gestapo, und heute können wir mühelos an andere Gruppen denken. Die wahre Herausforderung besteht nicht in der Frage, was man tun würde, wenn man jemanden versteckt und mit einer Frage konfrontiert ist. Die wahre Herausforderung besteht allzu oft in der Frage, ob man dieser Person überhaupt helfen sollte – und wenn es hart auf hart kommt, schadet es immer unseren eigenen Interessen, jemandem zu helfen, manchmal in eklatanter Weise. Es ist ein rigoroser, kompromissloser kantischer Ethiker, der dich für deine Pflicht zu helfen und nicht das vermeintliche Recht, Hilfe zu verweigern, verantwortlich macht. Auch wenn es nicht dein Freund ist, selbst wenn es ein Jude ist oder, Gott behüte, ein Muslim, den du nicht in deinem Haus, in deinem Land, in deinen Schulen haben willst … Kant würde mit derselben Rigorosität verlangen, dass du hilfst, mit der er sich gegen das Lügen ausspricht …

Der Mörder an der Tür: die Lösung

KEHLMANN Also man darf ihm helfen, aber nicht mit einer Lüge? Wie man es dreht und wendet, etwas an dieser Antwort widerstrebt einem doch.

BOEHM Ich verstehe dich schon, meine aber auch, dass die Drehungen und Wendungen durch das unklare Gedankenexperiment hineinkommen. Du versteckst jemanden, du wirst nach ihm gefragt, und jetzt lautet die Annahme, dass du nur eines von zwei Dingen tun kannst, Ja oder Nein sagen. Kant war sich einer gewissen Künstlichkeit des Gedankenexperiments durchaus bewusst und spielte auch auf sie an, wenn ich mich nicht irre. Jedenfalls hätte er kein Problem damit gehabt, zu sagen, dass ich die Person an meiner Tür bekämpfen sollte. Dass Gewalt in dieser Situation nicht unbedingt ein Problem wäre. Ihm eine Lüge aufzutischen, ist nicht die richtige Art und Weise, dem Mörder an der Tür zu begegnen, aber ihn gewaltsam am Eintreten zu hindern oder sogar zu töten, könnte es sein. Vielleicht nähern wir uns gerade John Brown, ich bin mir nicht sicher. Kant könnte in dieser Situation Gewalt akzeptieren, aber keine Lüge.

KEHLMANN Ich will die Frage trotzdem noch nicht loslassen. Du hast eine sehr beeindruckende Antwort gegeben, die aber zu einem Ergebnis führt, das zumindest meiner moralischen Intuition radikal widerspricht. Wenn ich jetzt in dieser Lage bin, und stellen wir uns ruhig vor, die Leute an der Tür sind von der Gestapo, ich kann sie also nicht vertreiben, Widerstand ist zwecklos, aber ich sage ihnen überzeugend, gehen Sie wieder, hier wird niemand versteckt, und daraufhin verabschieden sie sich. Vielleicht keine moralische Großtat, bitte. Aber habe ich somit nur etwas moralisch Irrelevantes gemacht oder doch etwas Falsches? Oder andersherum: Wenn ich sage, kommen Sie rein, hier ist er, ich kann ja nichts tun, Sie sind stärker als ich, Sie sind bewaffnet, und lügen darf ich leider nicht, dann wäre meine Intuition, ich habe etwas Unmoralisches gemacht, etwas Falsches. Ich hätte ihn retten können, aber ich habe es nicht getan. Also obwohl ich das alles verstehe und auch schön finde an der

Überlegung, dass man die Rechtsquelle, also die wahrhaftige Sprache, nicht verunreinigen soll, für mich bleibt hier doch ein Problem. Ich komme nicht über meine moralische Intuition hinweg, dass ich nicht nur lügen darf in so einem Fall, ich muss es sogar.

BOEHM Ein Teil des Problems hier ist das Wort »Intuition«, vielleicht kommen wir gleich darauf zurück. Aber jetzt gibt es eine neue Wendung in dem Beispiel, nämlich die Tatsache, dass wir jetzt von der Gestapo sprechen oder etwas dergleichen. Und ich würde darauf beharren, dass diejenigen, die allzu leicht glauben, dass sie ihren jüdischen Nachbarn mit der gewissen Flexibilität einer kleinen Lüge retten können – wenn das die Grundlage der Diskussion bildet –, mit derselben Flexibilität gar nicht in die Verlegenheit kämen, ihrem Nachbarn überhaupt zu helfen. Die Menschen haben schließlich ausgezeichnete Gründe dafür, nicht zu helfen, wenn die Gestapo im Spiel ist, nicht wahr? Und sobald du verstehst, warum du deinen Nachbarn wirklich verstecken solltest, geschieht das aus der gleichen Perspektive, aus der du auch nicht lügen würdest. Ich weiß, ich habe deine Frage – die so viel Sinn macht! – nicht direkt beantwortet … bin ihr aber vielleicht auch nicht ausgewichen. Und einmal in dieser Situation, versuchst du, das Beispiel in eine etwas künstliche Richtung zu drehen, sodass du nur Ja oder Nein sagen musst. Es ist durchaus möglich, dass du deinen Freund und auch dich selbst nicht retten, aber zum Beispiel kämpfen würdest. Und eine Gesellschaft, die das tun würde, hätte auch die Gestapo bekämpft. Unsere Gesellschaft jedoch, die so besorgt über den Umstand ist, dass du die Gestapo an der Tür nicht anlügen darfst, ist eine, die von vornherein weder die Gestapo bekämpft noch den Juden versteckt hätte – die aber ihre große Flexibilität in ihren moralischen Verpflichtungen trotzdem als Zeichen ihres Humanismus – oder ihrer Menschenliebe – verstanden wissen möchte und wirklich betroffen darüber ist, dass Kant, dieser eiskalte Ingenieur, gegen das Belügen der Gestapo ist.

Übrigens verändert das die Frage ein wenig, wenn kein Mörder, sondern die Gestapo an die Tür klopft, das heißt der Staat mit seiner Macht. Indem du deinen Freund versteckst, nimmst du das Gesetz bereits in deine eigenen Hände. Du schützt deinen Freund nicht vor einem Mörder, einem Kriminellen, sondern vor dem Gesetz. Das ist ein Unterschied ums Ganze, denn jetzt musst du dich fragen, mit welchem Recht du das Gesetz in die eigenen Hände nimmst und aufgrund welcher Vollmacht du vielleicht sogar die Pflicht haben kannst, das zu tun – trotz der Gesetze des Staates, trotz seiner Macht. Die Gestapo ist hier wieder fast zu einfach, denn sie hat gar keinen Legitimitätsanspruch, sie setzt gar kein Recht durch, sondern übt nur rohe Macht aus. Andere Formen ungerechter Regime aber können schon mit unterschiedlichem Grad an Legitimität Recht durchsetzen, und die Frage ist, wie wir uns zu ihnen verhalten. Kant würde einen Moment einräumen, in dem du das Gesetz in deine Hände nehmen kannst und musst – aber das setzt den kategorischen, kompromisslosen Charakter des moralischen Gesetzes voraus. Für Kant haben wir eine Pflicht, die staatlichen Gesetze zu befolgen, diese Pflicht jedoch folgt *nicht* unmittelbar aus der Tatsache, dass diese Gesetze vom Staat erlassen wurden. Sie folgt aus der Tatsache, dass die Gesetze, die Existenz der Gesetze, notwendig zur Wahrung der menschlichen Würde sind. Ein Staat der Gesetzlosigkeit ist eine der größten Gefahren für die menschliche Würde. Das bedeutet immer noch, dass Kant das positive staatliche Recht nicht als letzte Autorität anerkennt; ein bestimmtes Rechtssystem kann nicht nur daran scheitern, die Menschenwürde so zu verteidigen, wie es das muss, es kann sogar darauf ausgelegt sein, die Vorstellung einer menschlichen Würde überhaupt zu zerstören. Dann verübt es nicht eine einzelne Ungerechtigkeit, sondern verletzt durch das Recht den Begriff der Gerechtigkeit selbst. Wir wissen, dass Gesetze dazu dienen können – ein Rechtssystem der Sklaverei ist ein paradigmatischer Fall. Die Gestapo ist offensichtlich auch einer. Unter solchen Umständen hast du tatsächlich das Recht oder die Pflicht, das Gesetz in deine eigenen Hände zu nehmen. Und es wäre vielleicht im rechtlichen Sinne unrecht, gegen die Herrschaft des Gesetzes zu verstoßen. Der kategorische Imperativ würde das aber trotzdem von dir verlangen – du solltest etwas tun, du hast die Pflicht, etwas zu tun, das zu tun du kein Recht hast … sagen wir: deinen Freund zu verstecken.

KEHLMANN Aber wenn es überhaupt erlaubt ist, dann ist es auch Pflicht.

BOEHM Das ist wohl wahr, denn wenn der Gesetzesbruch keine starke Pflicht wäre, kann er gar nicht als erlaubt gedacht werden … Aber um es immer wieder zu sagen, diese Struktur hängt von der kategorischen, absolut unflexiblen Position ab, dass man einige Dinge einfach tun sollte – nur weil solche Pflichten existieren, kann es sein, dass man dem Staat den Gehorsam verweigern muss. Und dies anzuerkennen, ist die Voraussetzung dafür, dass es überhaupt eine Verpflichtung zur Wahrheit gibt. Arendt prägte einmal die Wendung vom »Recht, Rechte zu haben«. Sie sagte treffend, die Schwierigkeit, ein solches Recht auf Rechte zu denken, sei in dem Umstand begründet, dass »wir in einer Welt [leben], in welcher es bloße menschliche Wesen schon seit geraumer Zeit nicht mehr gibt«[66] – das erinnert wieder an Soyfer und die Mischna: »Wo es keine Menschen gibt, versuche, ein Mensch zu sein.« Nichtsdestotrotz bezeichnet ihre Wendung die Grenzen unseres Denkens, denn in dem

Maße, in dem wir uns um das »Recht, Rechte zu haben« bemühen, legen wir so viel Wert auf Rechte und hätten uns vielleicht besser um die Pflicht, Pflichten zu haben, gekümmert. Vielleicht ist die Tatsache, dass wir uns darüber nicht einmal ansatzweise Gedanken machen, ein Zeichen dafür, dass wir in einer Welt [leben], in welcher es bloße menschliche Wesen schon seit geraumer Zeit nicht mehr gibt«.

Und nun sieh, es gibt noch einen anderen Grund, warum mir das Paradox oder die angebliche Reductio ad absurdum kein Kopfzerbrechen bereitet. Mir bereitet nämlich etwas anderes sozusagen methodologisch Kopfzerbrechen. Es gibt eine ganze Industrie, die versucht, den kategorischen Imperativ wie einen Automaten mit Beispielen zu füttern und dann zu zeigen, dass er die falsche Antwort ausspuckt oder dass man ihn verbessern muss, um wieder die richtige Antwort zu bekommen. Aber woher weiß man, was hier richtig und falsch ist? Die Antwort liegt in etwas, was du vorhin gesagt hast: Wir haben eine »Intuition«. Ich weiß, dass du Adornos Buch über Kant schätzt, seine Vorlesungen zur *Kritik der reinen Vernunft*. Er spricht dort einmal von der »prästabilierten Antwort in der Philosophie«, wie er das nennt.

KEHLMANN Das ist ein ganz wichtiger Punkt. Das leuchtet mir natürlich sofort ein.

BOEHM Er sagt: »In dieser Kritik – gewissermaßen: der prästabilierten Antwort in der Philosophie – bezeichnet Kant sehr scharfsinnig und sehr schön eine Gefahr, der in der Tat das Denken, soweit es apologetisch ist, immer wieder erliegt und von der ich nicht einmal ganz sicher bin, ob Kant ihr immer und in allen Stücken entgangen ist, nämlich der Gefahr des thema probandum: daß also die Denkbewegung in Wirklichkeit vorweg determiniert ist, daß das dabei herauskommt, was herauskommen soll – nämlich im allgemeinen irgendeine Rechtfertigung von Anerkanntem und jeweils Bestehendem. [...] Sicherlich aber ist es so, daß die unendliche Langweile vieler Philosophie – und vielleicht auch etwas von dem Widerstand, den viele von Ihnen fühlen mögen, wenn Sie von außen her, und nicht aus innerer Bestimmung, genötigt sind, sich mit Philosophie zu beschäftigen – eben daher rührt, daß man gewissermaßen schon vorher weiß, wie es ausgeht.«[67]

Dieser prästabilierte, vorherbestimmte Stil des Philosophierens ist heute vorherrschend geworden. Viele neigen dazu, auf ihre Intuitionen zu vertrauen. Sie bilden einen Konsens um die verschiedenen Intuitionen herum, an denen wir sowieso schon festhalten. Durch dieses Verfahren erhalten wir die richtigen Ergebnisse, die wir von unserer moralischen Theorie her erwarten. Wenn unsere Philosophie dann diesen Intuitionen widerspricht, zeigt das einen Fehler im System an – unsere Philosophie muss falsch sein, weil sie unseren prästabilierten Intuitionen widerspricht. So denken wir – und dann machen wir uns aus irgendwelchen Gründen einen Kopf um die KI!

Deshalb bin ich in gewisser Weise deiner Frage ausgewichen. Ich habe mich gegen eine direkte Antwort gesträubt und lieber zu zeigen versucht, wie das Beispiel, wenn man es komplex versteht, uns etwas lehrt, denn, damit wir uns richtig verstehen: Meine Intuitionen sind natürlich so wie deine. Wenn ich einen Freund habe, den ich verstecke, und ein Mörder – oder die Gestapo – klopft an die Tür, dann würde ich, hoffe ich, lügen, um meinen Freund zu retten. Und eine kleine Lüge zu erzählen, statt etwa zu kämpfen und damit meinen Freund, meine Familie und mich selbst in Gefahr zu bringen, nur um bei der Wahrheit zu bleiben – eine Lüge zu erzählen, erscheint mir als eine ausgezeichnete Idee. Obwohl ich diese Intuition teile, möchte ich lieber sehen, wie Kants kategorischer Imperativ sie in diesem Grenzfall problematisiert, statt zu sehen, wie der Grenzfall den kategorischen Imperativ widerlegt. Was verrät uns der kategorische Imperativ über unsere Intuitionen? Diese Frage wäre der Hauptgewinn, denke ich, und kein geringer, wenn wir in unserer Kultur vorgegebener Intuitionen, in der die eigentliche Gefahr darin besteht, dass die Philosophie nur noch vorgegebene Antworten bereithält, die Tür zur Philosophie damit wieder einen Spalt weit öffnen könnten. Das ist jetzt vielleicht eine romantische Sicht auf Kant, vielleicht stelle ich mich zu sehr vor ihn. Du hast mir in einer E-Mail geschrieben, nachdem du *Radikaler Universalismus* gelesen hattest, und ich konnte nur hoffen, dass das kein Kommentar zum Buch war ... Du hast gesagt, wir müssten in unseren Gesprächen darauf achten, dass wir nicht einfach versuchen, Kant so darzustellen, dass er am Ende immer recht hat, oder uns vor ihn zu stellen ...

KEHLMANN Das war kein Kommentar zu deinem Buch!

BOEHM Gut. Weil ich zweifellos deiner Meinung bin. Wie du weißt, bin ich nicht einmal ein überzeugter Verteidiger synthetischer Urteile a priori, das sollte Beweis genug sein ...

KEHLMANN Ich hatte an Adornos Polemik gegen das Format der »Würdigung« historischer Denker gedacht und eben daran, dass man, wenn man einen Philosophen für die Gegenwart lebendig machen will, genau nicht sein Anwalt sein sollte, der ihn gegen jeden möglichen Widerspruch in Schutz nimmt. Aber das tut dein Buch ja in keiner Weise!

BOEHM Danke, und mir ist klar, dass es ein Drahtseilakt ist, wenn ich auf dem Wert von Kants »Über ein vermeintes Recht aus Menschenliebe zu lügen« beharre. In der Hoffnung, weder in die Falle der »vorgegebenen [prästabilierten] Antwort« auf der einen Seite noch in die Falle der Würdigung auf der anderen Seite zu gehen. Wir sollten es zulassen, dass die anstößigen Antworten, die wir von der Philosophie bekommen können, unser Denken auf den Prüfstand stellen. Und nicht die überraschenden Antworten, die sie erteilt, als Reductio ad absurdum ansehen oder das Überraschende ausbügeln, indem wir verwässerte, wohlwollende Interpretationen anbieten. Diejenigen, die sich heute davor hüten, Kant zu sehr zu verteidigen, verteidigen oft das, woran sie ohnedies glauben wollen. Und das ist in gewisser Weise gleichbedeutend mit der Annahme, dass Philosophie überhaupt nicht möglich ist.

Das Recht in die eigenen Hände nehmen

KEHLMANN Das führt in deinem Buch *Radikaler Universalismus* zu einem sehr überraschenden Gedankengang: Nämlich die wirklich relevante Debatte habe nicht zwischen Abraham Lincoln und seinem Gegner bei der Präsidentenwahl, dem Sklavereibefürworter Stephen Douglas stattgefunden, sondern zwischen den beiden Sklavereigegnern Lincoln und John Brown.

BOEHM Ich bin froh, dass dir das aufgefallen ist; diese Beobachtung war mir wichtig, und ich war mir nicht sicher, ob ich sie genügend hervorgehoben habe.

KEHLMANN Das war für mich eine völlig nachvollziehbare und zugleich völlig überraschende Erkenntnis.

BOEHM Abraham Lincoln und Stephen Douglas führten eine längere öffentliche Debatte über die Unabhängigkeitserklärung. »Folgende Wahrheiten erachten wir als selbstverständlich: daß alle Menschen gleich geschaffen sind …«

Lincoln war ein wortgewandter aufstrebender Politstar mit Präsidentschaftsambitionen, Stephen Douglas ein einflussreicher Senator. Die Streitfrage zwischen ihnen war, ob die Sklaverei vor dem Hintergrund der Unabhängigkeitserklärung legitim sein könne. Lincoln wollte die Sklaverei im Hinblick auf die Unabhängigkeitserklärung durch die Bundesregierung einschränken, während sich Douglas für »Volkssouveränität« aussprach – womit die Vorstellung gemeint war, dass die Bevölkerung jedes Bundesstaats angeblich das Recht hätte, selbst über die Sklavenfrage zu entscheiden. Unmittelbar nach dem Ende dieser Debatte zwischen Lincoln und Douglas entspann sich eine andere, allerdings wortlose »Debatte« zwischen Lincoln und John Brown; eher ein Duell als ein verbaler Schlagabtausch. Immerhin waren sich Lincoln und Brown einig über die Bedeutung der Erklärung, dass »alle Menschen gleich geschaffen sind« und dass die Sklaverei im Widerspruch dazu stand. Es konnte gewiss kein Zweifel daran bestehen, dass afrikanische Männer und Frauen Menschen waren. Lincoln glaubte jedoch, ein Ende oder eine Einschränkung der Sklaverei müsste unter Wahrung der Rechtsstaatlichkeit erfolgen. Brown erkannte die Rechtsstaatlichkeit nicht an. Für ihn war die Wahrheit der oberste Souverän, nicht die Bundesstaaten und nicht die Bundesregierung. Und er glaubte, dass er das Recht hatte, das Gesetz in seine eigenen Hände zu nehmen, um …

KEHLMANN Oder sogar die Pflicht? John Brown war ein militanter Abolitionist, der zur Befreiung von Sklaven zur Waffe gegriffen hat. Beim Überfall auf ein Waffenarsenal in Harpers Ferry wurde er verwundet, verhaftet und dann hingerichtet. Also, deine Frage ist nicht: Hatte John Brown recht? Natürlich hatte er recht. Darüber muss man keine Sekunde verlieren. Nein, deine Frage ist, kann man Lincoln verteidigen? Wenn Lincoln sagt, Sklaverei ist falsch, aber das herrschende Gesetz, wiewohl zutiefst falsch, muss befolgt werden, weil es nun mal herrschendes Gesetz im Staat ist. Kann man so noch argumentieren, wenn es sich um ein Gesetz handelt, das man in himmelschreiendem Ausmaß moralisch falsch nennen muss? Meine Frage ist aber jetzt: Wäre Kant persönlich nicht vielleicht doch auf Lincolns Seite gewesen? Er befürwortet ja auch die Französische Revolution, aber auf sehr behutsame Weise. Er sagt davon, dass der Beobachter zwar positiv eingenommen ist, dass man aber nicht mitmachen sollte. Ich glaube ja, dass Kant bei dieser Formulierung vor allem die Zensur im Blick hat, ich würde sie philosophisch nicht überbewerten. Aber hier ist doch der Moment, in dem man fragen muss: Wie revolutionär ist Kant nun wirklich? Meint er, dass man in einem Augenblick, wo das Unrecht unerträglich wird, auch zur Gewalt greifen kann – oder soll? Oder ist es vielmehr so, dass man nun einmal aus seiner Philosophie solche Folgerungen ziehen kann, auch wenn man vermutet, er selbst wäre wohl nicht mitgegangen?

BOEHM Wir wissen natürlich nicht, was Kant selbst dazu gesagt hätte. Streng genommen ist ein Aufstand für Kant immer falsch, das heißt nie gerecht. Man hat nie das Recht, ihn zu begehen, da Rechte im politischen Gesellschaftsvertrag verliehen werden. Aus Sicht des Vertragsgedankens lässt sich das gar nicht anders sehen: Weil nur eine Regierung den allgemeinen Volkswillen repräsentieren kann, ist in diesem Begriff analytisch impliziert, dass eine Revolution falsch ist; wenn nur eine Regierung den Allgemeinwillen vertritt, ist eine Revolution im Namen des Volkes ein Widerspruch in sich. »Damit ein Volk die oberste politische Autorität mit rechtlicher Kraft prüfen kann, muss es bereits als unter einem allgemeinen gesetzgebenden Willen vereinigt betrachtet werden; daher kann es nicht anders urteilen, als es das gegenwärtige Staatsoberhaupt will.«[68] Daraus folgt, dass die Aufständischen oder Revolutionäre, wenn sie gescheitert sind und gefangen genommen wurden – wie im Falle Browns –, gegen den Vertrag verstoßen haben und deshalb stets zu Recht bestraft werden. Lincoln sagte, dass er zwar mit Brown darin übereinstimme, die Sklaverei für falsch zu halten, aber keinen Einwand gegen Browns Hinrichtung habe – denn als Brown das Gesetz in die eigene Hand genommen habe, habe er Hochverrat begangen. Darin unterschied er sich von Emerson, Thoreau, Hugo ... Interessanterweise hätte sich Kant Lincoln wahrscheinlich angeschlossen – Brown wurde zu Recht bestraft. Daraus folgt aber *nicht,* überhaupt nicht, dass er eher auf Lincolns als auf Browns Seite stand! Womöglich genau im Gegenteil. Seine Position in diesem Zusammenhang ist komplex ... Zum einen räumt er zwar ein, dass alle Aufstände ungerecht sind, doch ist auch seine vehemente Unterstützung der Französischen Revolution hinlänglich bekannt. Es gibt dieses bekannte Argument über die Revolution als das Zeichen, dass das Menschengeschlecht Fortschritte macht: »Die Revolution eines geistreichen Volks, die wir in unseren Tagen haben vor sich gehen sehen, [...] findet doch in den Gemütern aller Zuschauer [...] eine *Teilnehmung* dem Wunsche nach, die nahe an Enthusiasmus grenzt, und deren Äußerung selbst mit Gefahr verbunden war, die also keine andere als eine moralische Anlage im Menschengeschlecht zur Ursache haben kann.«[69] Obwohl die Revolution genau genommen ungerecht ist und die Menschen etwas tun, wozu sie kein Recht haben, und obwohl diese Menschen, würden sie bestraft, zu Recht bestraft würden, und obwohl in dem ganzen Absatz klar ist, dass sich Kant des revolutionären Terrors vollkommen bewusst war, ist die Revolution irgendwie trotzdem nicht nur ein, sondern *das* Zeichen des Fortschritts – der Aufklärung. Ich glaube, du hast in deinem Kommentar an Arendt gedacht … Arendt macht ziemlich viel aus der Tatsache, dass Kant nicht über die Revolutionäre spricht, sondern über die Zuschauer. Auf diese Weise versucht sie, die Frage abzuschwächen, die aus der Spannung in Kants Position entsteht, vermute ich. Und wenn ich auch meine, dass sie an etwas dran ist …

KEHLMANN Noch mal, ich glaube, Hannah Arendt macht zu viel daraus, dass er hier von den nicht mitmachenden Zuschauern spricht. Ich denke, er schützt sich hier einfach gegen die Zensurbehörde.

BOEHM Ach so, ja, ich glaube, du hast recht, die Zensurbehörde mag hier eine Rolle spielen. Ein Grund, warum wir nicht zu viel aus dem Umstand machen sollten, dass Kant von den Zuschauern spricht, liegt darin, dass sie auf jeden Fall etwas unterstützen, was angeblich ungerecht ist. Die Frage bleibt also in jedem Fall dieselbe: Warum sollte die Unterstützung, wenn nicht die Begehung eines Unrechts *das* Zeichen der Aufklärung sein? Nebenbei bemerkt spricht Kant bei genauerer Lektüre von dem Beinahe-Enthusiasmus der Zuschauer, der für sie selbst mit Gefahr verbunden ist. Der öffentliche Ausdruck ihres Wunsches nach Teilnahme war für sie selbst gefährlich – wie Kant ausdrücklich sagt –, und die Position von jemand, der sich in Gefahr bringt, geht definitionsgemäß über die eines *bloßen* Zuschauers hinaus. So viel zu deiner Zensurbehörde: Auch Kant bringt sich dadurch in Gefahr, dass er dies schreibt …

Um zu verstehen, was Kant zu Brown vs. Lincoln gesagt haben könnte, müssen wir uns zunächst klarmachen, wie wichtig die Rechtsstaatlichkeit für Kant ist. Wie wichtig sie, nun ja, für mich und, ich nehme an, auch für dich und für uns alle ist. Das Bekenntnis zur Rechtsstaatlichkeit darf man nicht auf die leichte Schulter nehmen, denn wo das Recht nicht herrscht, kann man nicht einmal ansatzweise von Gerechtigkeit sprechen. Kant geht zu Recht, wie ich denke, davon aus, dass die Rechtsstaatlichkeit notwendig ist, um die menschliche Würde zu schützen. Ungerechte Gesetze sind schlecht, aber wo es kein Gesetz gibt, bedroht das die Möglichkeit der Gerechtigkeit an ihrer Wurzel. Im Naturzustand ist es sozusagen sehr schwer, Menschen als Zweck statt als Mittel zu behandeln. Das entschiedene Festhalten an der Rechtsstaatlichkeit auch dann, wenn Gesetze ungerecht sind, ist das Festhalten an einer Struktur, die notwendig ist, um die Würde des Menschen zu verteidigen.

KEHLMANN Du beschreibst hier übrigens auch den geschichtlichen Vorgang, der zur Rechtsstaatlichkeit geführt hat. Die ersten Gesetze waren solche, die wir nicht mehr als gerecht empfinden würden. Der Weg der Staaten in der Moderne ist einer von abscheulich ungerechten Gesetzen zu allmählich immer weniger ungerechten. Aber allein schon, dass es Gesetze *gab,* war ein Fortschritt und wurde auch so empfunden. Also die drakonisch brutalen Strafen, die im Mittelalter bei kleinsten Vergehen verhängt wurden, zum Beispiel das berühmte Handabhacken bei Brotdiebstahl, waren dennoch ein Bestandteil des Fortschritts, weil den Menschen so demonstriert wurde, ihr habt euch nicht gegenseitig umzubringen, nur wenn jemand Brot stiehlt. Der Staat wird strafen, und er straft hart. Das ist jetzt ein gewissermaßen hegelscher Einwurf, also ein geschichtlicher, aber so verlief tatsächlich der Prozess der Gesetzlichkeit.

BOEHM Da hast du recht, und die kantische Verpflichtung auf die Rechtsstaatlichkeit folgt aus der kantischen Verpflichtung auf den kategorischen Imperativ. Das aber ist der springende Punkt: Das Bekenntnis zum Rechtsstaatsprinzip *folgt* aus dem kategorischen Imperativ – also aus dem Bekenntnis zur menschlichen Würde. Die Rechtsstaatlichkeit ist nicht selbst der kategorische Imperativ. Und das ist der zentrale Aspekt, den wir verstehen müssen, wenn wir über Kant und die Revolution nachdenken oder letztlich über Kant und Brown. Es ist diese kantische Ambivalenz, von der wir schon gesprochen haben und die hier sehr deutlich zum Ausdruck kommt. Kantianer sind in gewissem Sinne die striktesten Gesetzesbefolger, so wird Kant doch üblicherweise gesehen; und in einem anderen Sinn ist Kant, weißt du was, fast schon ein Anarchist. Denn die starke Verpflichtung auf die Herrschaft des Gesetzes ist da, aber sie verdankt sich *nie* – und das ist entscheidend, denke ich, *wirklich nie* – der Anerkennung der staatlichen Autorität selbst. Es gibt, anders gesagt, einen Gegensatz zwischen unserer Autonomie auf der einen Seite und der Idee legitimer Autorität auf der anderen. Und unsere Verpflichtung folgt aus dem Bekenntnis zum kategorischen Imperativ … Streng genommen verfügt der Staat, wie Gott, über gar keine Autorität … Und dieser Anarchismus erklärt Kants Einstellung zur Revolution oder auch zu John Brown. Da die Verpflichtung auf das Recht aus der Pflicht gegenüber der Menschenwürde hervorgeht, hat sie eine Grenze. An einem bestimmten Punkt kann man zu dem Schluss kommen, dass das Recht selbst nicht mehr dazu dient, die Menschlichkeit zu schützen; dass das Recht selbst dazu genutzt wird, Menschen nicht als Zwecke zu behandeln, sondern als das genaue Gegenteil. Wenn das der Fall ist, mag ein positives Recht bestehen – man würde besser von einem Befehl als von Recht sprechen, weil die Rechtsform selbst, wie Kant sagen würde, fehlt –, aber Rechtsstaatlichkeit besteht nicht, weil das Recht nicht herrscht, sondern selbst als ein Instrument oder eine Waffe genutzt wird, um zu herrschen, statt Freiheit zu gewährleisten. Wenn man zu dem Schluss kommt, dass das der Fall ist, ist man nicht mehr durch den kategorischen Imperativ daran gebunden, dem Gesetz zu folgen, ja man kann sogar die Pflicht haben …

KEHLMANN Aber das ist die Frage. Bleiben wir bei der Sklaverei. Wir haben Lincoln, wir hätten auch jemanden wie Tolstoi, der seine eigenen Leibeigenen freigelassen, darüber hinaus aber keine revolutionären Maßnahmen gesetzt hat. Wir haben auf der anderen Seite jemanden wie John Brown, der tatsächlich die Waffe in die Hand nahm, um die Sklaven auszurüsten und zu befreien. Wir sind wohl alle so weit, dass wir im Unterschied zu vielen seiner Zeitgenossen keine Einwände mehr hätten gegen das, was John Brown tat …

BOEHM Unsere Intuitionen, die uns so viel bedeuten, haben sich geändert … Aber wer hier unter »unsere« fällt, ist immer noch eine knifflige Frage …

KEHLMANN Aber jetzt ganz abgesehen von der Intuition, also ganz philosophisch gefragt, reicht es, Tolstoi zu sein, oder muss man John Brown sein?

BOEHM Jetzt bist du von Lincoln zu Tolstoi übergegangen.

KEHLMANN Lincoln und Tolstoi stehen für die gleiche Position.

BOEHM Ach so, verstehe … Und du sagst, Kant wäre vielleicht auf der Seite von Lincoln oder Tolstoi. Lass uns das durchspielen …

KEHLMANN Der Marsch durch die Institutionen. Man bewirbt sich um einen Sitz im Parlament, man versucht, Präsident zu werden, man tut, was man kann, innerhalb der möglichen Rahmenbedingungen. Auch wenn das leider Zeit braucht und das Unrecht inzwischen seinen Gang geht.

BOEHM Ja, wie bei der Hoffnung, dass der Staat die Sklavinnen und Sklaven kauft. Einer der damaligen Pläne, den Lincoln, glaube ich, tatsächlich hatte, sah vor, die versklavten Menschen binnen einiger Jahrzehnte etwa durch Steuererleichterungen für Sklavenhalter und Bundesstaaten, die zu ihrer Freilassung bereit waren, zu erwerben und dadurch Einbußen an Eigentum, Arbeit und Einnahmen zu kompensieren … Kant hätte dem nie zugestimmt. Oder, na ja, den Menschen Kant habe ich nie kennengelernt. Der Philosoph aber kann das nicht akzeptieren. Und du weißt, warum: weil die Idee, einem Staat oder Sklavenhalter einen Steuernachlass zu gewähren, um ihn davon zu überzeugen, dass er seine Sklaven freilässt, die Logik bekräftigt, dass er überhaupt Eigentümer dieser Menschen ist. Es fällt schwer, sich eine brutalere Herabsetzung der menschlichen Würde vorzustellen.

KEHLMANN Der »tax cut« wäre das Gleiche wie der Mann, der den Mörder an seiner Tür anlügt.

BOEHM Ja: der Versuch, das richtige Ergebnis zu erreichen, indem man etwas tut, das die menschliche Würde untergräbt. Um die Sklaven zu befreien, würde man die Idee stärken … nicht nur die Idee, sondern das gesamte Rechtssystem, das die Logik in Wirklichkeit nie durchbrechen würde, sondern weiterhin auf der Logik gründen würde, dass Menschen *von Rechts wegen* Eigentum sein können – dass das Recht qua Recht Menschen als Mittel statt als Zwecke behandelt. Nichts ist erniedrigender für die Menschenwürde, nichts ist der Idee des Rechts widriger.

KEHLMANN Jetzt wird mir Kants Position hinsichtlich des Mörders etwas nachvollziehbarer.

BOEHM Trotzdem gibt es noch eine andere Frage zu John Brown, die ich erwähnen möchte, und das ist die nach seinem Fanatismus. Einige Kritiker haben gegen *Radikaler Universalismus* eingewandt, dass ich bereit sei, mithilfe eines kantianischen Universalismus Fanatismus zu befürworten – und Browns Terrorismus mit dem Humanismus zu legitimieren, ein wenig so wie bei Kants angeblichem Robespierreismus. Im Kontext mancher deutscher Debatten war das zudem nicht nur eine allgemeine Feststellung; der Subtext lautete, dass ich bereit sein könnte, auch den palästinensischen Terrorismus zu akzeptieren … Unnötig zu erwähnen, dass das vollkommen falsch ist. Es ist falsch in Bezug auf den palästinensischen Terrorismus und auf jeden Terrorismus überhaupt, und es ist wichtig, die kantische Position oder den kantischen »Anarchismus« zu verstehen, um zu sehen, warum. Warum ein kantianischer Universalismus, wie ich ihn skizziert habe, freundlich gegenüber Brown wäre, aber *nicht* gegenüber irgendeiner Form von Fanatismus oder Terrorismus. Schau … vielleicht können wir mit der bekannten Losung beginnen, »des einen Freiheitskämpfer ist des anderen Terrorist«. Ich vermute, den Satz kennt man in Deutschland auch. Ich weiß nicht, ob er sich plausibel oder nach gesundem Menschenverstand anhört. Er ist aber auf jeden Fall falsch. Freiheitskämpfer sind niemals Terroristen, und Terroristen sind niemals Freiheitskämpfer. Wenn man das Gesetz in die eigenen Hände nimmt, um die Freiheit zu verteidigen, muss das nicht gleich mit Terrorismus gleichgesetzt werden. Und während es manchmal – in Grenzfällen – statthaft sein kann, das Gesetz in seine eigenen Hände zu nehmen, ist Terrorismus es nie. Manche Formen, das Gesetz in die eigenen Hände zu nehmen, sind gewaltlos und insofern zweifellos nicht terroristisch. Wie wir ja gut von den Beispielen Henry David Thoreaus und Martin Luther Kings wissen. Andere Formen können sogar gewaltsam sein – wenn aber gewaltsam, dann nie terroristisch … Es ist bezeichnend, dass Thoreau, der bekanntlich ein Vorbild für gewaltfreien Widerstand ist, ein Bewunderer John Browns war.

KEHLMANN Ich bezweifle übrigens stark, ob man John Brown einen Terroristen nennen könnte oder ob mit dieser

Zuschreibung, die ein paar, sagen wir ruhig: revisionistische Historiker bis heute treffen, überhaupt irgendetwas gesagt ist.

BOEHM Ich neige dazu, dir zuzustimmen, auch wenn sich manche auf die Wahrnehmung Browns als Terrorist als feststehende Tatsache stützen …

KEHLMANN John Brown wollte bei seinem Überfall auf Harpers Ferry ein Waffenlager ausräumen und mit diesen Waffen Sklaven ausstatten, damit die sich gegen ihre gewaltsame Unterdrückung zur Wehr setzen könnten. John Brown hat nicht irgendwo Bomben versteckt oder Unschuldige attackiert.

BOEHM Das stimmt natürlich, wenngleich es auch wahr ist, dass Brown ein ziemlicher Fanatiker war – sagen wir: mit seinem religiösen Hintergrund –, sodass ich ihn nicht gern als einen einfachen Fall bezeichnen möchte. Es ist zumindest möglich, dass manche seiner Taten … nun, er hat definitiv nirgendwo Bomben gelegt. Aber wir müssen schauen, wen er angegriffen und ob er Zivilisten angegriffen hat. Das ist eine empirische historische Frage, die aus unserer Perspektive nicht unbedingt die interessante ist. Was zählt ist, dass Kant, *wenn* Browns Methoden terroristisch waren – im Unterschied, das stimmt, zu einigen Formen von antikantianischen und bewusst posthumanistischen Positionen auf der Linken –, absolut dagegen wäre, so wie ich auch. Denn es gibt so etwas wie Terrorismus, es ist kein leerer Begriff, der einfach nur, wie in manchen Kreisen beklagt wird, diejenigen bezeichnet, die gegen Weiße kämpfen. Oder gegen westliche Mächte kämpfen. Terrorismus ist die Methode, unbeteiligte Zivilisten anzugreifen, um eine Bevölkerung in Angst und Schrecken zu versetzen und dadurch politische Resultate zu erzielen. Es besteht keine Gefahr, dass Kants radikaler Universalismus, wie ich ihn genannt habe, solche Taten jemals gutheißen – also vom Humanismus zum Terrorismus übergehen – würde, aus dem einfachen Grund, dass Terrorismus offensichtlich eine gewaltsame Form der Benutzung von Menschen als Mittel statt als Zweck ist.

KEHLMANN Denn auch hier duldet der kategorische Imperativ keinen Kompromiss. Der Mensch darf nie bloß Mittel zum Zweck sein, auch nicht eine einzige Person das Mittel zum großen, ganz und gar richtigen Guten für alle.

BOEHM Es ist kategorisch ausgeschlossen. Egal wie gerecht oder dringend das Anliegen sein mag. Wer immer solche Methoden anwendet, kämpft nicht für die menschliche Freiheit oder Würde, sondern gegen sie. Es spielt keine Rolle, ob die Befreiung der Sklaven gerecht ist, was sie natürlich ist, und wie dringlich – was sie für die Sklaven sehr konkret ist. Es wäre niemals richtig, menschliche Wesen zu benutzen, um Sklaven zu befreien, und der Grund dafür ist bereits offensichtlich. Man würde dieselbe Logik verletzen, für die man angeblich kämpft. Oder, um genau zu sein, und hier muss man genau hinschauen: In einigen Fällen könnte es für manche Denkweisen vernünftig oder sogar legitim erscheinen, dieselbe Logik lokal zu verletzen, die man allgemein aufrechtzuerhalten sucht, nicht wahr? Das ist die Intuition hinter dem Beispiel des Mörders an der Tür. Lass uns also genauer sein und sagen, warum das hier nicht der Fall ist: Der Punkt ist, dass man nicht nur gegen die Logik verstoßen würde, für deren Erhaltung man kämpft. Sondern schlimmer: Man würde sich die Logik zu eigen machen, deren verwerflicher Charakter einem überhaupt erst das Recht gab, das Gesetz in die eigenen Hände zu nehmen. Und dieses Recht hat man nur, weil diese Logik kategorisch und ausnahmslos abzulehnen ist. Deshalb kann ein radikaler Universalismus dazu führen, dass man das Gesetz in seine eigenen Hände nimmt, aber nie zu Terrorismus. Keine Organisation, die sich solchen Methoden verschreibt, ist eine Befreiungsorganisation, die im Namen Kants gutgeheißen werden könnte.

Aber hier wendet sich das Blatt gegen die Kritiker, denn mir fallen einige Staaten ein, selbst einige westliche Staaten, die diese Methoden billigen … Methoden, bei denen unbeteiligte Zivilisten angegriffen werden, um Angst zu verbreiten und politische Resultate zu erzielen. Ich kann mich sogar an Situationen erinnern, wo solche Methoden von Gerichten, Obersten Gerichtshöfen, nicht von Militärtribunalen, für legal erklärt wurden. Und aus den genannten Gründen ist die Gefahr nie die, dass ein echter Universalist Terrororganisationen unterstützen könnte – auch wenn sie gegen solche Staaten und solche Gerichte kämpfen. Die Gefahr besteht eher darin, dass Pseudo-Universalisten solche Situationen nicht beim Namen nennen und die rechtlichen Institutionen nicht verurteilen würden, die sie systematisch decken, und das alles im Namen der Toleranz und der »Rechtsstaatlichkeit«, die in Wirklichkeit dazu dient, das Gesetz zu brechen und im Extremfall sogar staatlichen Terrorismus zu legitimieren. Wenn der aufklärerische Toleranzgedanke das einschließt, dann ist die Aufklärung in der Tat mitschuldig an einer Form kolonialen Denkens, die die Existenz *positiven Rechts* mit der Existenz von *Rechtsstaatlichkeit* verwechselt – und dadurch Strukturen zementiert, die oft nicht nur die Mächtigen begünstigen, sondern all jene unterdrücken, die es nicht sind.

Wir bewegen uns auf einem schmalen Grat, unternehmen hier eine Gratwanderung. Es wäre nicht falsch zu sagen, dass der Grat in einer Antinomie zwischen Rechtspositivismus und Anarchismus besteht. Die Rechtspositivistin sagt, dass die Treue zum Recht, zum positiven Recht, notwendig ist, weil Chaos und Anarchie die schlimmsten Bedrohungen für das Leben und die Würde der Menschen darstellen. Das ist ein schwerwiegendes Argument. Gern sind es die Privilegierten, die Solidarität mit schwächeren Gruppen heucheln, die über dieses Argument die Stirn runzeln, weil sie davon ausgehen, dass irgendeine *Macht* sie beschützen würde, wenn es das *Recht* nicht tut. Auf der anderen Seite der Antinomie erkennt die Anarchistin die Autorität der Gerechtigkeit an, nicht die des Rechts, und kann mühelos darauf verweisen, dass die schlimmsten Verbrechen, die schlimmsten Verletzungen der Menschenwürde in der Geschichte in völlig legalem Rahmen verübt wurden.

Was ich halb scherzhaft als kantischen Anarchismus bezeichnet habe, soll sozusagen die Lösung dieser Antinomie bieten. Die Verpflichtung auf den kategorischen Imperativ trägt wesentlich dazu bei, den falschen Widerspruch zwischen Positivismus und Anarchismus zu überwinden, weil sie darauf besteht, dass Rechtsstaatlichkeit und positives Recht durchaus nicht dasselbe sind. Wie schon gesagt, hat der Staat streng genommen überhaupt keine Autorität, so wenig wie Gott. Der kategorische Imperativ hat Autorität … Denk an die Formel von Carl Schmitt: »Alle prägnanten Begriffe der modernen Staatslehre sind säkularisierte theologische Begriffe.«[70] Für ihn gebot Gott über die höchste Autorität, und die Idee staatlicher Souveränität war lediglich eine säkularisierte Version davon … Kants Antwort ist, dass Gott die höchste Autorität nie innehatte und der Staat sie auch nicht übernommen hat. Die Autorität liegt beim kategorischen Imperativ. Damit ist Arendts berühmter Satz über Kant auf den Punkt gebracht, der nicht leicht zu verstehen ist, aber meines Erachtens den »kantischen Anarchismus« ziemlich genau trifft. Niemand hat das Recht zu gehorchen, sagt sie. Der ganze Satz ist hier aber wichtig: »Jeder ist Gesetzgeber. Kein Mensch hat bei Kant das Recht zu gehorchen.« Wie können wir gleichzeitig so fest darauf verpflichtet sein, den staatlichen Gesetzen zu gehorchen, wie wir es bei Kant sind, und dabei aber nie das Recht haben, zu gehorchen? Das klingt wie ein Widerspruch, aber wie gesagt, handelt es sich nur um eine Antinomie. Um sie aufzulösen, müssen wir zunächst verstehen, was Autorität und Gehorsam sind: Ich habe dann Autorität, wenn ich das Recht habe, dass man mir gehorcht. Nicht wenn ich die *Macht* habe, Folgsamkeit zu erzwingen, sondern das *Recht,* zu verlangen, dass du etwas tust, *weil* ich es dir gesagt habe. Nun haben wir eine starke, *beinahe* kategorische Verpflichtung, den staatlichen Gesetzen zu folgen, weil der Staat sie erlassen hat …

KEHLMANN Damit moralisches Handeln überhaupt weiträumig möglich ist, muss ich wollen, dass es einen Staat gibt.

BOEHM So ist es.

KEHLMANN Und daher muss ich auch den unsinnigsten Gesetzen folgen, weil ich grundsätzlich Staatlichkeit für moralisch wünschenswert halte. Aber *nicht* moralwidrigen Gesetzen. Richtig?

BOEHM Richtig. Ich folge also vielen Gesetzen, die ich als ungerecht empfinde.

KEHLMANN Das tun wir ja ständig.

BOEHM Die ganze Zeit, und das sollten wir auch. Aber die Quelle der Verpflichtung ist *nie* die Autorität des Staates, kann es auch einfach nicht sein. Die Quelle ist der kategorische Imperativ, mithin meine eigene Autonomie. Wenn ich die positiven Gesetze des Staates penibel einhalte, gehorche ich ihnen deshalb trotzdem nicht. Meine Verpflichtung wird nicht durch die staatliche Autorität erzeugt … Das ist die Auflösung der Antinomie: Wir haben eine sehr ernsthafte Pflicht, uns an die Gesetze des Staates zu halten, aber trotzdem absolut nie das Recht, ihnen zu gehorchen. Die Verpflichtung auf das positive Recht verdankt sich demselben Prinzip, das dessen Autorität verwirft.

KEHLMANN Nicht jedes einzelne Gesetz des Staates entspricht dem kategorischen Imperativ, sondern die Staatlichkeit selbst wird vom kategorischen Imperativ verlangt.

BOEHM Die Struktur ist ähnlich wie bei der kopernikanischen Revolution im Falle Gottes. Wir sind nicht an moralische Gesetze gebunden, weil Gott sie geboten hat, sondern glauben an Gott, weil uns das moralische Gesetz das gebietet. Die Staatlichkeit wird, wie du sagst, vom Moralgesetz verlangt, und das beschreibt auch die Grenze unserer Regelkonformität. Das deutsche Grundgesetz bietet hierfür ein schönes Beispiel, das sich allerdings auch missverstehen lässt: »Die Würde des Menschen ist unantastbar.« Das ist im Grunde eine Formulierung des kategorischen Imperativs, würde ich behaupten. Und dieser Grundsatz ist auf jeden Fall die Grundlage und Grenze der Verfassung, nicht eigentlich ein Teil von ihr. Es ist die Grundlage in dem Sinne, dass es *nur als metaphysische Grundlage gedacht werden kann,* nicht als ein Artikel des positiven Rechts. Letzteres würde seiner Bedeutung widersprechen. Grundgesetz Artikel 1 als eine wahre Aussage statt als eine Illusion zu verstehen … – weißt du was?, es so zu betrachten, *als ob* es eine wahre Aussage statt einer bloßen Fiktion ist – heißt, darauf zu bestehen, dass dieser Grundsatz nicht dadurch wahr gemacht wird, dass er als erster Artikel in die Verfassung aufgenommen wird. Dass er nicht dadurch wahr gemacht wird, dass das deutsche Volk gemeinsam beschließt, ihn zu billigen. Er ist vielmehr unabhängig wahr und setzt der Souveränität des Volkes – in diesem Fall des deutschen Volkes – eine Grenze in dem, was es womöglich beschließen mag. Andernfalls könnte das deutsche Volk sich im Prinzip auch dazu entscheiden, diesen Grundsatz zu ersetzen – etwa durch eine besondere Mehrheit. Das würde nichts anderes bedeuten, als dass die Würde des Menschen doch antastbar ist. Für einen Kantianer gilt die Verpflichtung auf den Artikel 1 nicht, weil er Grundgesetz ist, sondern weil es ein Ausdruck des kategorischen Imperativs ist. Die Autorität ist somit nie die Autorität dieses oder jenes Gesetzes, nie die des Staates, sondern die des Grundsatzes – von ihm hängt die Gesetzestreue ab. Martin Luther King zitiert einen Satz von Augustinus: »Ein ungerechtes Gesetz ist kein Gesetz.« Das ist bis zu einem gewissen Grade eine anarchistische Feststellung, die ernsthafte Schwierigkeiten aufwirft, wenn man als moderner Liberaler über sie nachdenkt, weil sie die Autorität des positiven Rechts bestreitet und auf die Gerechtigkeit überträgt. Für Augustinus und wohl auch für King ist es fast zu leicht, diesen Schritt zu machen, weil religiöse Denker vorgeben können, sich auf die Autorität Gottes jenseits der des Staates zu berufen. Kant ist von dieser Position nicht weit entfernt, er versucht sie aber im Rahmen der Einsicht zu formulieren, dass sie, da sich von vornherein keine Autorität auf Gott gründen kann, *nur* eine säkulare, moderne Position sein kann. Was natürlich nicht impliziert, dass er dafür ist, Gesetze zu brechen. Überhaupt nicht. Aber er ist auch nie dafür, ihnen zu gehorchen. Er ist nur nicht dafür, sie als letzte Autorität anzuerkennen.

ANHANG

Aus: Robert Musil, *Die Verwirrungen des Zöglings Törleß* (1906)

Auf einem kleinen Tischchen lag ein Renommierband Kant. Den nahm der Professor und zeigte ihn Törleß. »Sehen Sie dieses Buch, das ist Philosophie, es enthält die Bestimmungsstücke unseres Handelns. Und wenn Sie dem auf den Grund fühlen könnten, so würden Sie auf lauter solche Denknotwendigkeiten stoßen, die eben alles bestimmen, ohne daß sie selbst so ohneweiters einzusehen wären. Es ist ganz ähnlich wie mit dem in der Mathematik. Und dennoch handeln wir fortwährend danach: Da haben Sie gleich den Beweis dafür, wie wichtig solche Dinge sind. Aber«, lächelte er, als er sah, daß Törleß richtig das Buch aufschlug und darinnen blätterte, »lassen Sie es doch jetzt noch. Ich wollte Ihnen nur ein Beispiel geben, an das Sie sich später einmal erinnern können; vorläufig dürfte es wohl noch zu schwer für Sie sein.«

Den ganzen Rest des Tages über befand sich Törleß in einem bewegten Zustande.

Der Umstand, daß er Kant in der Hand gehabt hatte, – dieser ganz zufällige Umstand, dem er im Augenblicke wenig Beachtung geschenkt hatte, – wirkte mächtig in ihm nach. Der Name Kants war ihm vom Hörensagen wohl bekannt und hatte für ihn den Kurswert, den er allgemein in der sich mit den Geisteswissenschaften nur von ferne befassenden Gesellschaft hat – als letztes Wort der Philosophie. Und diese Autorität war sogar mit ein Grund gewesen, daß sich Törleß bisher so wenig mit ernsten Büchern beschäftigt hatte. Sehr junge Menschen pflegen sich ja, wenn einmal die Periode überwunden ist, in der sie Kutscher, Gärtner oder Zuckerbäcker werden wollten, mit der Phantasie das Gebiet ihrer Lebensaufgaben zunächst dort abzustecken, wo sich ihrem Ehrgeize die meiste Möglichkeit, Auszeichnendes zu leisten, darzubieten scheint. Wenn sie sagen, sie wollen Arzt werden, so haben sie sicher einmal irgendwo ein hübsches und gefülltes Wartezimmer gesehen, oder einen Glasschrank mit unheimlichen chirurgischen Instrumenten, oder ähnliches; sprechen sie von der diplomatischen Laufbahn, so denken sie an den Glanz und die Vornehmheit internationaler Salons, kurz, sie wählen ihren Beruf nach dem Milieu, in dem sie sich am liebsten sehen möchten, und nach der Pose, in der sie sich am besten gefallen.

Nun war vor Törleß der Name Kant nie anders als gelegentlich und mit einer Miene ausgesprochen worden, wie der eines unheimlichen Heiligen. Und Törleß konnte gar nichts anderes denken, als daß von Kant die Probleme der Philosophie endgültig gelöst seien, und diese seither eine zwecklose Beschäftigung bleibe, wie er ja auch glaubte, daß es sich nach Schiller und Goethe nicht mehr lohne zu dichten.

Zu Hause standen diese Bücher in dem Schranke mit den grünen Scheiben in Papas Arbeitszimmer und Törleß wußte, daß dieser nie geöffnet wurde, außer um ihn einem Besuch zu zeigen. Er war wie das Heiligtum einer Gottheit, der man nicht gerne naht, und die man nur verehrt, weil man froh ist, daß man sich dank ihrer Existenz um gewisse Dinge nicht mehr zu kümmern braucht.

[…]

Aber schon der nächste Tag brachte eine arge Enttäuschung. Törleß hatte sich nämlich gleich am Morgen die Reklamausgabe jenes Bandes gekauft, den er bei seinem Professor gesehen hatte, und benützte die erste Pause, um mit dem Lesen zu beginnen. Aber vor lauter Klammern und Fußnoten verstand er kein Wort, und wenn er gewissenhaft mit den Augen den Sätzen folgte, war ihm, als drehe eine alte, knöcherne Hand ihm das Gehirn in Schraubenwindungen aus dem Kopfe.

Als er nach etwa einer halben Stunde erschöpft aufhörte, war er nur bis zur zweiten Seite gelangt, und Schweiß stand auf seiner Stirne.

Aber dann biß er die Zähne aufeinander und las nochmals eine Seite weiter, bis die Pause zu Ende war.

Abends aber mochte er das Buch schon nicht mehr anrühren. Angst? Ekel? – er wußte nicht recht. Nur das eine quälte ihn brennend deutlich, daß der Professor, dieser Mensch, der nach so wenig aussah, das Buch ganz offen im Zimmer liegen hatte, als sei es für ihn eine tägliche Unterhaltung.

[…]

Dieser andere …? Törleß zog die Brauen zusammen, um besser zu sehen. Trug er nicht einen Zopf? Und etwas altertümliche Kleidung? Sehr altertümliche? Seidene Kniehosen sogar? War das nicht …? O! Und Törleß wachte mit einem Schrei auf: Kant!

Im nächsten Augenblicke lächelte er; es war ganz still umher, die Atemzüge der Schlafenden waren leise geworden. Auch er hatte geschlafen. Und in seinem Bette war es einstweilen warm geworden. Er dehnte sich behaglich unter der Decke entlang.

»Ich habe also von Kant geträumt«, dachte er, »warum nicht länger? Vielleicht hätte er mir doch etwas ausgeplaudert.«

[…]

Törleß lachte leise vor sich hin, und abermals dehnte er sich behaglich die Decke entlang.

Dieses wutzlige kleine Männchen, von dem er geträumt hatte, wie gierig es die Seiten unter den Fingern jagte! Und das Viereck dort unten? Ha, ha. Ob so gescheite Männchen wohl je in ihrem Leben so etwas bemerkt haben? Er kam sich unendlich gesichert gegen diese gescheiten Menschen vor, und zum ersten Male fühlte er, daß er in seiner Sinnlichkeit – denn daß es diese sei, wußte er nun schon lange – etwas hatte, das ihm keiner zu nehmen vermochte, das auch keiner nachzumachen vermochte, etwas, das ihn wie eine höchste, versteckteste Mauer gegen alle fremde Klugheit schützte.

Ob so gescheite Männchen wohl je in ihrem Leben, spann er dies weiter, unter einer einsamen Mauer gelegen und bei jedem Rieseln hinter dem Mörtel erschrocken sind, als ob etwas Totes da Worte suche, um zu ihnen zu sprechen? Ob sie wohl je so die Musik, die der Wind in den herbstlichen Blättern anfacht, gefühlt haben, – so durch und durch gefühlt haben, daß dahinter plötzlich ein Schreck stand, ... der sich langsam, langsam in eine Sinnlichkeit verwandelte? Aber in eine so merkwürdige Sinnlichkeit, die mehr wie ein Flüchten und dann wie ein Auslachen ist. O, es ist leicht gescheit zu sein, wenn man alle diese Fragen nicht kennt ...

Dazwischen aber schien immer wieder das kleine Männchen riesig zu wachsen, mit einem unerbittlich strengen Gesicht, und jedesmal zuckte es wie ein elektrischer Schlag schmerzhaft von Törleß' Gehirn durch den Körper. Der ganze Schmerz darüber, daß er noch immer vor einem verschlossenen Tore stehen müsse, – das eben, was noch im Augenblick vorher die warmen Schläge seines Blutes weggedrängt hatten, – erwachte dann wieder und eine wortlose Klage flutete durch Törleß' Seele, wie das Heulen eines Hundes, das über die weiten, nächtlichen Felder zittert.

So schlief er ein. Noch im Halbschlaf blickte er ein paarmal zu dem Fleck beim Fenster hinüber, so wie man mechanisch nach einem haltenden Seile greift, um zu fühlen, ob es noch gespannt sei. Dann tauchte unklar der Vorsatz auf, daß er morgen nochmals ganz genau über sich nachdenken werde – am besten mit Feder und Papier – dann, ganz zuletzt, war nur die angenehme, laue Wärme – wie ein Bad und eine sinnliche Regung –, die ihm aber als solche gar nicht mehr zu Bewußtsein kam, sondern in irgendeiner durchaus unerkennbaren, aber sehr nachdrücklichen Weise mit Basini verknüpft war.

Dann schlief er fest und traumlos.

(Robert Musil, *Die Verwirrungen des Zöglings Törleß*, Hamburg 1991, S. 77–87.)

Aus: Heinrich Heine, *Zur Geschichte der Religion und Philosophie in Deutschland* (1833/34)

Man sagt, die Nachtgeister erschrecken, wenn sie das Schwert eines Scharfrichters erblicken – wie müssen sie erst erschrecken, wenn man ihnen Kants »Kritik der reinen Vernunft« entgegenhält! Dieses Buch ist das Schwert, womit der Deismus hingerichtet worden in Deutschland.

Ehrlich gestanden, Ihr Franzosen, in Vergleichung mit uns Deutschen seid Ihr zahm und moderant. Ihr habt höchstens einen König töten können, und dieser hatte schon den Kopf verloren, ehe Ihr köpftet. Und dabei mußtet Ihr so viel trommeln und schreien und mit den Füßen trampeln, daß es den ganzen Erdkreis erschütterte. Man erzeigt wirklich dem Maximilian Robespierre zu viel Ehre, wenn man ihn mit dem Immanuel Kant vergleicht. Maximilian Robespierre, der große Spießbürger von der Rue Saint-Honoré, bekam freilich seine Anfälle von Zerstörungswut, wenn es das Königstum galt, und er zuckte dann furchtbar genug in seiner regiziden Epilepsie; aber sobald vom höchsten Wesen die Rede war, wusch er sich den weißen Schaum wieder vom Munde und das Blut von den Händen, und zog seinen blauen Sonntagsrock an, mit den Spiegelknöpfen, und steckte noch obendrein einen Blumenstrauß vor seinen breiten Brustlatz.

Die Lebensgeschichte des Immanuel Kant ist schwer zu beschreiben. Denn er hatte weder Leben noch Geschichte. Er lebte ein mechanisch geordnetes, fast abstraktes Hagestolzenleben, in einem stillen abgelegenen Gäßchen zu Königsberg, einer alten Stadt an der nordöstlichen Grenze Deutschlands. Ich glaube nicht, daß die große Uhr der dortigen Kathedrale leidenschaftsloser und regelmäßiger ihr äußeres Tagewerk vollbrachte, wie ihr Landsmann Immanuel Kant. Aufstehn, Kaffeetrinken, Schreiben, Kollegienlesen, Essen, Spazierengehn, alles hatte seine bestimmte Zeit, und die Nachbarn wußten ganz genau, daß die Glocke halb vier sei, wenn Immanuel Kant, in seinem grauen Leibrock, das spanische Röhrchen in der Hand, aus seiner Haustüre trat, und nach der kleinen Lindenallee wandelte, die man seinetwegen noch jetzt den Philosophengang nennt. Achtmal spazierte er dort auf und ab, in jeder Jahrzeit, und wenn das Wetter trübe war oder die grauen Wolken einen Regen verkündigten, sah man seinen Diener, den alten Lampe, ängstlich besorgt hinter ihm drein wandeln, mit einem langen Regenschirm unter dem Arm, wie ein Bild der Vorsehung.

Sonderbarer Kontrast zwischen dem äußeren Leben des Mannes und seinen zerstörenden, weltzermalmenden Gedanken! Wahrlich, hätten die Bürger von Königsberg die ganze Bedeutung dieses Gedankens geahnt, sie würden vor jenem Manne eine weit grauenhaftere Scheu empfunden haben als vor einem Scharfrichter, vor einem Scharfrichter, der nur Menschen hinrichtet – aber die guten Leute sahen in ihm nichts anderes als einen Professor der Philosophie, und wenn er zur bestimmten Stunde vorbeiwandelte, grüßten sie freundlich, und richteten etwa nach ihm ihre Taschenuhr.

Wenn aber Immanuel Kant, dieser große Zerstörer im Reiche der Gedanken, an Terrorismus den Maximilian Robespierre weit übertraf, so hat er doch mit diesem manche Ähnlichkeiten, die zu einer Vergleichung beider Männer auffordern. Zunächst finden wir in beiden dieselbe unerbittliche, schneidende, poesielose, nüchterne Ehrlichkeit. Dann finden wir in beiden dasselbe Talent des Mißtrauens, nur daß es der eine gegen Gedanken ausübt und Kritik nennt, während der andere es gegen Menschen anwendet und republikanische Tugend betitelt. Im höchsten Grade jedoch zeigt sich in beiden der Typus des Spießbürgertums – die Natur hatte sie bestimmt Kaffee und Zucker zu wiegen, aber das Schicksal wollte, daß sie andere Dinge abwögen, und legte dem einen einen König und dem anderen einen Gott auf die Waagschale …

Und sie gaben das richtige Gewicht!

Die »Kritik der reinen Vernunft« ist das Hauptwerk von Kant, und wir müssen uns vorzugsweise damit beschäftigen. Keine von allen Schriften Kants hat größere Wichtigkeit. Dieses Buch, wie schon erwähnt, erschien 1781 und wurde erst 1789 allgemein bekannt. Es wurde anfangs ganz übersehen, nur zwei unbedeutende Anzeigen sind damals darüber erschienen, und erst spät wurde durch Artikel von Schütz, Schulz und Reinhold die Aufmerksamkeit des Publikums auf dieses große Buch geleitet. Die Ursache dieser verzögerten Anerkenntnis liegt wohl in der ungewöhnlichen Form und schlechten Schreibart. In Betreff der letzteren verdient Kant größeren Tadel als irgend ein anderer Philosoph. Um so mehr, wenn wir seinen vorhergehenden besseren Stil erwägen. Die kürzlich erschienene Sammlung seiner kleinen Schriften enthält die ersten Versuche, und wir wundern uns da über die gute, manchmal sehr witzige Schreibart. Während Kant im Kopfe schon sein großes Werk ausarbeitete, hat er diese kleinen Aufsätze vor sich hingeträllert. Er lächelt da wie ein Soldat, der sich ruhig waffnet, um in eine Schlacht zu gehn, wo er gewiß zu siegen denkt. Unter jenen kleinen Schriften sind besonders merkwürdig: »Allgemeine Naturgeschichte und Theorie des Himmels«, geschrieben schon 1755, »Beobachtungen über das Gefühl des Schönen und Erhabenen«, geschrieben zehn Jahre später, sowie auch »Träume eines Geistersehers« voll guter Laune in der Art der französischen Essays. Der Witz eines Kant, wie er sich in diesen Schriftchen äußert, hat etwas höchst Eigentümliches. Der Witz rankt da an dem Gedanken, und trotz seiner Schwäche erreicht er dadurch eine erquickliche Höhe. Ohne solche Stütze freilich kann der reichste Witz nicht gedeihen; gleich der Weinrebe die eines Stabes entbehrt, muß er alsdann kümmerlich am Boden hinkriechen und mit seinen kostbarsten Früchten vermodern.

Warum aber hat Kant seine »Kritik der reinen Vernunft« in einem so grauen, trockenen Packpapierstil geschrieben? Ich glaube, weil er die mathematische Form der Descartes-Leibniz-Wolfianer verwarf, fürchtete er, die Wissenschaft möchte etwas von ihrer Würde einbüßen, wenn sie sich in einem leichten, zuvorkommend heiteren Tone ausspräche. Er verlieh ihr daher eine steife, abstrakte Form, die alle Vertraulichkeit der niederen Geistesklassen kalt ablehnte. Er wollte sich von den damaligen Popularphilosophen, die nach bürgerlichster Deutlichkeit strebten, vornehm absondern, und er kleidete seine Gedanken in eine hofmännisch abgekältete Kanzeleisprache. Hier zeigt sich ganz der Philister. Aber vielleicht bedurfte Kant zu seinem sorgfältig gemessenen Ideengang auch einer Sprache, die sorgfältig gemessener, und er war nicht im Stande eine bessere zu schaffen. Nur das Genie hat für den neuen Gedanken auch das neue Wort. Immanuel Kant war aber kein Genie. Im Gefühl dieses Mangels, ebenso wie der gute Maximilian, war Kant um so mißtrauischer gegen das Genie, und in seiner »Kritik der Urteilskraft« behauptete er sogar, das Genie habe nichts in der Wissenschaft zu schaffen, seine Wirksamkeit gehöre ins Gebiet der Kunst.

Kant hat durch den schwerfälligen, steifleinenen Stil seines Hauptwerks sehr vielen Schaden gestiftet. Denn die geistlosen Nachahmer äfften ihn nach, in dieser Äußerlichkeit, und es entstand bei uns der Aberglaube, daß man kein

Philosoph sei, wenn man gut schriebe. Die mathematische Form jedoch konnte, seit Kant, in der Philosophie nicht mehr aufkommen. Dieser Form hat er in der »Kritik der reinen Vernunft« ganz unbarmherzig den Stab gebrochen. Die mathematische Form in der Philosophie, sagte er, bringe nichts als Kartengebäude hervor, so wie die philosophische Form in der Mathematik nur eitel Geschwätz hervorbringt. Denn in der Philosophie könne es keine Definitionen geben wie in der Mathematik, wo die Definitionen nicht diskursiv, sondern intuitiv sind, d. h. in der Anschauung nachgewiesen werden können; was man Definitionen in der Philosophie nenne, werde nur versuchsweise, hypothetisch, vorangestellt; die eigentlich richtige Definition erscheine nur am Ende als Resultat.

Wie kommt es, daß die Philosophen so viel Vorliebe für die mathematische Form zeigen? Diese Vorliebe beginnt schon mit Pythagoras, der die Prinzipien der Dinge durch Zahlen bezeichnete. Dieses war ein genialer Gedanke. In einer Zahl ist alles Sinnliche und Endliche abgestreift, und dennoch bezeichnet sie etwas Bestimmtes und dessen Verhältnis zu etwas Bestimmtem, welches letztere, wenn es ebenfalls durch eine Zahl bezeichnet wird, denselben Charakter des Entsinnlichten und Unendlichen angenommen. Hierin gleicht die Zahl den Ideen, die denselben Charakter und dasselbe Verhältnis zueinander haben. Man kann die Ideen, wie sie in unserem Geiste und in der Natur sich kundgeben, sehr treffend durch Zahlen bezeichnen; aber die Zahl bleibt doch immer das Zeichen der Idee, nicht die Idee selber. Der Meister bleibt dieses Unterschieds noch bewußt, der Schüler aber vergißt dessen, und überliefert seinen Nachschülern nur eine Zahlenhieroglyphik, bloße Chiffern, deren lebendige Bedeutung niemand mehr kennt, und die man mit Schulstolz nachplappert. Dasselbe gilt von den übrigen Elementen der mathematischen Form. Das Geistige in seiner ewigen Bewegung erlaubt kein Fixieren; ebensowenig wie durch die Zahl läßt es sich fixieren durch Linie, Dreieck, Viereck und Kreis. Der Gedanke kann weder gezählt werden noch gemessen.

Da es mir hauptsächlich darum zu tun ist, das Studium der deutschen Philosophie in Frankreich zu erleichtern, so bespreche ich immer zumeist diejenigen Äußerlichkeiten, die den Fremden leicht abschrecken, wenn man ihn nicht vorher darüber in Kenntnis gesetzt hat. Literatoren, die den Kant für das französische Publikum bearbeiten wollen, mache ich besonders darauf aufmerksam, daß sie denjenigen Teil seiner Philosophie ausscheiden können, der bloß dazu dient, die Absurditäten der Wolfschen Philosophie zu bekämpfen. Diese Polemik, die sich überall durchdrängt, kann bei den Franzosen nur Verwirrung und gar keinen Nutzen hervorbringen.

Die »Kritik der reinen Vernunft« ist, wie ich bereits gesagt das Hauptbuch von Kant, und seine übrigen Schriften sind einigermaßen als entbehrlich, oder allenfalls als Kommentare zu betrachten. Welche soziale Bedeutung jenem Hauptbuche innewohnt, wird sich aus folgendem ergeben.

Die Philosophen vor Kant haben zwar über den Ursprung unserer Erkenntnisse nachgedacht, und sind, wie wir bereits gezeigt, in zwei verschiedene Wege geraten, je nachdem sie Ideen a priori oder Ideen a posteriori annahmen; über das Erkenntnisvermögen selber, über den Umfang unseres Erkenntnisvermögens, oder über die Grenzen unseres Erkenntnisvermögens ist weniger nachgedacht worden. Dieses ward nun die Aufgabe von Kant, er unterwarf unser Erkenntnisvermögen einer schonungslosen Untersuchung, er sondierte die ganze Tiefe dieses Vermögens und konstatierte alle seine Grenzen. Da fand er nun freilich, daß wir gar nichts wissen können von sehr vielen Dingen, mit denen wir früher in vertrautester Bekanntschaft zu stehen vermeinten. Das war sehr verdrießlich. Aber es war doch immer nützlich zu wissen, von welchen Dingen wir nichts wissen können. Wer uns vor nutzlosen Wegen warnt, leistet uns einen ebenso guten Dienst, wie derjenige, der uns den rechten Weg anzeigt. Kant bewies uns, daß wir von den Dingen wie sie an und für sich selber sind, nichts wissen, sondern daß wir nur insofern etwas von ihnen wissen, als sie sich in unserem Geiste reflektieren. Da sind wir nun ganz wie die Gefangenen, wovon Plato, im siebenten Buche vom »Staate«, so Betrübsames erzählt: Diese Unglücklichen, gefesselt an Hals und Schenkeln, so daß sie sich mit dem Kopfe nicht herumdrehen können, sitzen in einem Kerker, der oben offen ist, und von obenher erhalten sie einiges Licht. Dieses Licht aber kömmt von einem Feuer, welches hinter ihnen oben brennt, und zwar noch getrennt von ihnen durch eine kleine Mauer. Längs dieser Mauer wandeln Menschen, welche allerlei Statuen, Holz- und Steinbilder, vorübertragen und miteinander sprechen. Die armen Gefangenen können nun von diesen Menschen, welche nicht so hoch wie die Mauer, gar nichts sehen und von den vorbeigetragenen Statuen, die über die Mauer hervorragen, sehen sie nur die Schatten, welche sich an der ihnen gegenüberstehenden Wand dahinbewegen; und sie halten nun diese Schatten für die wirklichen Dinge, und getäuscht durch das Echo ihres Kerkers, glauben sie, es seien diese Schatten, welche miteinander sprechen.

Die bisherige Philosophie, die schnüffelnd an den Dingen herumlief, und sich Merkmale derselben einsammelte und sie klassifizierte, hörte auf, als Kant erschien, und dieser lenkte die Forschung zurück in den menschlichen Geist und untersuchte, was sich da kundgab. Nicht mit Unrecht vergleicht er daher seine Philosophie mit dem Verfahren des Kopernikus. Früher, als man die Welt stillstehen und die Sonne um dieselbe herumwandeln ließ, wollten die Himmelsberechnungen nicht sonderlich übereinstimmen; da ließ Kopernikus die Sonne stillstehen und die Erde um sie herum wandeln, und siehe! alles ging nun vortrefflich. Früher lief die Vernunft, gleich der Sonne, um die Erscheinungswelt herum und suchte sie zu beleuchten; Kant aber läßt die Vernunft, die Sonne, stillstehen, und die Erscheinungswelt dreht sich um sie herum und wird beleuchtet, je nachdem sie in den Bereich dieser Sonne kömmt.

Nach diesen wenigen Worten, womit ich die Aufgabe Kants angedeutet, ist jedem begreiflich, daß ich denjenigen Abschnitt seines Buches, worin er die sogenannten Phänomena und Noumena abhandelt, für den wichtigsten Teil, für den Mittelpunkt seiner Philosophie, halte. Kant macht nämlich einen Unterschied zwischen den Erscheinungen der Dinge und den Dingen an sich. Da wir von den Dingen nur insoweit etwas wissen können, als sie sich uns durch Erscheinung kundgeben, und da also die Dinge nicht, wie sie an und für sich selbst sind, sich uns zeigen: so hat Kant die Dinge, insofern sie erscheinen Phänomena, und die Dinge an und für sich Noumena genannt. Nur von den Dingen als Phänomena können wir etwas wissen, nichts aber können wir von den Dingen wissen als Noumena. Letztere sind nur problematisch, wir können weder sagen sie existieren, noch sie existieren nicht. Ja, das Wort Noumen ist nur dem Wort Phänomen nebengesetzt, um von Dingen, insoweit sie uns erkennbar, sprechen zu können, ohne in unserem Urteil die Dinge, die uns nicht erkennbar, zu berühren.

Kant hat also nicht, wie manche Lehrer, die ich nicht nennen will, die Dinge unterschieden in Phänomena und Noumena, in Dinge, welche für uns existieren, und in Dinge, welche für uns nicht existieren. Dieses wäre ein irländischer Bull in der Philosophie. Er hat nur einen Grenzbegriff geben wollen.

Gott ist, nach Kant, ein Noumen. In Folge seiner Argumentation, ist jenes transzendentale Idealwesen, welches wir bisher Gott genannt, nichts anders als eine Erdichtung. Es ist durch eine natürliche Illusion entstanden. Ja, Kant zeigt, wie wir von jenem Noumen, von Gott, gar nichts wissen können, und wie sogar jede künftige Beweisführung seiner Existenz unmöglich sei. Die Danteschen Worte »Laßt die Hoffnung zurück!« schreiben wir über diese Abteilung der »Kritik der reinen Vernunft«. Ich glaube, man erläßt mir gern die populäre Erörterung dieser Partie, wo »von den Beweisgründen der spekulativen Vernunft, auf das Dasein eines höchsten Wesens zu schließen« gehandelt wird. Obwohl die eigentliche Widerlegung dieser Beweisgründe nicht viel Raum einnimmt und erst in der zweiten Hälfte des Buches zum Vorschein kommt, so ist sie doch schon von vornherein aufs absichtlichste eingeleitet, und sie gehört zu dessen Pointen. Es knüpft sich daran die »Kritik aller spekulativen Theologie«. Bemerken muß ich, daß Kant, indem er die drei Hauptbeweisarten für das Dasein Gottes, nämlich den ontologischen, den kosmologischen und den physikotheologischen Beweis angreift, nach meiner Meinung die zwei letzteren, aber nicht den ersteren zugrunde richten kann. Ich weiß nicht, ob die obigen Ausdrücke hier bekannt sind, und ich gebe daher die Stelle aus der »Kritik der reinen Vernunft«, wo Kant ihre Unterscheidungen formuliert:

»Es sind nur drei Beweisarten vom Dasein Gottes aus spekulativer Vernunft möglich. Alle Wege, die man in dieser Absicht einschlagen mag, fangen entweder von der bestimmten Erfahrung und der dadurch erkannten besonderen Beschaffenheit unserer Sinnenwelt an, und steigen von ihr nach Gesetzen der Kausalität bis zur höchsten Ursache außer der Welt hinauf; oder sie legen nur unbestimmte Erfahrung, d.i. irgend ein Dasein, zum Grunde, oder sie abstrahieren endlich von aller Erfahrung und schließen gänzlich a priori aus bloßen Begriffen auf das Dasein einer höchsten Ursache. Der erste Beweis ist der physikotheologische, der zweite der kosmologische, der dritte ist der ontologische Beweis. Mehr gibt es ihrer nicht, und mehr kann es ihrer auch nicht geben.«

Nach mehrmaligem Durchstudieren des Kanteschen Hauptbuchs, glaubte ich zu erkennen, daß die Polemik gegen jene bestehenden Beweise für das Dasein Gottes überall hervorlauscht, und ich würde sie weitläuftiger besprechen, wenn mich nicht ein religiöses Gefühl davon abhielte. Schon daß ich jemanden das Dasein Gottes diskutieren sehe, erregt in mir eine so sonderbare Angst, eine so unheimliche Beklemmung, wie ich sie einst in London zu New-Bedlam empfand, als ich, umgeben von lauter Wahnsinnigen, meinen Führer aus den Augen verlor. »Gott ist alles was da ist«, und Zweifel an ihm ist Zweifel an das Leben selbst, es ist der Tod.

So verwerflich aber jede Diskussion über das Dasein Gottes ist, desto preislicher ist das Nachdenken über die Natur Gottes. Dieses Nachdenken ist ein wahrhafter Gottesdienst, unser Gemüt wird dadurch abgezogen vom Vergänglichen und Endlichen, und gelangt zum Bewußtsein der Urgüte und der ewigen Harmonie. Dieses Bewußtsein durchschauert den Gefühlsmenschen im Gebet oder bei der Betrachtung kirchlicher Symbole; der Denker findet diese heilige Stimmung in der Ausübung jener erhabenen Geisteskraft, welche wir Vernunft nennen, und deren höchste Aufgabe es ist, die Natur Gottes zu erforschen. Ganz besonders religiöse Menschen beschäftigen sich mit dieser Aufgabe von

Kind auf, geheimnisvoll sind sie davon schon bedrängt, durch die erste Regung der Vernunft. Der Verfasser dieser Blätter ist sich einer solchen frühen, ursprünglichen Religiosität aufs Freudigste bewußt, und sie hat ihn nie verlassen. Gott war immer der Anfang und das Ende aller meiner Gedanken. Wenn ich jetzt frage: was ist Gott? was ist seine Natur? so frug ich schon als kleines Kind: wie ist Gott? wie sieht er aus? Und damals konnte ich ganze Tage in den Himmel hinaufsehen, und war des Abends sehr betrübt, daß ich niemals das allerheiligste Angesicht Gottes, sondern immer nur graue, blöde Wolkenfratzen erblickt hatte. Ganz konfus machten mich die Mitteilungen aus der Astronomie, womit man damals, in der Aufklärungsperiode, sogar die kleinsten Kinder nicht verschonte, und ich konnte mich nicht genug wundern, daß alle diese tausendmillionen Sterne ebenso große, schöne Erdkugeln seien wie die unsrige, und über all dieses leuchtende Weltengewimmel ein einziger Gott waltete. Einst im Traume, erinnere ich mich, sah ich Gott, ganz oben in der weitesten Ferne. Er schaute vergnüglich zu einem kleinen Himmelsfenster hinaus, ein frommes Greisengesicht mit einem kleinen Judenbärtchen, und er streute eine Menge Saatkörner herab, die, während sie vom Himmel niederfielen, im unendlichen Raume gleichsam aufgingen, eine ungeheure Ausdehnung gewannen, bis sie lauter strahlende, blühende, bevölkerte Welten wurden, jede so groß wie unsere eigne Erdkugel. Ich habe dieses Gesicht nie vergessen können, noch oft im Traume sah ich den heiteren Alten aus seinem kleinen Himmelfenster die Weltensaat herabschütten; ich sah ihn einst sogar mit den Lippen schnalzen, wie unsere Magd, wenn sie den Hühnern ihr Gerstenfutter zuwarf. Ich konnte nur sehen, wie die fallenden Saatkörner sich immer zu großen leuchtenden Weltkugeln ausdehnten: aber die etwanigen großen Hühner, die vielleicht irgendwo mit aufgesperrten Schnäbeln lauerten, um mit den hingestreuten Weltkugeln gefüttert zu werden, konnte ich nicht sehen.

Du lächelst, lieber Leser, über die großen Hühner. Diese kindische Ansicht ist aber nicht allzusehr entfernt von der Ansicht der reifsten Deisten. Um von dem außerweltlichen Gott einen Begriff zu geben, haben sich der Orient und der Okzident in kindischen Hyperbeln erschöpft. Mit der Unendlichkeit des Raumes und der Zeit hat sich aber die Phantasie der Deisten vergeblich abgequält. Hier zeigt sich ganz ihre Ohnmacht, die Haltlosigkeit ihrer Weltansicht, ihrer Idee von der Natur Gottes. Es betrübt uns daher wenig, wenn diese Idee zugrunde gerichtet wird. Dieses Leid aber hat ihnen Kant wirklich angetan, indem er ihre Beweisführungen von der Existenz Gottes zerstörte.

Die Rettung des ontologischen Beweises käme dem Deismus gar nicht besonders heilsam zu statten, denn dieser Beweis ist ebenfalls für den Pantheismus zu gebrauchen. Zu näherem Verständnis bemerke ich, daß der ontologische Beweis derjenige ist, den Descartes aufstellt und der schon lange vorher im Mittelalter, durch Anselm von Canterbury, in einer rührenden Gebetform, ausgesprochen worden. Ja, man kann sagen, daß der heilige Augustin schon im zweiten Buche »De libero arbitrio« den ontologischen Beweis aufgestellt hat.

Ich enthalte mich, wie gesagt, aller popularisierenden Erörterung der Kanteschen Polemik gegen jene Beweise. Ich begnüge mich zu versichern, daß der Deismus seitdem im Reiche der spekulativen Vernunft erblichen ist. Diese betrübende Todesnachricht bedarf vielleicht einiger Jahrhunderte, ehe sie sich allgemein verbreitet hat – wir aber haben längst Trauer angelegt. De profundis!

Ihr meint, wir könnten jetzt nach Hause gehn? Bei Leibe!

es wird noch ein Stück aufgeführt. Nach der Tragödie kommt die Farce. Immanuel Kant hat bis hier den unerbittlichen Philosophen tragiert, er hat den Himmel gestürmt, er hat die ganze Besatzung über die Klinge springen lassen, der Oberherr der Welt schwimmt unbewiesen in seinem Blute, es gibt jetzt keine Allbarmherzigkeit mehr, keine Vatergüte, keine jenseitige Belohnung für diesseitige Enthaltsamkeit, die Unsterblichkeit der Seele liegt in den letzten Zügen – das röchelt, das stöhnt – und der alte Lampe steht dabei mit seinem Regenschirm unterm Arm, als betrübter Zuschauer und Angstschweiß und Tränen rinnen ihm vom Gesichte. Da erbarmt sich Immanuel Kant und zeigt, daß er nicht bloß ein großer Philosoph, sondern auch ein guter Mensch ist, und er überlegt, und halb gutmütig und halb ironisch spricht er: »Der alte Lampe muß einen Gott haben, sonst kann der arme Mensch nicht glücklich sein – der Mensch soll aber auf der Welt glücklich sein – das sagt die praktische Vernunft – meinetwegen – so mag auch die praktische Vernunft die Existenz Gottes verbürgen.« In Folge dieses Arguments, unterscheidet Kant zwischen der theoretischen Vernunft und der praktischen Vernunft, und mit dieser, wie mit einem Zauberstäbchen belebte er wieder den Leichnam des Deismus, den die theoretische Vernunft getötet.

Hat vielleicht Kant diese Resurrektion nicht bloß des alten Lampe wegen, sondern auch der Polizei wegen unternommen? Oder hat er wirklich aus Überzeugung gehandelt? Hat er uns eben dadurch, daß er alle Beweise für das Dasein Gottes zerstörte, recht zeigen wollen, wie mißlich es ist, wenn wir nichts von der Existenz Gottes wissen können? Er handelte da fast ebenso weise wie mein westfälischer Freund, welcher alle Laternen auf der Grohnderstraße zu Göttingen zerschlagen hatte, und uns nun dort, im Dunkeln stehend, eine lange Rede hielt über die praktische Notwendigkeit der Laternen, welche er nur deshalb theoretisch zerschlagen habe, um uns zu zeigen, wie wir ohne dieselben nichts sehen können.

(Heinrich Heine, *Zur Geschichte der Religion und Philosophie in Deutschland,* in: Heinrich Heine: *Werke,* Bd. 4, *Schriften über Deutschland,* Frankfurt am Main 1968, S. 122–132)

Aus: Johann Gottfried Herder, *Briefe zur Beförderung der Humanität* (1795)

Ich habe das Glück genossen, einen Philosophen zu kennen, der mein Lehrer war. Er, in seinen blühendsten Jahren, hatte die fröhliche Munterkeit eines Jünglings, die, wie ich glaube, ihn auch in sein greisestes Alter begleitet. Seine offene, zum Denken gebaute Stirn war ein Sitz unzerstörbarer Heiterkeit und Freude; die gedankenreichste Rede floß von seinen Lippen; Scherz und Witz und Laune standen ihm zu Gebot, und sein lehrender Vortrag war der unterhaltendste Umgang. Mit ebendem Geist, mit dem er Leibniz, Wolf, Baumgarten, Crusius, Hume prüfte und die Naturgesetze Keplers, Newtons, der Physiker verfolgte, nahm er auch die damals erscheinenden Schriften Rousseaus, seinen Emil und seine Heloise, sowie jede ihm bekannt gewordene Naturentdeckung auf, würdigte sie und kam immer zurück auf unbefangene Kenntnis der Natur und auf moralischen Wert des Menschen. Menschen-, Völker-, Naturgeschichte, Naturlehre, Mathematik und Erfahrung waren die Quellen, aus denen er seinen Vortrag und Umgang belebte, nichts Wissenswürdiges war ihm gleichgültig; keine Kabale, keine Sekte, kein Vorteil, kein Namensehrgeiz hatte je für ihn den mindesten Reiz gegen die Erweiterung und Aufhellung der Wahrheit. Er munterte auf und zwang angenehm zum Selbst denken; Despotismus war seinem Gemüte fremd. Dieser Mann, den ich mit größester Dankbarkeit und Hochachtung nenne, ist Immanuel Kant; sein Bild steht angenehm vor mir.

(Johann Gottfried Herder, *Briefe zur Beförderung der Humanität*, Berlin 2013)

Aus: Daniel Kehlmann, *Die Vermessung der Welt* (2005)

Als er in Königsberg ankam, war er vor Müdigkeit, Rückenschmerz und Langeweile fast besinnungslos. Für einen Gasthof hatte er kein Geld, also ging er gleich zur Universität und ließ sich von einem dumpf blickenden Pedell den Weg beschreiben. Wie alle hier sprach der Mann einen wunderlichen Dialekt, die Straßen sahen fremd aus, die Geschäfte hatten unverständliche Schilder, und das Essen aus den Schenken roch nicht wie Essen. Noch nie war er so weit von daheim gewesen.

Endlich hatte er die Adresse gefunden. Er klopfte, nach langem Warten öffnete ihm ein durch und durch staubiger alter Mann und sagte, noch bevor Gauß sich vorstellen konnte, der gnädige Herr empfange nicht.

Gauß versuchte zu erklären, wer er war und woher er kam. Der gnädige Herr, wiederholte der Diener, empfange nicht. Er selbst arbeite schon länger hier, als es irgend jemand für möglich halte, und er habe sich noch nie einer Anordnung widersetzt.

Gauß holte Empfehlungsbriefe von Zimmermann, Kästner, Lichtenberg und Pfaff hervor. Er bestehe darauf, daß diese Schreiben vorgelegt würden!

Der Diener antwortete nicht. Er hielt die Papiere verkehrt herum, ohne einen Blick darauf zu werfen.

Er bestehe darauf, wiederholte Gauß. Er könne sich gut vorstellen, daß viele Besucher kämen und daß man sich zu schützen habe. Aber, und das müsse er in aller Klarheit sagen, er sei nicht irgendwer.

Der Diener überlegte. Seine Lippen bewegten sich stumm, er schien nicht weiterzuwissen. Ach je, murmelte er dann, ging hinein und ließ die Tür offen.

Gauß folgte ihm zögernd durch einen kurzen und dunklen Flur in ein kleines Zimmer. Er brauchte einen Moment, bis seine Augen sich an das Halbdunkel gewöhnt hatten und er ein verhängtes Fenster, einen Tisch, einen Sessel und darin einen in Wolldecken gewickelten, reglosen Zwerg sehen konnte: wulstige Lippen, vorspringende Stirn, eine scharfe, dünne Nase. Die halbgeöffneten Augen wandten sich ihm nicht zu. Die Luft war so stickig, daß man kaum atmen konnte. Mit heiserer Stimme fragte er, ob das der Professor sei.

Wer sonst, sagte der Diener.

Er trat auf den Sessel zu und holte mit unsicheren Händen ein Exemplar der *Disquisitiones* hervor, auf dessen erste Seite er etwas von Verehrung und Dank geschrieben hatte. Er hielt dem Männchen das Buch hin, es regte keine Hand. Flüsternd bat ihn der Diener, das Buch auf den Tisch zu legen.

Mit gedämpfter Stimme erklärte er sein Anliegen. Er habe Ideen, die er noch keinem habe mitteilen können. Ihm scheine nämlich, daß der euklidische Raum eben nicht, wie es die Kritik der reinen Vernunft behaupte, die Form unserer Anschauung selbst und deshalb aller möglichen Erfahrung vorgeschrieben sei, sondern vielmehr eine Fiktion, ein schöner Traum. Die Wahrheit sei sehr unheimlich: Der Satz, daß zwei gegebene Parallelen einander niemals berührten, sei nie beweisbar gewesen, nicht durch Euklid, nicht durch jemand anderen. Aber er sei keineswegs, wie man immer gemeint habe, offensichtlich! Er, Gauß, vermute nun, daß der Satz nicht stimme. Vielleicht gebe es gar keine Parallelen. Vielleicht lasse der Raum auch zu, daß man, habe man eine Linie und einen Punkt neben ihr, unendlich viele verschiedene Parallelen durch diesen einen Punkt ziehen könne. Nur eines sei sicher: Der Raum sei faltig, gekrümmt und sehr seltsam.

Es tat gut, all das zum ersten Mal auszusprechen. Schon kamen die Worte schneller, die Sätze bildeten sich von selbst. Dies sei kein Gedankenspiel! Er behaupte etwa ... Er ging auf das Fenster zu, aber ein erschrockenes Quieken des Männchens ließ ihn stehenbleiben. Er behaupte etwa, daß ein Dreieck von genügender Größe, aufgespannt zwischen drei Sternen dort draußen, bei genauer Messung eine andere Winkelsumme habe als die erwarteten hundertachtzig Grad, sich also als sphärischer Körper erweisen werde. Als er gestikulierend aufsah, bemerkte er die Spinnweben an der Decke, mehrere Schichten davon, filzig ineinandergewoben. Eines Tages würden solche Messungen durchführbar sein! Doch sei das noch lange hin, einstweilen benötige er die Meinung des einzigen, der ihn nicht für verrückt halten könne, der ihn verstehen müsse. Die Meinung des Mannes, welcher die Welt mehr über Raum und Zeit gelehrt habe als irgendein anderer. Er ging in die Hocke, so daß sein Gesicht auf gleicher Höhe mit dem des Männchens war. Er wartete. Die kleinen Augen richteten sich auf ihn.

Wurst, sagte Kant.

Bitte?

Der Lampe soll Wurst kaufen, sagte Kant. Wurst und Sterne. Soll er auch kaufen.

Gauß stand auf.

Ganz hat mich die Zivilität nicht verlassen, sagte Kant. Meine Herren! Ein Tropfen Speichel rann über sein Kinn.

Der gnädige Herr sei müde, sagte der Diener.

Gauß nickte. Der Diener berührte mit dem Handrücken Kants Wange. Das Männchen lächelte schwach. Sie gingen hinaus, der Diener verabschiedete sich mit einer wortlosen Verbeugung. Gauß hätte ihm gern etwas Geld gegeben, aber er hatte selbst nichts mehr. Von weitem hörte er den Gesang dunkler Männerstimmen. Der Gefängnischor, sagte der Diener. Der habe den gnädigen Herrn immer sehr gestört.

(Daniel Kehlmann, *Die Vermessung der Welt*, Rowohlt Verlag GmbH, 2005, S. 117–121)

Anmerkungen

Kant wird zitiert nach der Akademie-Ausgabe (AA) seiner Schriften (*Kant's gesammelte Schriften*, hg. von der Königlich-Preußischen Akademie der Wissenschaften, Berlin 1900 ff.; fotomechanischer Nachdruck: Berlin 1968) mit Angabe von Band- und Seitenzahl, im Fall der *Kritik der reinen Vernunft* (*KrV*) mit den Siglen A (erste Auflage von 1781) und B (zweite Auflage von 1787) plus Seitenzahl. Die *Kritik der praktischen Vernunft* wird als *KpV*, die *Kritik der Urteilskraft* als *KdU* nachgewiesen. – Der leichteren Lesbarkeit willen wurden Zitate gelegentlich behutsam an die heutige Orthografie angepasst.

1 Die erwähnten Texte von Robert Musil, Heinrich Heine, Johann Gottfried Herder und Daniel Kehlmann (s. S. 27) sind im Anhang abgedruckt.
2 Johann Gottlieb Fichte, »Versuch einer neuen Darstellung der Wissenschaftslehre [Erste Einleitung in die Wissenschaftslehre]«, in: *Werke*, Bd. 1, hg. von Wilhelm G. Jacobs, Frankfurt/M. 1997, S. 99–131, hier S. 116.
3 Immanuel Kant, *Der Streit der Fakultäten*, AA 7, S. 79.
4 Kant, *Der Streit der Fakultäten*, AA 7, S. 79.
5 Martin Heidegger, *Was ist Metaphysik?*, Frankfurt/M. 2007, S. 35.
6 *KpV*, AA 5, S. 161 f.

7 Blaise Pascal, *Über die Religion und über einige andere Gegenstände,* übers. u. hg. von Ewald Wasmuth, Frankfurt/M. 1987, S. 115 (Fragm. 206).
8 Pascal, *Über die Religion,* S. 190 (Fragm. 425).
9 *KpV,* AA 5, S. 161 f.
10 Friedrich Nietzsche, »Über Lüge und Wahrheit im außermoralischen Sinne«, in: *Sämtliche Werke. Kritische Studienausgabe,* hg. von Giorgio Colli und Mazzino Montinari, Bd. 1, München 1980, S. 873–890, hier S. 875.
11 Heinrich Heine, *Zur Geschichte der Religion und Philosophie in Deutschland,* in: *Sämtliche Schriften,* hg. von Klaus Briegleb, Bd. 5, Frankfurt/M. / Berlin / Wien 1981, S. 594.
12 *KrV,* B XXX.
13 Nietzsche, »Über Lüge und Wahrheit«, S. 880.
14 Immanuel Kant, *Die Metaphysik der Sitten,* AA 6, S. 447.
15 Arthur Schopenhauer, *Die Welt als Wille und Vorstellung,* hg. von Ludger Lütkehaus, Bd. 2, Zürich 1988, S. 673.
16 Immanuel Kant, »Bestimmung des Begriffs einer Menschenrasse«, AA 8, S. 99 f.
17 Aristoteles, *Nikomachische Ethik,* übers. von Eugen Rolfes, hg. von Günther Bien, Hamburg 1985, S. 1.
18 Amos Elon, »Introduction. The Excommunication of Hannah Arendt«, in: Hannah Arendt, *Eichmann in Jerusalem. A Report on the Banality of Evil,* New York 2006, S. VII–XXIII, hier S. XIII f.
19 »Hannah Arendt im Gespräch mit Joachim Fest. Eine Rundfunksendung aus dem Jahr 1964«, zit. nach *HannahArendt.net. Zeitschrift für politisches Denken,* https://www.hannaharendt.net/index.php/han/article/view/114/194.
20 *KrV,* A VII.
21 *KrV,* A VIII.
22 *KpV,* AA 5, S. 101 f.
23 *KpV,* AA 5, S. 103.
24 *KrV,* B XXXIV.

25 Bertrand Russell, *A Critical Exposition of the Philosophy of Leibniz*, Nottingham 2008, S. VII.

26 *KrV*, A 112.

27 *KrV*, B XXXIV.

28 David Hume, *Ein Traktat über die menschliche Natur*, Bd. 1: *Buch I. Über den Verstand*, übers. von Theodor Lipps, hg. von Horst D. Brandt, Hamburg 2013, S. 295 (IV.5.18).

29 *KrV*, B XXX.

30 Friedrich Nietzsche, *Die fröhliche Wissenschaft, Sämtliche Werke*, Bd. 3, München 1980, S. 481.

31 Heinrich von Kleist, Brief an Wilhelmine von Zenge, 22. März 1801, in: *Werke und Briefe in vier Bänden*, hg. von Siegfried Streller, Bd. IV: *Briefe*, Frankfurt/M. 1986, S. 196–202, hier S. 200.

32 René Descartes, *Meditationen über die Grundlagen der Philosophie mit sämtlichen Einwänden und Erwiderungen*, übers. und hg. von Arthur Buchenau, Hamburg 1972, S. 18 (Zweite Meditation).

33 René Descartes, *Discours de la Méthode/Bericht über die Methode*. Französisch/Deutsch, übers. und hg. von Holger Ostwald, Ditzingen 2019, S. 65.

34 Hannah Arendt, *Vom Leben des Geistes*, hg. von Mary McCarthy, übers. von Hermann Vetter, München 2002, S. 57 f.

35 Ludwig Wittgenstein, *Tractatus logico-philosophicus, Werkausgabe*, Bd. 1, Frankfurt/M 1984, S. 68 (5.632).

36 Hume, *Ein Traktat über die menschliche Natur*, Bd. 1, S. 308 (IV.6).

37 *KrV*, B 158.

38 Nietzsche, »Über Lüge und Wahrheit«, S. 875.

39 Nietzsche, »Über Lüge und Wahrheit«, S. 880 f.

40 Descartes, *Meditationen*, S. 15.

41 *KdU*, AA 5, S. 255.

42 *KrV*, A VIII.

43 *KrV*, B XXXI.

44 Max Horkheimer und Theodor W. Adorno, *Dialektik der Aufklärung. Philosophische Fragmente,* Frankfurt/M. 2008, S. 25 f.

45 *KrV,* B 626 ff.

46 *KpV,* AA 5, S. 124.

47 *KpV,* AA 5, S. 125.

48 *KpV,* AA 5, S. 125.

49 *KdU,* AA 5, S. 452.

50 *KdU,* AA 5, S. 307.

51 Roland Barthes, »Der Tod des Autors«, in: ders., *Das Rauschen der Sprache. Kritische Essays IV,* übers. von Dieter Hornig, Frankfurt/M. 2006, S. 57–63, hier S. 57.

52 Barthes, »Der Tod des Autors«, S. 58.

53 Michel Foucault, »Polemik, Politik und Problematisierungen. Gespräch mit P. Rabinow«, übers. von Hans-Dieter Gondek, in: *Schriften in vier Bänden. Dits et Ecrits,* Bd. IV, Frankfurt/M. 2005, S. 724–734, hier S. 728.

54 *KrV,* B 651 f.

55 *KrV,* B 648.

56 *KrV,* B 650.

57 *KrV,* B 857.

58 *KdU,* AA 5, S. 400.

59 *KrV,* A X.

60 *KdU,* AA 5, S. 400.

61 Aristoteles, *Nikomachische Ethik,* S. 1.

62 Baruch de Spinoza, *Ethik in geometrischer Ordnung dargestellt.* Lateinisch-Deutsch, übers. und hg. von Wolfgang Bartuschat, Hamburg 2015, S. 243 (E3p9 s).

63 *KrV,* B 473.

64 *KdU,* AA 5, S. 308.

65 Immanuel Kant, »Über ein vermeintes Recht aus Menschenliebe zu lügen«, AA 8, S. 426.

66 Hannah Arendt, *Wir Flüchtlinge,* übers. von Eike Geisel, Stuttgart 2017, S. 32.

67 Theodor W. Adorno, *Kants »Kritik der reinen Vernunft«* (1959), hg. von Rolf Tiedemann, Berlin 2022, S. 96.
68 Kant, *Metaphysik der Sitten*, AA 6, S. 318.
69 Kant, *Streit der Fakultäten*, AA 7, S. 85.
70 Carl Schmitt, *Politische Theologie. Vier Kapitel zur Lehre von der Souveränität*, Berlin 71996, S. 43.

Personenregister